权威·前沿·原创

皮书系列为
"十二五""十三五"国家重点图书出版规划项目

智 库 成 果 出 版 与 传 播 平 台

全球传播生态蓝皮书
BLUE BOOK OF GLOBAL COMMUNICATIVE ECOLOGY

全球传播生态发展报告（2021）

ANNUAL REPORT ON THE GLOBAL COMMUNICATIVE ECOLOGY (2021)

主 编 / 高 伟　姜 飞

社会科学文献出版社
SOCIAL SCIENCES ACADEMIC PRESS (CHINA)

图书在版编目(CIP)数据

全球传播生态发展报告.2021/高伟,姜飞主编.--北京：社会科学文献出版社，2022.1
（全球传播生态蓝皮书）
ISBN 978-7-5201-9710-6

Ⅰ.①全… Ⅱ.①高…②姜… Ⅲ.①传播媒介-生态学-研究报告-世界-2021 Ⅳ.①G206.2

中国版本图书馆CIP数据核字（2022）第018231号

全球传播生态蓝皮书
全球传播生态发展报告（2021）

主　　编／高　伟　姜　飞

出 版 人／王利民
责任编辑／张　超
责任印制／王京美

出　　版／社会科学文献出版社·皮书出版分社（010）59367127
　　　　　地址：北京市北三环中路甲29号院华龙大厦　邮编：100029
　　　　　网址：www.ssap.com.cn
发　　行／社会科学文献出版社（010）59367028
印　　装／天津千鹤文化传播有限公司
规　　格／开　本：787mm×1092mm　1/16
　　　　　印　张：18.75　字　数：280千字
版　　次／2022年1月第1版　2022年1月第1次印刷
书　　号／ISBN 978-7-5201-9710-6
定　　价／158.00元

读者服务电话：4008918866

▲ 版权所有 翻印必究

《全球传播生态发展报告（2021）》学术委员会

（以姓氏拼音为序）

安　然	华南理工大学国际教育学院原院长、教授
陈昌凤	清华大学新闻与传播学院执行院长、教授
陈国明	美国罗德岛大学教授
程曼丽	北京大学国家战略传播研究院院长、教授
段　鹏	中国传媒大学副校长、教授
高晓虹	中国传媒大学新闻传播学部学部长、教授
郭　琴	澳大利亚麦考瑞大学、华南师范大学教授
郭镇之	清华大学新闻与传播学院教授
胡百精	中国人民大学副校长、教授
胡正荣	中国社会科学院新闻与传播研究所所长、教授
胡智锋	北京电影学院副院长、副书记，教授
黄懿慧	香港中文大学新闻与传播学院教授
黄　煜	香港浸会大学副校长、教授
姬德强	中国传媒大学人类命运共同体研究院副院长、教授
江和平	中央广播电视总台北美总站负责人
姜加林	中国外文局对外传播研究中心原主任

蒋晓丽	四川大学文学与新闻学院教授
荆学民	中国传媒大学政府与公共事务学院副院长、教授
雷跃捷	中国传媒大学新闻学院原院长、教授
李臻怡	加拿大皇家大学传播与文化学院教授
林如鹏	暨南大学校长、教授
刘明洋	山东大学新闻与传播学院执行院长、教授
罗文辉	香港中文大学新闻与传播学院教授
马胜荣	新华社原副社长兼常务副总编辑、重庆大学新闻学院名誉院长
彭　兰	中国人民大学新闻学院教授
任晶晶	中国社会科学院"一带一路"研究中心副秘书长、研究员
史安斌	清华大学新闻与传播学院副院长、教授
隋　岩	中国传媒大学新闻学院院长，《现代传播》主编、教授
孙　萍	北京外国语大学艺术研究院院长、教授
孙有中	北京外国语大学副校长、教授
唐润华	大连外国语大学特聘教授、中华文化海外传播研究中心首席研究员
滕云平	中国环球广播电视有限公司总裁、环球国际视频通讯社有限公司（国际视频通讯社）董事长
汪　琪	台湾政治大学传播学院名誉讲座讲授
王润泽	中国新闻史学会会长，中国人民大学新闻学院副院长、教授
文秋芳	北京外国语大学教授
吴予敏	深圳大学传播学院教授
杨明品	国家广播电视总局发展研究中心副主任
喻国明	北京师范大学新闻传播学院执行院长、教授
袁　军	北京外国语大学校学术委员会主任、教授

张国涛　中国传媒大学《现代传播》编辑部主任、科研处副处长、教授

张　昆　华中科技大学新闻传播学院原院长，中央民族大学新闻传播学院院长、教授

周庆安　清华大学新闻与传播学院副院长、教授

周树春　中国日报社社长、总编辑

Christoph Pleitgen　国际视频通讯社智库专家、Wochit前全球销售与业务发展高级副总裁

Darla Deardorff　美国杜克大学国际教育学院院长、教授

David Schlesinger　国际视频通讯社智库专家、汤森路透原中国主席、路透社原全球总编辑

Daya Thussu　英国威斯敏斯特大学传播与媒介研究院教授

Dean Wright　国际视频通讯社智库专家、汤森路透原道德与标准全球总编辑

Giuseppe Richeri　瑞士卢加诺大学中国传媒研究中心主任、教授

Liisa Salo-lee　芬兰于韦斯屈莱大学教授

Ludovic Renard　法国波尔多政治学院教授

Monroe Price　美国宾夕法尼亚大学安娜伯格传播学院教授

Stephen Croucher　新西兰梅西大学传播、新闻与营销学院院长、教授

Wendy Leeds-Hurwitz　国际传播学会ICA跨文化对话中心主任、美国威斯康星大学教授

《全球传播生态发展报告（2021）》课题组

组　长　高　伟　姜　飞

成　员　（以姓氏拼音为序）

阿夫萨·沙迪克·辛瓦里　邓依林　冯建平
郭全中　江和平　金　强　劳华夏　李琳琳
李馨婷　李　宇　刘利明　卢　迪　马若菡
倪雅琦　彭　锦　瞿　澜　史安斌　孙　芳
孙明慧　孙　琰　田　园　童　桐　王海丞
张洪忠　张金牛　张　伦　张永艺　赵　鑫
赵子忠

主要编撰者简介

高 伟 中央广播电视总台高级编辑,中国环球广播电视有限公司副总裁,环球国际视频通讯社有限公司总经理、总编辑。曾担任中央电视台新闻中心新闻编辑部国际新闻编辑、栏目主编,新闻中心国际新闻部策划组组长、国际新闻部副主任,承担《新闻联播》《东方时空》《新闻30分》等栏目国际新闻编辑、播出工作,参与创办《世界报道》《现在播报》等新闻节目以及《晚间新闻》改版工作。其间参加中央电视台新闻中心历次重大报道任务,曾获中国新闻奖一等奖、中国广播电视新闻奖一等奖等专业奖项。

姜 飞 博士,北京外国语大学国际新闻与传播学院院长、艺术研究院院长(兼),教授,博士生导师。中国外文局国际传播专家委员会委员,中国新闻史学会外国新闻传播史专业委员会会长,全球传播与公共外交专业委员会副会长,中国高等院校影视学会影视国际传播专委会副主任委员,著有《传播与文化》《跨文化传播理论研究》等。专著《跨文化传播的后殖民语境》获第四届吴玉章奖(2007年)和第五届胡绳青年学术奖(2009年)。《中国跨文化传播研究年刊》主编,"全球传播生态蓝皮书"主编,英文期刊 Journal of Trans‑cultural Communication(《国际跨文化传播学刊》)主编,教育部重大项目"一带一路沿线国家新闻与传播业历史与现状研究"首席专家。曾任中国社会科学院新闻与传播研究所传播学研究室主任(2003~2017年),世界传媒研究中心主任,所学术委员会委员,职称评审委员会委员，学位评定委员会委员。中国社会科学院创新工程首席专家，"中国跨文化传播研究与实践基地"主任。曾先后赴20个国家和地区访学、讲学。

摘　要

《全球传播生态发展报告（2021）》从传播生态学视角聚焦全球传播格局和世界传媒发展，在复杂的全球社会生态体系内透视人、媒介、社会各种力量的共息共生关系，为传播研究和媒介管理提供某种联动、系统化、战略化的思路。

报告凝结传媒业界、传播学界和相关官方管理机构的智慧，从政策—理念、技术—热点、市场—生态、结构—国别四个维度，全面勾勒了2020年以来世界传媒发展和全球传播格局变迁状况。

2020年以来，全球多个国家在战略布局领域强化对信息传播基础结构的重视，具体表现为全球范围全面铺开5G商用，多个国家强化对6G的战略布局，卫星互联网领域则呈现大国竞争白热化的趋势。具体而言，2020年全球传播生态显示出六方面的特点。一是"看"与"听"进一步向线上迁移，受众视听消费的"线上化"趋势更加显著；二是新闻业在"信息疫情"中备受冲击，同时也充满新机；三是"云上"媒介探索多元丰富，新业态搅动信息生产到消费的各环节；四是产业可持续化发展成为传媒业必答题，传播与多个领域的融合趋势更加显著；五是技术进一步赋能内容生产和传播分发，智能传播近在咫尺；六是信息规制更加明晰，数字时代的权力制约与健康发展成为重要主题。

展望未来，对全球传播生态提出四点前瞻性提示。第一，当前以中美为核心的数字脱钩，将可能引发信息传播基础结构建设领域的逆全球化趋势；第二，技术在传媒领域的应用如同"潘多拉魔盒"，需要进一步重视对技术的"祛魅"与反制；第三，儿童市场和银发经济成为全新增长点，需要给予更多重视；第四，国际政治经济格局变化下的全球信息传播秩序变革应持续给予高度关注，同时全球传播命运共同体的理念和实践呼之欲出。

本书在政策层面，深入探讨了驻外媒体机构国际传播力提升之路、中国国际传播的发展进程及主要特征；在技术层面，重点分析了虚拟数字人在国际传播中的价值与应用、国际传播中网红发展现状与运营策略、中国海外网络传播力建设测量体系与实践；在市场层面，对新冠肺炎疫情下的全球新闻传播发展状况、国外知名财经媒体国际传播特点、社交媒体时代中国文化国际传播影响力、中国县级融媒体发展状况等焦点议题进行了深入剖析；在国别层面，重点研究了俄罗斯、白俄罗斯、哈萨克斯坦、乌兹别克斯坦、阿富汗等国家传媒生态的现状、趋势与启示。

关键词： 全球传播　传播战略　传播生态　媒体融合　5G

目 录

Ⅰ 总报告

B.1 2020年全球传播生态发展报告 …… 姜 飞 彭 锦 田 园 / 001

Ⅱ 政策—理念篇

B.2 驻外媒体机构国际传播力提升之路探析
　　——以中央广播电视总台北美总站为例 ………… 江和平 / 047
B.3 中国国际传播的发展进程及主要特征 ……………… 李 宇 / 057

Ⅲ 技术—热点篇

B.4 5G背景下虚拟数字人在国际传播中的价值与应用
　　………………………………… 卢 迪 孙明慧 瞿 澜 / 072
B.5 国际传播中网红发展现状与运营策略 ………… 赵子忠 李琳琳 / 094

B.6 中国海外网络传播力建设测量体系与实践
.... 张洪忠 李馨婷 王海丞 / 107

Ⅳ 市场—生态篇

B.7 变局与变数：新冠肺炎疫情下的全球新闻传播发展趋势
.... 史安斌 童 桐 张金牛 / 124
B.8 国外知名财经媒体国际传播特点分析 ………… 马若萌 高 伟 / 144
B.9 社交媒体时代中国文化国际传播影响力研究报告
.... 张 伦 邓依林 / 155
B.10 中国县级融媒体发展报告 ……………………………… 郭全中 / 173

Ⅴ 结构—国别篇

B.11 俄罗斯新闻传播业发展报告 …………………………… 赵 鑫 / 185
B.12 白俄罗斯新闻传播业发展报告 ………………………… 劳华夏 / 203
B.13 哈萨克斯坦新闻传播业发展报告 ……………………… 孙 芳 / 221
B.14 乌兹别克斯坦新闻传播业发展报告 …………………… 孙 芳 / 242
B.15 阿富汗新闻传播业发展报告
.... 金 强 倪雅琦 阿夫萨·沙迪克·辛瓦里 / 266

总报告

General Report

B.1
2020年全球传播生态发展报告[*]

姜飞 彭锦 田园[**]

摘 要： 当今世界处于百年未有之大变局，全球传播生态正显示出新的特点，在战略布局方面，各国强化对信息传播基础结构的重视，5G商用在全球广泛推开，6G领域"选边站队"的竞争格局初步形成，卫星互联网领域的大国竞争白热化，天地一体化的网络空间布局将深刻影响未来的全球传播生态。2020年以来，新旧交替的步伐进一步加快，"看"与"听"加速向线上迁移；全球疫情与信息疫情交织，假新闻泛滥，对真相与新闻公信力的呼吁让新闻业站到了发展的十字路口，有危机，更在育新机；"云上"媒介探索多元丰富，

---

[*] 本文为国家社科重大项目"人类命运共同体视阈下中国国家形象在西方主流媒体的百年传播研究"（项目号：19ZDA323）、北京外国语大学一流学科建设项目"一带一路重点国家传播生态与跨文化传播数据库"（项目编号：YY19SSK06）的阶段性研究成果。

[**] 姜飞，教授，博士生导师，北京外国语大学国际新闻与传播学院院长，艺术研究院院长（兼），中国新闻史学会外国新闻传播史专业委员会会长；彭锦，北京外国语大学国际新闻与传播学院博士；田园，中央广播电视总台博士后，编辑。

"上云""驾数"的各种新形态、新业态搅动信息生产到消费的各环节；可持续性成为传媒产业发展的必答题，订阅付费和其他灵活多样的商业模式创新不断涌现；随着人工智能、区块链等技术的广泛运用，智能媒体离我们的生活越来越近；与之相对，数字时代的权力制约与健康发展成为各国更加重视的议题。展望未来，对全球传播生态提出四点前瞻性提示：第一，当前以中美为核心的数字脱钩暗流涌动，将可能引发信息传播基础结构建设领域的逆全球化趋势；第二，技术在数字经济浪潮中正呈现巨大潜力，但同时需重视对其"祛魅"与反制；第三，儿童与老年人加速成为互联网发展的新兴群体，儿童市场与银发经济可能较快成长为全新增长点；第四，国际政治经济格局变化下的全球信息传播秩序变革应持续予以高度关注。

关键词： 全球传播　传播生态　媒体融合

一　各国强化对信息传播基础结构的重视

（一）5G是当下，商用全面铺开

2020年，全球见证了5G网络的高速铺设及质效提升。全球移动供应商协会（Global Mobile Suppliers Association，GSA）发布的数据显示，截至2020年12月中旬，全球131个国家/地区的412家运营商已对5G进行投资；全球所有大洲都已推出5G商用服务，其中欧洲、中东、非洲推出85个5G商用网络，亚太地区和美洲地区各推出35个和15个5G商用网络。[1]

---

[1] GSA, "5G Passes Network and Device Milestones in 2020", https：//gsacom.com/press–release/2020–5g–in–review–networks–spectrum–devices/.

此外，5G 终端的快速发展加快了 5G 大规模商用的步伐，2020 年全球共有 104 家供应商发布了 519 款 5G 终端，其中市场在售的多达 303 款。① 网络建设与终端设备同时高速推进，让 5G 成为有史以来商用步伐最快的移动通信技术。

作为信息传播基础结构的重要组成之一，5G 网络的建设及商用在全球并不均衡。全球性科技研究机构 Omdia 于 2020 年 9 月发布《2020 年 3 月全球 5G 进展更新》第二版报告，从运营商、网络覆盖率、用户使用频次、5G 可用性等领域对 22 个国家的 5G 部署进行了详细评估。该报告显示，截至 2020 年 3 月底，韩国继续保持了在 4G 时代的领先优势，凭借 588 万 5G 用户处于全球 5G 商用的头部位置，5G 网络服务占比接近市场上无线服务的 1/10，紧随其后的是瑞士和科威特。② 整体而言，全球市场均在稳步接纳 5G，越来越多运营商推出 5G 服务并扩大 5G 网络覆盖范围，全球 5G 商用将继续呈现加速态势（见图 1）。

从全球来看，作为第一个推出 5G 商用的国家，韩国 5G 发展已进入良性循环。一方面，5G 网络建设成效显著。第三方测试公司 RootMetrics 通过对韩国 5G 网络测试指出，5G 可用性最佳的是韩国 LG U+，其中首尔高达 95.2%，远高于其他运营商及主要城市（如美国 AT&T 在纽约是 74.1%、瑞士 Swisscom 在苏黎世是 45.6%、英国 EE 在伦敦是 43.8%）。③ 据韩国科学与信息通信技术部最新发布的统计数据，截至 2020 年 11 月底，韩国 5G 用户数达到 1100 万，占该国移动通信用户总数（7069 万）的 15.6%；韩国三大运营商已经部署开通了超过 12 万个 5G 基站，并计划到 2022 年共完成 5G 网络建设投资 25.7 万亿韩元（约合人民币 1524.01 亿元），完成覆盖全

---

① GSA, "5G Passes Network and Device Milestones in 2020", https://gsacom.com/press-release/2020-5g-in-review-networks-spectrum-devices/.
② OMDIA, "5G Global Ranking March 2020", https://omdia.tech.informa.com/OM012235/Global-5G-Progress-UpdateMarch-2020.
③ "The Future of 5G in Practice: South Korean Operators Leading the Worldwide 5G Race", https://rootmetrics.com/en-US/content/south-korean-operators-leading-the-worldwide-5G-race#!.

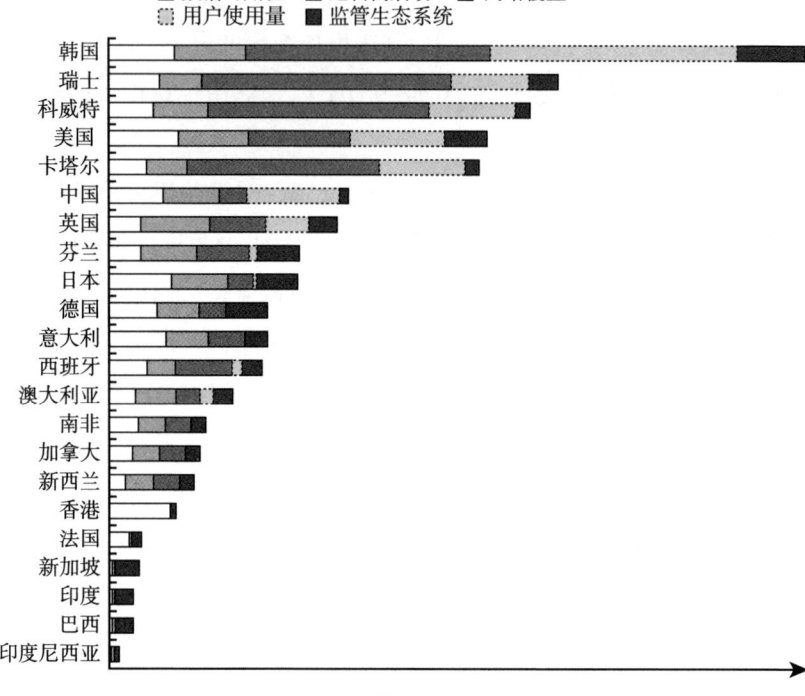

图 1　全球 5G 网络部署进展（截至 2020 年 3 月）

资料来源：OMDIA，*5G Global Ranking March 2020*，2020 年 9 月 25 日发布。

国的 5G 网络建设。[1] 另一方面，韩国从政府到业界均开始把 5G 商用作为更突出的重点。如韩国政府在 2020 年开展新的"XR + α"项目，重点关注 XR 和云游戏，并带动相关产业发展。[2] LG U+ 依托本国内容产业优势，借助 VR、云平台等技术大力推广 VR idol 演出直播、棒球联赛 VR 直播等；SK 电讯推出基于 5G 和 VR 技术的虚拟社交服务和云游戏服务，不断丰富用户

---

[1] "2021 Government Plan Announcement 'Recovery · Inclusiveness · Resurgence Korea 2021'"，https：//www. msit. go. kr/bbs/view. do？sCode = eng&mId = 4&mPid = 2&bbsSeqNo = 42&nttSeqNo = 475.

[2] "The Recently Published the Immersive Economy Development Strategy（Beyond Reality, Extend Korea）will Lay the Ground for the Digital New Deal"，https：//www. msit. go. kr/bbs/view. do？sCode = eng&mId = 4&mPid = 2&bbsSeqNo = 42&nttSeqNo = 476.

体验。

美国在5G战略布局中一如既往地强调,5G不仅是一种通信技术,还是新技术环境的核心。一是从安全角度强调其战略意义,美国战略与国际问题研究中心（CSIS）于2021年4月发布《加速美国5G发展》（*Accelerating 5G in the United States*）,再次强调确保5G安全成为网络安全战略的一部分,同时指出美国5G战略的核心目标是,确保美国能够在最大限度降低国家安全风险的同时获得最大的经济回报。① 二是从经济角度强调其对未来国家竞争力的影响。美国信息技术与创新基金会（ITIF）于2020年4月发布的《美国国家5G战略和未来的无线创新》指出,5G能够更好地发挥经济领域的不同功能,并在未来几十年推动经济增长。②

中国5G建设和商用发展也驶入"快车道"。政策层面,各级政府积极把5G发展置于战略"C位"。"新基建"的提出,以及《中共中央关于制定国民经济和社会发展第十四个五年规划和二〇三五年远景目标的建议》等相关文件中,5G都是被重点提及的领域。全国各省区市聚焦推进5G网络建设、应用示范和产业发展,制定出台了一系列行动计划、实施方案、指导意见等政策文件。据不完全统计,截至2020年10月,全国共计31个省（自治区、直辖市）已将5G通信产业列为重点任务,累计出台5G相关政策超过86个,5G产业已成为支持各地经济转型升级的重要推动力。另外,全国已有112个地市发布5G相关政策,文件数量超过300个。③ 这些政策性文件都体现出清晰的指向,那就是不仅把5G作为一种新型基础设施,还认为5G将会成为社会信息流动的主动脉、产业转型升级的加速器、数字社会建设的新基石,将为文化产业深度赋能。

在政策的强力推动下,中国5G网络建设在2020年取得较大进展。中

---

① 《美国发布〈加速美国5G发展〉报告》,《人民邮电报》2021年4月6日,http://paper.cnii.com.cn/article/rmydb_15871_300619.html。
② "A U. S. National Strategy for 5G and Future Wireless Innovation", https://itif.org/publications/2020/04/27/us-national-strategy-5g-and-future-wireless-innovation。
③ 课题组根据公开资料整理测算。

国信息通信研究院发布的《中国5G发展和社会经济影响白皮书（2020年）》显示，2020年中国已建成全球最大规模的5G商用网络。截至2020年10月，开通5G基站超70万座，实现所有地级以上城市5G网络全覆盖。[1] 其中，各家运营商的共建共享成为区别于中国推进3G、4G建设时期的重要特征。中国电信与中国联通签署《5G网络共建共享框架合作协议书》一年以来，累计建设超30万个基站；2020年5月20日，中国移动与中国广电签订有关5G共建共享合作框架协议。面对紧迫的发展需求和高昂的建设成本，作为市场主体的各运营方优势互补、协同合作推进大带宽、低延时、强可靠性、广连接的信息传播基础设施建设逐渐成为趋势。在终端普及方面，据中国信息通信研究院统计，2020年9月中国国内市场5G手机出货量达1399万部，占同期手机出货量的60%；5G基建规模超60万个，终端连接数已超2亿。[2] 终端的普及将进一步扩大5G的商用场景，推动5G大规模商用时代的到来。

全球合作方面，5G作为当前及未来很长一段时间内信息传播基础结构重要组成部分的价值进一步被国际社会所强调，以华为、中兴为代表的中国5G网络建设商在全球合作中受到美国、日本、澳大利亚等国的百般阻挠。但中国在5G领域的领先优势仍然显示出对全球多数国家的吸引力。《中国互联网发展报告（2020）》显示，从2020年开始，全球5G网络有1/3来自中国技术；中国5G技术专利申请数优势明显，华为排名第一，中兴通讯第三。[3] 因而，即便受国际政治环境的巨大影响，截至2020年10月，华为仍然获得全球90余份5G商用合同订单，中兴通讯也与其他多国运营商建立合作关系。[4]

（二）6G是未来，竞争格局加快形成

业界普遍认为，第六代移动通信（6G）将在5G基础上由万物互联向万物智联跃迁，成为连接真实物理世界与虚拟数字世界的纽带。中国IMT－

---

[1] 中国信息通信研究院：《中国5G发展和社会经济影响白皮书（2020年）》，2020年12月。
[2] 中国信息通信研究院：《中国信息消费发展态势报告（2020年）》，2020年12月。
[3] 中国网络空间研究院：《中国互联网发展报告（2020）》，2020年11月。
[4] 中国信息通信研究院：《中国5G发展和社会经济影响白皮书（2020年）》，2020年12月。

2030（6G）推进组发布的《6G总体愿景与潜在关键技术白皮书》预测，未来6G网络仍将以地面蜂窝网络为基础，高效利用低、中、高全频谱资源，同时向更高频段扩展。其中，低频段频谱仍将是6G发展的战略性资源，毫米波将在6G时代发挥更重要作用，而太赫兹等更高频段将重点满足特定场景的短距离大容量需求。在应用领域，未来的6G业务将呈现沉浸化、智慧化、全域化等新发展趋势，产生沉浸式云XR、全息通信、感官互联、智慧交互、通信感知、普惠智能、数字孪生、全域覆盖等八大业务应用，带来更加丰富多彩的社会生活场景。①

另据美国之音（VOA）报道，源于6G更快更强更全面的通信性能，6G技术将在经济和军事等领域产生革命性影响，各国在6G领域的竞争会更加激烈。② 据业界预计，6G移动通信的性能将是5G的10～100倍；数据的传输速率将达到100GB/秒，甚至高达1TB/秒，传输的频段也将进入"太赫兹"领域，这意味着车辆自动驾驶、医疗系统自动化、无人机运输、警务预测等应用的广泛商用更加现实，③ 也意味着6G将大幅提高无人情报侦察、智能指挥控制、可视作战行动、精准综合保障的水平，而这些将对"战争形态、装备发展、战场通信等军事实践产生重大影响"。④ 为此，全球多个国家和地区、国际组织以及学术界、产业界对6G的研究与布局已经提上日程。

2020年2月，国际电信联盟（ITU）召开第34次国际电信联盟工作组会议，正式启动面向2030年及未来（6G）的研究工作，明确了2023年底前国际电联6G早期研究的时间表。另据3GPP于2019年公布的时间表，其将在2025年下半年开始对6G技术进行标准化，预计在2028年上半年完成

---

① 中国IMT-2030（6G）推进组：《6G总体愿景与潜在关键技术白皮书》，2021年6月6日。
② 《全球多国加紧技术研发布局　6G或成下一个必争之地》，2020年8月28日，https://baijiahao.baidu.com/s?id=1676233048919003543&wfr=spider&for=pc。
③ 《全球多国加紧技术研发布局　6G或成下一个必争之地》，2020年8月28日，https://baijiahao.baidu.com/s?id=1676233048919003543&wfr=spider&for=pc。
④ 《如果6G运用于未来作战》，2020年4月14日，https://baijiahao.baidu.com/s?id=1663912247370076989&wfr=spider&for=pc。

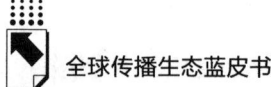

6G 标准,下半年将会有 6G 设备产品面市,① 并在 2030 年实现 6G 商用。此外,美国、中国、日本、韩国、芬兰、瑞典、德国、英国等传统通信技术强国都在积极抢占 6G 赛道。

以"为 6G 及以后的北美领导力奠定基础"为目标,美国电信行业解决方案联盟(ATIS)② 于 2020 年 10 月牵头组建了 Next G 联盟(一个专门管理北美 6G 发展的贸易组织),战略任务主要包括建立 6G 战略路线图、推动 6G 相关政策及预算、6G 技术和服务的全球推广等,以确保美国在 6G 时代的领导地位。Next G 联盟的官方资料显示,目前高通、苹果、谷歌、三星、诺基亚等 30 多家信息通信巨头已经加入该联盟,这些公司大多为美系公司或深度依赖美国市场。有研究分析认为,全球 6G 战略布局已经呈现"不谈技术先站边"的逆全球化趋势。③ 此外,美国联邦通信委员会(FCC)于 2019 年 3 月首先宣布开放 95GHz ~ 3THz 太赫兹频段作为 6G 实验频谱,发放为期 10 年、可销售网络服务的实验频谱许可,以期促进各通信巨头和研究机构在 6G 领域的创新性探索和应用;作为美国开展 6G 技术研发的关键项目之一,由美国国防部资助的"太赫兹与感知融合技术研究中心"在 2020 年 9 月由 30 多所美国大学合作组建,重点攻关 6G 关键环节。

在欧洲,欧盟也正着力聚合之前各成员国和企业分散的 6G 研究,并注重与亚洲地区的合作。早在 2019 年 3 月,芬兰奥卢大学 6G 旗舰组织邀请 70 位来自各国的通信专家召开了全球首届 6G 峰会,并发布全球首份 6G 白

---

① 赛迪智库无线电所:《6G 全球进展与发展展望白皮书》,2021 年 4 月。
② ATIS 是一个由 150 家成员公司组成的贸易机构,业务涉及 5G、物联网、智慧城市和人工智能多个领域。Next G 联盟源于 ATIS 内部的一项行动,该行动旨在有组织地为北美地区制定针对 5G 及未来无线技术的规划。ATIS 曾经表示:"当世界正在探索点亮 6G 之路的机会时,美国必须及时采取关键行动,以确保在 6G 创新和发展中毫无疑问的领导地位。"
③ 成员已包括:苹果、谷歌、AT&T、贝尔加拿大、Ciena、爱立信、Facebook、Inter Digital、JMA Wireless、微软、诺基亚、高通、三星、TELUS、Telnyx、T-Mobile、US Cellular、Verizon、Charter Communications、思科、HPE、英特尔、是德科技、LG 电子、Mavenir、MITRE、VMware 等。

皮书①，次年3月召开第2届6G峰会，其间诺基亚公司、奥卢大学、芬兰国家技术研究中心等机构启动了多个6G研究项目。2020年，欧盟委员会发布《全面工业战略的基础》报告，提出对包括6G在内的新技术进行大量投资。2021年，为将欧盟在通信领域关键的行业利益相关者聚集到一起、共同推进欧盟的6G战略布局，欧盟启动旗舰6G研究项目"Hexa-X"，该项目团队汇集了包括法国运营商Orange、Atos、B-COM技术研究所、原子能和替代能源委员会（CEA）、德国西门子、意大利电信、意大利比萨大学、西班牙电信、芬兰诺基亚、奥卢大学、瑞典爱立信，以及美国英特尔在内的共25家企业和科研机构，合力推进6G战略布局。② 此外，欧洲国家还积极与亚洲国家开展6G研究合作。如英国GBK国际集团与马来西亚科技网联合共建6G新媒体实验室，芬兰、瑞典分别与韩国达成6G合作协议等。

在亚洲，韩国在6G战略布局中依旧保持先发优势。2020年8月，韩国发布"引领6G时代的未来移动通信研发战略"，计划从2021年开始，在5年内投资2000亿韩元（约合1.68亿美元）研发6G技术，聚焦6G国际标准并加强产业生态系统，从而确保韩国继5G之后成为全球首个6G商用国家，并预期在2028~2030年实现商业化，同时明确了数字医疗、沉浸式内容、自动驾驶汽车、智慧城市和智慧工厂共五个试点领域。③ 此外，三星电子、LG、SK电讯等韩国企业和首尔国立大学、韩国先进科学技术研究院等机构非常重视与国内外企业和机构的合作，在6G相关领域已推出多项合作研究项目。日本政府对6G的战略布局也较为明确，于2020年4月和6月相继发布全球首个以6G作为国家发展目标和倡议的《6G技术综合战略计划纲要》和路线图，提出要在2025年实现6G关键技术突破、2030年正式启用6G网络、日本掌握的6G技术专利份额要超过10%等目标，并把太赫兹

---

① 《全球第一届6G无线峰会在芬兰召开！》，2019年3月26日，https://www.sohu.com/a/303814088_99929649。
② 赛迪智库无线电所：《6G全球进展与发展展望白皮书》，2021年4月。
③ 《韩国发布"引领6G时代的未来移动通信研发战略"》，中科院网信工作网，2020年8月，http://www.ecas.cas.cn/xxkw/kbcd/201115_128405/ml/xxhzlyzc/202010/t20201015_4558534.html。

技术列为"国家支柱技术十大重点战略目标"之首,扶持日本电报电话公司(NTT)、日本国家信息通信技术研究所等企业和科研机构开展该领域研究。① 在中国,由工业和信息化部牵头,联合科技部和国家发改委于2019年成立的中国IMT-2030推进组(下设中国6G无线技术组)是中国6G战略布局的主要研究和协调主体,并由科技部牵头,联合国家发改委、教育部、工信部、中科院、自然科学基金委成立了国家6G技术研发推进工作组和总体专家组,中国移动、中国联通、华为、中兴通讯等通信企业也设立相关研究项目推进6G技术研发和应用。

(三)卫星互联网,着力天地一体化网络空间布局

卫星互联网是基于卫星通信的互联网,通过发射一定数量的卫星形成规模组网从而辐射全球,是一种能够完成向地面和空中终端提供宽带互联网接入等通信服务的新型网络,具有广覆盖、低延时、宽带化和低成本的特点,是当前主要发达国家争夺空间战略资源的热点之一。国际电信联盟(ITU)规定在轨道和频段资源获取上遵循"先占永得"原则,先发国家具有显著优势。地球近轨道可容纳约6万颗卫星,到2029年预计将部署总计约5.7万颗低轨卫星,轨道可用空间将所剩无几。

目前,美国对低轨卫星的布局走在前列。2019年10月,美国太空探索技术公司SpaceX向美国联邦通信委员会申请在原1.2万颗卫星的基础上,追加3万颗星链卫星。截至2020年11月底,SpaceX已将955颗星链卫星分16批送入轨道,并且已经开始为美国北部和加拿大提供服务。② SpaceX计划通过低轨卫星让网络覆盖全球,预计该系统至2025年将有4000多万用户,营收达到300亿美元。③ 此外,美国互联网巨头亚马逊推出Project

---

① 赛迪智库无线电所:《6G全球进展与发展展望白皮书》,2021年4月。
② 《SpaceX 955颗星链卫星上天,猎鹰9号首次一箭七飞》,2020年11月25日,https://baijiahao.baidu.com/s?id=1684301381747147643&wfr=spider&for=pc。
③ 高璎园、王妮炜、陆洲:《卫星互联网星座发展研究与方案构想》,《中国电子科学研究院学报》2020年第8期。

Kuiper 星座计划，该计划 2020 年已获得美国联邦通信委员会（FCC）批准，将投入数十亿美元将 3236 颗卫星送入轨道，这些卫星将为地球上从北纬 56 度到南纬 56 度（世界上大约 95% 的人口生活在这个广阔地区当中）的区域提供数据覆盖，以此为全球用户提供互联网宽带服务。

中国对卫星互联网的布局相对滞后，但重视程度正在提升。ITU 官网显示，2020 年 11 月中国申报了两个巨型卫星星座的轨道和频率，卫星总数达 12992 颗，但实际行动才刚刚起步。2020 年 4 月 20 日，中国国家发改委首次将卫星互联网纳入"新基建"范畴；2021 年 4 月 28 日，中国卫星网络集团有限公司成立，具体承接并统筹由国家主导的卫星互联网项目。根据国内已发布的卫星星座项目来看，中国相关卫星发射将集中在 2022~2025 年。

卫星互联网的全球布局目前主要集中于中国和美国之间，其中美国优势明显。轨道和频段作为不可再生的战略资源，国家间的竞争不仅是商业上的竞争，更是国防战略层面的竞争。另外，卫星互联网核心应用场景广泛，商业化具有较大发展空间。传统地面通信骨干网受限于铺设成本、技术攻克等因素，仅覆盖了约 20% 的陆地面积，在互联网渗透率低的区域进行延伸普及存在现实障碍，而卫星互联网突破了地面基站的固定连接方式，通过太空基站动态覆盖，能够实现包括星地互联和星星互联的全球连接，是未来信息传播基础结构中极为重要的一个板块。

二 当今全球传播生态的六大特点

（一）新旧交替："看"与"听"进一步向线上迁移

2020 年以来新冠肺炎疫情深刻改变着人们的工作和生活方式、信息传播和消费方式，受众视听消费的"线上化"趋势更加显著。

1. 网络在线视频加速增长

全球新冠肺炎疫情导致的保持社交距离和居家工作状态，一方面让人们有更多的时间接触视听内容；另一方面信息要素丰富的视频交流形式，也正成为不能线下见面的人们联系情感、开展工作的重要方式。

市场研究机构艾瑞咨询关于2020年上半年疫情期间中国人视频使用情况的调查显示,在中国移动互联网整体流量日趋饱和的前提下,疫情致使视频使用时长提升显著。在疫情最严重的2020年2月,移动互联网使用时长同比上涨28%,环比春节期间的1月上涨20.7%;3月国内疫情向好,移动互联网使用时长环比下降4.6%,但同比上一年仍大幅提升,同比增长近25%。同时,在线视频用户的使用黏性提升。2020年2月,单设备月累计使用在线视频频次接近80次,比2019年同期增加23.2次,单设备日均使用时长突破2小时,同比增加21.2分钟;进入3月,随着企业复工复产和学校网上复课,在线视频的使用行为数据同比仍有提升。①

从全球来看,视听消费同样呈增长态势,特别是在线视频得到极大推动,部分国家的"掐线族(Cord-cutters)"正在从传统的付费电视转向更加方便的在线视频。Omdia最新报告显示,付费电视市场在2020年减少了800万订阅用户,总数从2019年底的10.73亿降至2020年底的10.65亿,在线视频却净增了2.57亿新订阅用户。② 具体而言,不同国家差异巨大。在Omdia撰写该报告时拥有详细数据的97个国家/地区中,有45个国家/地区的付费电视订阅用户数在2020年出现了下降,50个国家/地区的付费电视订阅用户数出现了增加,还有两个国家/地区基本保持不变。③ 其中,印度的付费电视订阅用户数在2020年增加了近300万,增幅较大,而美国付费电视订阅用户数下降了580万以上。该机构预测,中国、巴西和美国等国家的电视订阅用户数量在未来五年仍将继续大幅下降。

2. 音频领域出现多个风口

在疫情初期,有观点担心通勤频率的降低会导致新闻音频的收听量大幅

---

① 《2020年中国疫情时期网络长视频回顾与内容价值研究报告》,艾瑞咨询,2020年5月29日,https://www.jiemian.com/article/4448759.html。
② 《Omdia:2020年全球传统付费电视订阅用户数量减少了800万以上》,2021年7月22日,http://www.199it.com/archives/1283279.html。
③ 《Omdia:2020年全球传统付费电视订阅用户数量减少了800万以上》,2021年7月22日,http://www.199it.com/archives/1283279.html。

下降。但市场研究公司 GlobalWebIndex 研究发现，通勤频率降低带来的负面影响被播客的扩展抵消了，2020 年全球播客用户增长幅度介于 13%~16% 区间，且播客的广告收入还出现了明显的正增长。①

Spotify 自 2019 年初提出音频优先战略后，2020 年开始自身的播客收购之路：3 月，收购了体育及流行文化网站 The Ringer 及其平台下的 30 多个播客矩阵；12 月，以 2.35 亿美元完成了对播客托管服务公司 Megaphone 的收购，实现自身专有的广告插入技术。同时，Spotify 还掀起了抢购独家播客内容的风潮。5 月，Spotify 斥资 1 亿美元与访谈节目《罗根秀》（The Joe Rogan Experience）达成独家合作。在内容自制方面，8 月与《英雄联盟》母公司 Riot Games 达成了多年合作关系，成为《英雄联盟》电子竞技全球赛事的首个独家官方音频服务提供商，并宣布双方将推出系列播客，其中第一个播客名为《不为人知的故事：世界上最重要的时刻》。此外，更多公司加入音频市场的争夺战。2020 年 7 月，苹果在 Apple TV+ 与明星主播奥普拉·温弗瑞合作推出系列节目《奥普拉访谈》（The Oprah Conversation），继而在 9 月完成对播客应用程序 Scout FM 的收购。刚刚涉足播客领域的亚马逊也在 2020 年末收购了最后一家大型独立播客。不论是苹果还是亚马逊，其进军播客都将不仅限于 Spotify 所处的音乐领域，而是更多地将播客纳入其庞大的技术生态系统，尤其是智能设备，对此苹果与亚马逊一直在联手努力将播客内容迁移至亚马逊的智能音箱 Echo 上。

智能音箱②的快速兴起也是自疫情开始以来的一大变化，消费者使用群组视频通话（Zoom、Teams）的行为大幅增加，同时对 AI 助手（Siri、Alexa）的使用也有所增加。智能音箱品牌纷纷与 Zoom 等视频聊天服务合作，从视听使用的新兴趋势中获益较多。Omdia 发布的《2020 年智能音箱市场》报告显示，2020 年，全球智能音箱市场增长 58%，年出货量达 1.54 亿台；全球智能音箱安装量达 3.389 亿台，较 2019 年的 1.38 亿台实现大幅增长，且预

---

① 《2020 年全球播客用户增幅超 10%，音频新闻未来可期？》，2021 年 1 月 6 日，https://www.amz520.com/articles/29801.html。

② 当前智能音箱的主要功能为语音交互、内容服务、互联网服务和智能家居控制等。

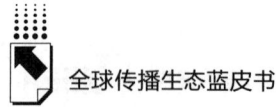

计在 2021 年将增至 5.12 亿台；销售收入达 113 亿美元，预计在 2021 年达到 147 亿美元。其中，北美地区的智能音箱出货量同比增长最快，达到 71%（7290 万台），其次为亚洲市场（同比增长 48%，6400 万台），而欧洲的出货量仅为 1600 万台。此外，视频聊天的兴起刺激了配备显示屏的智能音箱的出货量增长。Omdia 估计，2020 年全球范围内智能音箱出货量中的大约 1/5（18.8%）搭载有显示屏，高于 2019 年 11.5% 的比例。[1]

国内音频产业正处于业务探索与模式拓展的发展上升期。喜马拉雅发布的招股说明书显示，中国在线音频市场营收已从 2016 年的 16 亿元增长至 2020 年的 131 亿元，这一数字有望在 2025 年达到 1201 亿元。艾媒咨询数据显示，2020 年中国在线音频用户规模为 5.7 亿人，预计未来继续保持稳定增长，2022 年将达到 6.9 亿人。[2] 为顺应音频市场发展趋势，2020 年 3 月，中央广播电视总台声音聚合分发平台"云听"上线，发力基于移动端的音频布局；4 月，腾讯音乐宣布推出长音频品牌"酷我畅听"，对大量热门 IP 进行广播剧改编；5 月，中文在线与蜻蜓 FM 达成战略合作，布局有声音频新生态。[3] 喜马拉雅平台作为市场份额占比最高的中文音频平台，目前已积累了包含 100 个品类的 2.8 亿条音频内容，总音频时长超过 200 亿分钟，并构建起"PGC + PUGC + UGC"的供给模型以及从头部 IP 到长尾内容全面覆盖的生态内容体系，[4] 形成会员订阅、内容付费、广告、直播与教育等多元化的变现渠道，公司营收从 2018 年的 14.8 亿元上升至 2020 年的 40.5 亿元。总体而言，由于消费习惯和音频市场规模的差异，国外的科技巨头将目光聚焦在播客领域，国内的音乐巨头则在长音频赛道全面发力。

---

[1] 《Omdia：2020 年全球智能音箱市场出货量达 1.54 亿 同比增长 58%》，2021 年 4 月 15 日，http://www.199it.com/archives/1231450.html。

[2] 《2020～2021 年中国在线音频行业发展趋势分析：声音社交热度兴起》，艾媒网，2021 年 4 月 7 日，https://www.iimedia.cn/c1020/77855.html。

[3] 《2020～2021 年中国在线音频行业发展背景及热点盘点分析》，艾媒网，2021 年 4 月 2 日，https://www.sohu.com/a/458405808_120536144。

[4] 《喜马拉雅赴美 IPO：变现渠道多元 全场景布局成未来增长点》，2021 年 5 月 3 日，https://mp.weixin.qq.com/s/gnLGD0n4BQ – 1ZEiu3pZ64g。

（二）十字路口：新闻业的危机与新机

2020年，席卷全球的"大流行病"（Pandemic）与网络空间中的"信息疫情"（Infodemic）纵横交错[1]，新闻业在"信息疫情"中备受冲击，同时也充满新机。

1. 危机：假新闻全网蔓延，信息疫情席卷全球

伴随新冠肺炎疫情在物理空间的蔓延，海量虚假与错误信息、恶作剧、阴谋论与反智主义、后麦卡锡主义以及后真相等社会思潮合流，在全球范围内的网络空间中形成信息疫情，对现实社会造成难以估量的负面影响。

不确定性和恐慌让疫情相关信息成为虚假信息的重灾区。皮尤研究中心2020年3月发布的关于COVID-19知识与观念的相关研究结果显示，大约一半的美国成年人（48%）曾经接收过一些关于COVID-19的虚假信息，12%的人表示曾接收过很多，仅有20%的人从未看到过虚假信息。[2] 其中，社交媒体成为产生和传播虚假信息的主要载体。牛津大学路透新闻研究所一项关于疫情期间虚假信息的研究，抽取了有关新冠肺炎疫情假消息的样本，发现样本的88%出现在社交媒体平台，远高于出现在电视、新闻出版物或其他网站上的占比。"由政客、名人和其他知名公众人物传播的虚假信息"在社交媒体上的公众参与度达总量的69%，即使他们的言论仅占研究样本的20%。[3] 而在事实核查网站POLITIFACT核实的932条关于COVID-19的社交媒体推文中，仅有21%能够做到部分真实、几近真实或完全真实，其中14%包含真实元素但忽视了给出能够产生不同印象的批判性事实，48%是不准确的陈述，此外还有15%是荒谬的谣言。[4] 牛津大学路透社新闻研究所发

---

[1] 王沛楠、史安斌：《2021年全球新闻传播新趋势——基于六大热点议题的访谈》，《新闻记者》2021年第2期。

[2] Pew Research Center, "Knowledge and Perception Surrounding COVID-19", https://www.journalism.org/2020/03/18/knowledge-and-perception-surrounding-covid-19/.

[3] 《新冠肺炎疫情外，警惕一场"谣言流行病"》，环球网，2020年6月10日，https://baijiahao.baidu.com/s?id=1669074394837060483&wfr=spider&for=pc。

[4] "All Fact-checks for Coronavirus", https://www.politifact.com/coronavirus/.

布的《新闻、媒体与技术趋势和预测2021》报告显示,在社交媒体平台中反疫苗运动达到了前所未有的强度,精心组织的群组广泛散播反对疫苗的信息、推文和Meme。仅2020年1月至8月,Facebook就删除了超过700万条包含虚假疫情信息的内容。①

此外,计算宣传正成为虚假信息的重要来源。"计算宣传"是一种依托社交媒体平台、自动化机器人和大数据算法,具有公共舆论操作能力的最新宣传形式。②牛津大学互联网研究院的一项研究显示,2020年由AI技术和社交机器人主导的"计算宣传"已经扩散到全球81个国家和地区,全球公开从事相关项目的私人企业达到65家,且涉及领域已经从政治领域扩展到商业领域。③澳大利亚学者Timothy Graham与Axel Bruns在对于新冠肺炎疫情相关的Twitter推文研究中便定位出了由2903个机器人账户以及4125个链接关联组成的亲特朗普、QAnon与共和党的机器人账号与转发网络,其在10天内发出了882条有关"新冠病毒是中国制造的生物武器"原创推文,被转发18498次,点赞31783次,阅读量约500万。④

信息疫情的蔓延一方面直接作用于公众的个体决策,如时任美国总统特朗普在发表向体内注射消毒剂以消灭新冠病毒的言论的一段时间内,纽约市卫生局表示有毒物质管理中心共记录了30例病例,其中9例与消毒水有关,10例与漂白剂有关,11例与其他家用清洁剂有关,而相比之下上年同期只有13起。⑤另一方面,信息疫情作为政治势力与意识形态的斗争场域,成为污名

---

① "Facebook's Dilemma: How to Police Claims About Unproven COVID-19 Vaccines",https://www.reuters.com/article/us-health-coronavirus-facebook-insight/facebooks-dilemma-how-to-police-claims-about-unproven-covid-19-vaccines-idUSKCN2530I8.
② 罗昕、张梦:《西方计算宣传的运作机制与全球治理》,《新闻记者》2019年第10期。
③ Samantha Bradshaw, "Industrialized Disinformation: 2020 Global Inventory of Organized Social Media Manipulation", https://demtech.oii.ox.ac.uk/research/posts/industrialized-disinformation/.
④ 吴炜华:《反智主义、信息疫情与"后真相"合谋——美国媒体的涉华疫情报道》,《中国广播电视学刊》2020年第8期。
⑤ 《真有人喝消毒水!特朗普言论害惨"铁粉",语出惊人系日常操作》,封面新闻,2020年4月26日,https://new.qq.com/omn/20200426/20200426A0L77V00.html。

化、区隔与敌意的温床,"疫情隐瞒论"与"中国制造论"等甚嚣尘上,①美国亚太政策与计划委员会以及皮尤研究中心的相关研究显示,新冠肺炎疫情以来,与将新冠病毒称为"中国病毒"相关的反亚裔种族主义歧视、诋毁、暴力、欺凌等事件激增。②

在此过程中,新闻业处于信息疫情催化与应对的天平两端,既通过其强大的话语建构能力成为部分信息疫情事件的始作俑者(如《华盛顿时报》报道"病毒可能来自与中国生物武器计划有关的项目"③),又在舆情混乱与现实危机中成为破解困境与提供真相的关键渠道。如何应对信息传播在多主体参与注意力争夺中的挑战?如何抓住公众对于高品质、客观公正的事实与真相日益增长的需求与依赖所带来的机遇?这些问题的回答都需要新闻业重新思考自身价值与角色定位。

2. 新机:世界需要真相,以公信力孕育新闻业振兴

信息疫情在某种程度上为新闻业的振兴创造了提振行业价值与公众信任的重要契机。从发展态势来看,《新闻、媒体与技术趋势和预测2021》指出,"新冠突起(Covid bump)"成为2020年数字新闻业中的一项显著趋势。2020年,仅《纽约时报》就增加了超过100万的网络数字订阅用户,瑞典的新闻机构Dagens Nyheter的订阅用户增长了1/3,英国的《卫报》则在一年内吸引了150万付费读者,其付费应用与平板电脑版本的订阅量同比增长了60%;调查结果显示,68%的媒体领导者认为社交媒体平台中广泛散布的关于疫情的不可靠信息巩固了新闻业的地位。④ 以美国为例,在Facebook和Twitter上,大部分新闻用户最感兴趣的还是主流媒体和记者所提

---

① 吴炜华:《反智主义、信息疫情与"后真相"合谋——美国媒体的涉华疫情报道》,《中国广播电视学刊》2020年第8期。
② 《新冠疫情之中,亚裔美国人面临失业率飙升和种族歧视双重挑战》,中国日报网,2020年8月5日,https://baijiahao.baidu.com/s?id=1674175106935100205&wfr=spider&for=pc。
③ 吴炜华:《反智主义、信息疫情与"后真相"合谋——美国媒体的涉华疫情报道》,《中国广播电视学刊》2020年第8期。
④ Nic Newman, "Journalism, Media, and Technology Trends and Predictions 2021", https://reutersinstitute.politics.ox.ac.uk/journalism-media-and-technology-trends-and-predictions-2021。

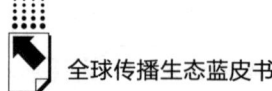

供的内容,远超网络意见领袖及其他新闻来源。从国内情况来看,2020年1月25日至2月2日防疫抗疫关键时期,《新闻联播》收视率上涨71.1%,27个地方卫视晚间新闻收视率涨幅超20%①;2020年上半年,央视新闻频道收视份额提升了73%,1~11月新闻类节目收视时长占比达到17%,同比增长5%。② 此外,新冠肺炎疫情还在客观上刺激了地方新闻的振兴。

2020年,在新冠肺炎疫情的催化下,新闻业进行了大量业务探索与实践创新。

第一,对于事实与真相的探索与呈现以及准确、专业的解释性报道成为疫情中新闻业的核心竞争力与前进方向。有国内学者在调查中发现,新冠肺炎疫情凸显了公众对于科学传播与健康传播的需求。在用户更乐于分享转发的疫情报道中,专业性报道排第一,占67.5%,深度调查报道排第二,占55.4%。③ 疫情发生以来,国内主流媒体深入疫情一线,对话行业专家,丰富报道手段,以期提供权威、及时、准确、专业的内容,满足公众的信息刚需。如中央广播电视总台在新闻频道推出直击一线的电视新闻报道《战疫情》栏目,《人民日报》推出《人民日报新媒体专访钟南山院士》《专访金银潭医院院长张定宇:走出"风暴之眼"》等专场网络直播,第一财经记者则在武汉封城首日冒着巨大的被感染风险探访发热门诊,发回了及时、真实的现场报道。部分专业媒体也发挥自身优势,与主流媒体形成合作互补的新闻格局。如"丁香医生"公众号推出了疫情地图页面和小程序,及时更新国内各省份与全球各地的最新疫情地图与数据,汇总疫情热点新闻、澄清疫情谣言等。新闻品质提升与专业化趋势在国外新闻领域也表现突出,如英国《金融时报》在疫情后推出了一系列解释性数据和可视化图表解读疫情发展态势,Facebook与卡内基梅隆大学合作推出了新冠病毒症状追踪地图,

---

① 《国家广电总局权威数据:2020年年度收视综合分析》,2021年1月10日,https://new.qq.com/omn/20210110/20210110A0A1U100.html。
② 《权威发布!2020,中国主流媒体在疫情重压下如何蜕变?》,2021年1月1日,https://www.sohu.com/a/441938583_613537。
③ 曾祥敏、周杉:《全媒体语境下突发公共事件信息传播路径探析——基于新冠肺炎疫情报道的研究》,《当代电视》2020年第4期。

ABC、NDR与CNN也各自推出了专家播客解读疫情最新进展。

第二，海量的疫情信息、多元化的竞争主体以及对传播有效性与内容吸引力的追求，推动新闻业积极探索新闻传播与叙事模式创新。在疫情初期全国范围内居家隔离期间，中央广播电视总台的新媒体平台央视频推出了纪录武汉火神山、雷神山医院建造全程的全天候慢直播，仅2020年1月29日凌晨3点，雷神山与火神山医院直播页面的在线人数就分别突破了1000万和2000万。短视频平台快手与国家广播电视总局网络司、国家卫生健康委疾控局和宣传司共同推出"疫情防控"专场，通过直播答题活动普及疫情防护知识，也通过公益礼物的形式为疫区募资助力。国外媒体也在积极探索社交媒体环境下新闻的易理解与易接受程度的优化方式。如《纽约时报》正在使用"Instagram幻灯片"和"Twitter卡片"的形式进行内容呈现，从而突出报道中的重要内容，更好地满足受众需求。

第三，新冠肺炎疫情发生以来，新闻业公共服务角色不断延伸，"服务新闻业"的概念不断浮现。Facebook Messenger推出了新冠病毒社区中心（Coronavirus Community Hub），提供帮助人们保持联系的提示、权威信息和资源等。2020年2月，人民日报全媒体开辟了"新冠肺炎求助通道"，帮助和协调求助患者得到妥善救治与安排。"丁香医生"在其微信公众号和小程序中提供全国核酸检测机构与新冠疫苗接种点查询、防疫物资购买等相关服务。此外，新闻业服务职能的兴起在新冠肺炎疫情大流行后的经济复苏中发挥了重要作用。2020年4月，中央广播电视总台央视新闻为湖北武汉举办了"谢谢你为湖北拼单"公益带货直播，随后多场直播活动助力复工复产。

第四，新冠肺炎疫情催生了新闻业工作模式变化，远程工作与众包协作成为新闻工作的重要补充。《新闻、媒体与技术趋势和预测2021》指出，西班牙新闻机构El Diario杂志的副总编辑María Ramirez表示其机构的新闻编辑室自2020年3月起就已完全改为远程工作，并且决定其再也不会返回之前的运行方式。而美国一家报纸机构负责人表示，该年最大的新闻——警察杀害乔治·弗洛伊德以及旷日持久的美国总统选举结果，都是通过在线工具

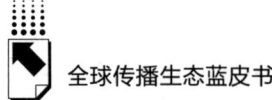

协调和打包的。而新闻工作的远程运行，离不开公众参与的众包新闻，由此，专业新闻机构与数字用户实现了业务协作与内容互补。社交媒体平台中的大量UGC内容成为媒体报道的重要信源。ABC公司利用COVID-19的危机测试了新技术与新闻采集技术，其中就包括推动众包新闻的努力以及受众驱动的调查。在2020年国内新冠肺炎疫情发生初期信息系统建立尚未完备期间，科普作者阿夏桑创建的文档《2019-nCoV新冠状病毒一手资讯/科普汇总目录》在春节期间获得了超过60万人次的阅读量，这份包含了官方信息、防疫指南、辟谣信息等各类内容链接的目录索引，在除夕当晚刷爆了微博、朋友圈、豆瓣、知乎等各个平台，全网普及面超过100万人次；包含近100名志愿者的Simo团队也在除夕当天制作和发布了《防疫需求与民间援助信息索引》，文档包含了物资供应与需求信息、海内外运输信息、各类生活援助的供需信息等，成为来自民间的"谣言终结者"。①

（三）产业创新："云上"开拓全球传播新生态

1. 从生产到消费：云上媒介探索多元

新冠肺炎疫情所带来的线下活动的阻碍与居家时间的延长深刻变革了传媒业的工作方式与受众的媒体消费方式，由此引发的一系列"云上"媒体实践探索成为2020年传媒生态中蓬勃发展的新趋势。这些探索性实践或作为传媒业自身或其他行业面对危机时向媒介寻求的可替代性应对手段，或作为根据传播环境与条件变化所进行的策略调整，为传播生态丰富了全新的传播主体、内容形态与发展模式。

线上演艺是云上媒介探索的前沿阵地。艾瑞咨询发布的《2020年中国在线音乐演出市场专题研究报告》显示，2020年中国在线音乐市场用户规模已超过8000万，其中，网易云音乐推出了"云村卧室音乐节""点亮现场行动"等多款在线音乐演出品牌，采用免费与付费模式并行的方式提升

---

① 《疫情中那些来自民间的"谣言终结者"》，2020年2月14日，http://news.sina.com.cn/s/2020-02-14/doc-iimxxstf1301156.shtml。

用户黏性；腾讯音乐娱乐集团也推出了音乐现场品牌"TME live"，定位"整合现场演出、在线直播、粉丝经济、票务销售、演出经纪"等演出生态。① 国家大剧院在疫情期间举办的线上系列演出已持续超一年，覆盖音乐会、歌剧、话剧、戏曲等众多艺术门类，全网点击量近20亿次。② 在国外，线上演艺也呈现如火如荼的发展态势。2020年6月，由"全球公民"组织和欧盟委员会共同举办的"全球目标：团结为未来"抗击疫情线上音乐会，云集来自音乐界、影视界与体育界的多位名人，通过视频和社交网络在全球180个国家和地区播放，共筹集69亿美元善款。③ 2020年底，韩国当红组合"防弹少年团"（BTS）举办的线上演唱会吸引了全球1.14亿观众同时观看。

新冠肺炎疫情所催化的云上媒体实践探索成为传统线下行业推动数字化转型进程、共享数字化发展成果的重要契机。以文博产业为例，2020年疫情期间，博物馆线下观展受到严重阻碍，国家文物局"博物馆网上展览平台"扩增在线展览内容，先后分六批推出了300个网上展示项目，其中包括在线虚拟展览项目188个、数字全景展厅项目90个、博物馆大数据平台和文物数字化展示项目22个，展览覆盖全国31个省（自治区、直辖市），涉及历史文物、革命文物、自然科学标本等多个门类的藏品和展品。④ 用户可通过5G直播导览、3D实景展示、超清大图、互动游戏等渠道实现云上观展。2020年初，淘宝联合国内八大博物馆举办博物馆"云春游"活动，线上直播活动在半天之内吸引了1000多万人次网上围观，甘肃省博物馆的两场直播实时在线人数达到90多万人次，是2019年全年接待观众总数的1

---

① 《2020年中国在线音乐演出市场现状、规模及趋势分析》，艾媒网，2020年8月20日，https://www.iimedia.cn/c1020/73686.html。
② 《"每周六的承诺"：国家大剧院线上演出启幕一周年》，"国家大剧院"公众号，2021年4月11日，https://mp.weixin.qq.com/s/qX7mtMwj84xsF5BFCvDUXA。
③ 《欧美明星线上"团结为未来"》，环球网，2020年6月29日，https://baijiahao.baidu.com/s?id=1670793748312658920&wfr=spider&for=pc。
④ 《国际博物馆日：中国"云观展"正在成为新时尚》，新华网，2020年5月18日，https://baijiahao.baidu.com/s?id=1666998919564652008&wfr=spider&for=pc。

倍多，点赞数超过 50 万。①

电影发行方式发生改变，"院转网"成为国内外电影产业应对线下电影院关闭危机所做出的应对策略。在国内，《囧妈》《肥龙过江》《大赢家》《灰烬重生》等近 20 部院线电影在 2020 年通过采取免费、VIP 免费、单片付费等方式转为网络视频平台首播。在美国，电影的云上发行也成为电影公司与流媒体平台的试水领域。2020 年 4 月，环球影城在线上以 19.99 美元的价格发行了动画电影《魔发精灵》，用户须在购买后 48 小时内看完影片；2020 年 9 月，《花木兰》以 29.99 美元的价格在 Disney+ 上线，平台订阅费 6.99 美元另算。② 尽管"院转网"总体上仍然作为特殊背景下的危机应对方案出现，未来院线发行与线上发行的关系动态仍不明朗，但疫情期间的电影发行实践仍然为创新电影发行模式提供了可供参考的思路。

远程办公和远程教学需求猛增，Zoom、Google、Meet 和腾讯会议等线上会议平台在 2020 年都迎来爆发式增长。2020 年 10 月，Zoom 的股价达到峰值，与年初相比累计上涨 817%，10~12 月则缓慢下降，全年股价提升约 4 倍，充分见证了疫情对远程办公和远程教学相关互联网应用服务的巨大影响。在中国，艾媒咨询数据显示，2020 年 2 月新春复工期间，中国有超过 1800 万家企业采用线上远程办公模式，共计超过 3 亿人使用在线办公应用。③ 随着疫情的常态化和社会经济生活的恢复，远程办公和教学的需求量大幅下降，但也在一定程度上扩大了既有产业赛道。

2. 电商+直播成为新兴价值领域

居家隔离和大规模聚集受阻，带来了电商和直播结合的新契机。2020 年 5 月，Facebook 集团宣布推出 Facebook Shop 和 Instagram Shop；7 月，

---

① 《博物馆"云春游"引千万网友围观》，《经济日报》2020 年 3 月 1 日，http://www.cac.gov.cn/2020-03/01/c_1584607606938024.htm?from=groupmessage。
② 《迪士尼减肥，电影院剜肉，〈花木兰〉登陆 Disney+》，2020 年 8 月 6 日，https://baijiahao.baidu.com/s?id=1674272631454995990&wfr=spider&for=pc。
③ 《2020 年中国在线办公行业"战疫"专题数据监测报告》，艾媒咨询，2020 年 4 月 17 日。

Instagram 在应用导航栏目中加入了购物入口,可通过算法推荐、页面点击浏览、观看直播等方式在平台内部直接购买商品,而非跳转至其他购物平台。同时,Facebook 集团还着力打通旗下应用生态,用户在 Facebook 商店可通过 WhatsApp、Messenger 或 Instagram Direct 向商家发送信息、跟踪订单及在线支付等;早在 2016 年就进军电商领域的 BuzzFeed 近年来在链接引流模式的基础上,不断扩大其商业部门并推出 BuzzFeed Shopping 独立网站;Pinterest 在疫情中也迎来流量的显著增长,平台通过在用户面板新增购物入口、优化搜索功能如"购买类似商品"等以及添加风格指南以提升用户购物欲望[1],不断提升其电商业务的便捷性与用户体验。

国内,在抗击疫情与决战决胜脱贫攻坚的双重背景下,嵌入数字平台的网络直播与社交购物作为"线上引流+实体消费"的数字经济新模式,依托一体化功能、社交化传播、媒体化触发等优势,形成"人—货—场"三者关系的全面整合,成为政府高度重视、企业积极布局、网民广泛参与的新型价值领域。中国互联网络信息中心发布的《第 47 次中国互联网络发展状况统计报告》显示,截至 2020 年 12 月,中国网络直播用户规模达 6.17 亿,占网民整体的 62.4%,其中电商直播用户规模为 3.88 亿,较 2020 年 3 月增加 1.23 亿。以淘宝、京东为代表的电商企业,以抖音、快手为代表的短视频平台,以及以微信、微博为代表的社交媒体,都成为电商直播的抢滩者。2020 年 3 月,淘宝直播举办 330 盛典;4 月,罗永浩于抖音开启直播带货首秀,引导 GMV1.67 亿元;6 月,京东零售与快手合作落地首场促销活动"京东快手品质购物专场";10 月,微信视频号上线直播功能,打通小商店,同步实现了直播带货功能。伴随着电商直播领域蓬勃兴起,一系列规范性措施也配套出台。11 月,国家市场监管总局发布《关于加强网络直播营销活动监管的指导意见》,同月互联网信息办公室就《互联网直播营销信息服务管理规定(征求意见稿)》向社会公开征求意见,国家广播电视总局随后发布《关于加强网络直

---

[1]《媒体进军电商,有哪些新举措与深层逻辑?》,2020 年 9 月 10 日,https://mp.weixin.qq.com/s/eFd3dtzHwcJWkP3MCNMdpQ。

播规范管理工作的指导意见》，以推动电商直播行业有序发展。

3. 流媒体角力场版图更新

2020年，居家与闲暇时间的延长成为流媒体产业加速崛起的重要推力。移动应用商业情报分析机构Sensor Tower发布的《2021年美国流媒体应用报告》（The State of Streaming Apps：An Analysis of Streaming App Market Trends and Top Apps in the U.S.）显示，2020年美国顶级流媒体应用的消费支出增长了48%。① 视频分析技术开发商Conviva发布的《2020年第四季度流媒体报告》（Conviva's State of Streaming 2020 Q4）也指出，从2019年第四季度至2020年第四季度，流媒体观看时长增长了44%，其中在大屏端的观看时长增长达157%。2020年在这一领域除了传统的流媒体平台激烈博弈外，社交媒体在流媒体领域也逐渐崭露头角。娱乐、媒体、品牌、体育账户等大量涌向YouTube，使社交媒体平台不断延伸其业务触角。② 2020年12月，有1.2亿人居家通过电视屏幕观看YouTube或YouTube TV，比当年3月增长了20%以上。

2020年，传统传媒巨头纷纷加入或加强布局流媒体赛道。2019年，迪士尼推出了视频流媒体平台Disney+，截至2020年末，迪士尼还拥有流媒体平台Hulu 67%的所有权和完全的经营控制权，其中所有权的比重还将在后期继续增加；2020年4月，康卡斯特集团成立了流媒体服务机构Peacock；2020年5月，AT&T集团的Warner Media推出了DTC流媒体服务平台HBO Max，这些平台依托各自的强大品牌内容优势、资源聚合能力以及内容制作能力支撑数字流媒体平台建设，成为产业布局的新风向。不同于上述几家传媒集团，SONY在平台建设模式外采取内容输出模式，即不建立流媒体平台，而是以当前流媒体平台对优质内容与消费者的激烈争夺为契机，通过有竞争力的内容生产与发行盈利，使内容不局限于自有平台，推动内容与品牌影响力的最大化。

---

① 《SensorTower：2021年美国流媒体应用报告》，2021年6月1日，http：//www.199it.com/archives/1250707.html。
② 《Conviva：2020年第四季度流媒体报告》，2021年2月9日，http：//www.199it.com/archives/1199380.html。

面对激烈的流媒体竞争，各大流媒体平台积极探索发展模式。在内容层面，各平台加大对优质内容的投入，以提升对订阅用户的吸引力。英国公司 Purely 研究显示，2020 年全球用于流媒体平台新内容的制作和版权许可的总现金支出创下新高，达到 2200 亿美元，同比增长 16.4%。其中华特迪士尼公司成为 2020 年全球最大的内容消费机构，2020 年的总支出为 286 亿美元，高于整个亚洲的 277 亿美元，华纳兄弟探索频道紧随其后，支出达到亿 208 亿美元，Netflix 排名第三，支出达到 151 亿美元。[①] 而一旦亚马逊完成对米高梅的收购，合并后的公司预计将以 118 亿美元的内容支出跃居第 4 位。尽管 HBO Max 在现有流媒体服务中保持着最贵的定价即每月 14.99 美元，但仍然凭借其优质的内容资源，如《权力的游戏》《西部世界》《老友记》《生活大爆炸》《黄金女郎》成为广受观众欢迎与依赖的流媒体服务提供者。Netflix 表示，有 500 多部电影处于后期制作和预备推出阶段，包括 2021 年的 71 部大片。据计划，Netflix 每周至少推出一部新电影。[②] 此外，各流媒体平台还在积极丰富服务内容类型。Streamlabs & Stream Hatchet 发布的报告显示，2020 年全球流媒体直播增长了 70% 以上，Twitch、YouTube 和 Facebook 游戏等平台的流媒体直播同比增长高达 78.4%。[③] 而 Netflix 也正在扩大其业务范围，已聘请 Facebook AR/VR 内容副总裁以开发其旗下的自主游戏平台。

可见，随着传统媒体巨头的进入，HBO Max、Netflix、Disney+、Hulu、Amazon Prime Video、Tubi、Peacock TV、Paramount+ 等多家顶级平台在流媒体赛道竞争激烈。一方面，平台数量的日益增长与用户有限的注意力与支付能力形成矛盾；另一方面，竞争的加剧使平台对于优质内容的依赖性增强，这一趋势必然伴随着运营成本与投入的增加。迪士尼 2020 年财报显示，其流媒体与国际业务部门（DTC & International）始终面临亏损状况，且亏损相比于

---

① 《2020 年全球流媒体内容支出达到 2200 亿美元》，2021 年 7 月 4 日，https://lmtw.com/mzw/content/detail/id/202942/keyword_id/-1。

② 《Netflix 用户破 2 亿，流媒体大战刚刚开始就结束了?》，2021 年 1 月 25 日，https://mp.weixin.qq.com/s/KiLXvxiCmFLBlpPYM5Kc5g。

③ 《统计数据显示流媒体直播在 2020 年增长了 70% 以上》，2021 年 1 月 29 日，https://www.cnbeta.com/articles/tech/1083921.htm。

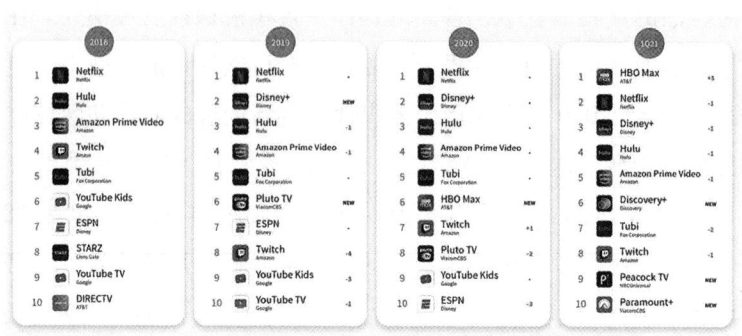

图 2　2018~2021 美国地区流媒体 App 下载数量排行

2019 年有加大趋势。因此，流媒体平台的盈利前景仍然具有模糊性与风险性。

4. 长短视频互融的融合化发展

在自身优势产业的基础上，流媒体和社交媒体平台不断拓展其运营范围，形成了数字平台超越其优势业务，向长视频、短视频、音乐、直播、社交媒体、游戏等各类内容领域不断延伸的业务复合趋势。

2020 年 8 月，为对标 TikTok，Instagram 推出 Reels 短视频业务，允许用户基于音乐和音频并依托各类特效创建短视频；Netflix 也在 2020 年底测试了短视频的功能"Fast Laughs"，用户可在平台中观看、分享，利用 LOL 表情评论短视频内容并将其添加至播放清单。这些短视频内容包括 Netflix 的原创喜剧作品，未来将会覆盖 Netflix 全部类别内容，或将成为为 Netflix 内容品牌引流的利器。2020 年 9 月，YouTube 在印度推出其短视频服务 Shorts，并于 2021 年 3 月将该功能引入美国。目前已实现 Shorts 用户从其他 Shorts 视频以及授权音乐库中采样声音，未来 Shorts 将实现将 YouTube 平台中其他视频中的音频引入 Shorts 视频[①]，不断扩大内容与创作的丰富度。2020 年 10 月，Facebook 云游戏服务上线，用户无须通过下载额外应用软件，在 Facebook 平台内就可玩《狂野飙车 9：竞速传奇》《无尽对决冒险》

---

① 《TikTok 竞争对手 YouTube Shorts 将支持用户从任何视频中提取音频》，2021 年 6 月 8 日，https://tech.ifeng.com/c/86u2hVtDH8S。

《高尔夫巡回赛游戏》《WWE 超级卡牌》等大型游戏，Facebook 游戏平台流媒体直播内容从 10.9 亿小时增加到 31.5 亿小时，此外，平台还将继续推进玩家粉丝群建设以提升主播与粉丝的互动体验。

多领域的业务布局与拓展在国内的数字巨头间也形成了激烈的竞争格局。字节跳动近年来不断加快其在长视频领域扩张的步伐。2019 年，西瓜视频开始尝试推出一系列类型多样的自制综艺节目，如《人间艺术指南》《地标 70 年》《考不好没关系？》等，还购买了一系列经典电视剧《亮剑》《重案六组（1~4）》等的版权；2020 年 1 月，贺岁电影《囧妈》在网络上映，用户可在抖音、西瓜视频、今日头条等头条系应用中免费观看。而在短视频以及直播领域存在短板的腾讯也在 2020 年奋起直追，依托微信的强大用户基础与技术网络开拓其视频与直播业务。2020 年 1 月，微信开始对视频号进行小范围内测；年中，微信视频号的日活量突破两亿；12 月底，微信 7.0.20 上线，将"视频号"和"附近的直播和人"列入发现页面中的一级入口，并推出微信豆虚拟道具以支持用户在观看过程中打赏主播，① 推广力度逐步加大，生态建设趋于完整。

（四）结构调整：产业可持续化成为传媒业必答题

1. 订阅依然是营收的重要组成部分

当前全球数字用户日渐增加，传统媒体公司利润持续下降，基于广告的收入模式很难维持，尤其是对于本地媒体来说形势更加严峻。加之受新冠肺炎疫情影响，广告主经济情况不佳和大型赛事缺席致使传媒业的广告营收下降。据估计，2020 年数字广告业的两大巨头 Facebook 和谷歌在全球的广告收入下降 440 多亿美元。《纽约时报》广告收入下降了 26%，其中印刷广告收入受到的打击最大，比 2019 年减少了 39%。另外，在线视频广告主要集中于互联网巨头，中小媒体和地方媒体的广告营收更加困难。根据 Omdia

---

① 《微信低调上新　首次推出两个一级入口扶持视频号》，新华社，2020 年 12 月 25 日，https：//baijiahao.baidu.com/s？id=1687021838858952530&wfr=spider&for=pc。

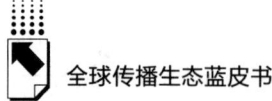

最新的《全球在线视频广告报告》，Facebook 和 YouTube 对在线视频广告收入的双头垄断在 2020 年仍在继续，这两家公司合计占总收入的 49%。除了中国市场外，YouTube 和 Facebook 已经轻松占据了全球在线视频广告收入的一半以上。Facebook 的在线视频广告收入大部分来自流媒体外的视频广告，但 YouTube 在广告支持的视频点播（AVOD）领域占据主导地位，其所有视频广告收入都来自其网站和应用程序上的流媒体视频广告。①

这一背景下，越来越多的媒体转向订阅经济以维持营收，订阅收入已日益成为媒体与平台收入不容忽视的关键支柱。路透社新闻研究所（RISJ）的报告显示，50% 的数字媒体认为，数字化订阅将是他们的主要收入来源。② 该机构出版的另一份报告《2020 数字新闻报告》（*Digital News Report 2020*）显示，很多国家的线上新闻付费比例显著增长，开始对内容收费或加紧推广新闻付费墙，其中美国上升了 4 个百分点，达到 20%；挪威上升了 8 个百分点，达到 42%；葡萄牙、荷兰、阿根廷等国家的数据也有所上升；受访国家（美国、英国、法国、意大利、德国、丹麦、日本、芬兰）的平均增长率达到 13%。③ 而在此次疫情之后，《每日电讯报》数字新闻订阅用户数量增至 52.2 万，较 2019 年底增长超过 20%；《华盛顿邮报》与英国《金融时报》正进行数字端订阅的发行合作，以吸引新读者。

除传统新闻媒体平台外，付费订阅在流媒体平台也广为流行。美国电影协会（MPAA）报告称，2020 年全球流媒体视频服务订阅量增长了 26%，达到 11 亿。在美国地区，流媒体视频服务订阅量增长了 32%，达到 3.086 亿。④ 根据 MIDiA 对流媒体市场的分析，2020 年音乐流媒体新增

---

① 《Omdia：2020 年 Facebook 和 YouTube 占据近一半的在线视频广告投放量》，2021 年 2 月 24 日，http://www.199it.com/archives/1207868.html。
② 《2020 年新闻、媒体、技术趋势和预测》（*Journalism, Media and Technology Trends and Predictions* 2020），路透社新闻研究所，2020 年 1 月。
③ 《2020 数字新闻报告》（*Digital News Report* 2020），路透社新闻研究所，2021 年 7 月。
④ MPAA, "2020 THEME Report", https://www.motionpictures.org/research-docs/2020-theme-report/.

了 1 亿订阅用户，而这一数据在 2019 年仅为 8300 万。[①] 在国内的流媒体业务运营中，会员订阅收入也成为平台营收的重要来源。爱奇艺发布的 2020 年第四季度及全年财报显示，截至第四季度末，爱奇艺的订阅会员规模达到 1.017 亿，全年会员服务营收为 165 亿元，超过其 2020 财年总营收 297 亿元的 56%；腾讯发布的 2020 财报显示，腾讯视频付费会员数达到 1.23 亿。[②] 订阅服务的增长，将对平台优质内容与资源整合优势提出更高要求。

2. 灵活多样的营收模式建设

除了订阅服务，媒体需要收入来源多样化以实现自身可持续发展，英国《独立报》自 2016 年起便放弃了印刷版，将数字广告、电子商务、优质订阅服务和付费模式结合在一起。这种混合收入模式使《独立报》利润和收入都达到创纪录新高。此外，《独立报》计划于 2021 年加速推出新的视频和电视业务、扩展国际业务等新举措，以实现收入快速增长。

电子商务也是媒体创收的一大来源。据 GroupM 公司的数据统计，仅 2020 年第二季度电商零售总额就增加了 27%。[③] 在这种大背景下，媒体越来越希望通过策划内容，引导用户的购买意向，从电子商务全行业的发展中受益。《纽约时报》旗下的电子产品消费评测网站 Wirecutter 除了涵盖消费电子产品外，在家居类产品上拥有庞大的用户群，疫情期间出现了爆发式增长。用数据为零售商提供服务，是媒体切入电商领域的重要思路，规模庞大、数据目标明确的新闻机构有能力帮助零售商找到合适的客户。这种电商属性的分支机构不仅为母公司贡献了大量收入，还收集了大量有价值的消费者信息，为其他平台的精准投放提供数据支持。

在线直播活动也展示出极大潜力。与实体活动相比，线上音乐会、时装

---

① 《发达市场流媒体订阅用户几近饱和，YouTube Music 成年轻人新宠》，2021 年 7 月 14 日，https://new.qq.com/omn/20210714/20210714A0CTBF00.html。
② 《腾讯视频会员首次提价，长视频平台将告别低价时代？》，澎湃新闻，2021 年 4 月 7 日，https://m.thepaper.cn/baijiahao_12080080。
③ GroupM, "Retail E-Commerce will Amount to ＄3.9 Trillion in 2020", https://www.groupm.com/this-year-next-year-ecommerce-forecast/.

秀等虚拟活动可以更加高效且低成本地运作，受众范围也更加广泛。《经济学人》举办观众与作者的自由交流见面会，并通过试验免费与付费两种模式来探索增收的可能性，其中比尔·盖茨的现场采访活动吸引了27000名订阅观众参加，① 在提高品牌知名度和打造形象的同时，也极大地丰富了营收手段。

在流媒体领域，营收模式的多样化探索更充分，盈利来源主要为订阅、广告、加盟（Affiliate）、流通、内容许可等。伴随用户观看习惯的变化，用户自主权与选择权的提升催生了对于订阅收入、广告收入、版权收入等进行多样化配比的需要。Peacock就推出了三种不同的套餐服务（免费的广告支撑版本，基于订阅的、广告支撑的可以访问所有内容的版本，以及基于订阅的无广告版本），从而满足多样化的内容消费习惯，Disney+以及Apple TV+实施低价策略，Netflix则根据画质和解析度提供不同价格梯度的订阅套餐。此外，各家流媒体平台非常重视业务组合的灵活化，不仅仅在于单一高质量服务的供应，而是依托其集团化优势提供有价格吸引力的产品套餐，无论是同类别还是跨类别业务组合。如迪士尼推出了其旗下流媒体平台Hulu、Disney+、ESPN+等一系列组合与捆绑套餐，康卡斯特的有线通信业务的X1与Flex客户可以访问Peacock基于订阅与广告支撑的版本而无须额外支付费用，此外还提供高速互联网业务、视频、语音、无线、安全与自动化服务的折扣与捆绑套餐。

3. 产业融合趋势显著

伴随着人工智能、VR/AR、5G、4K/8K、大数据、云计算等传媒与数字技术日益成为人们日常生活的基础设施，传媒生态的边界也不断延展，形成"传媒+"的产业融合趋势。一方面，其他行业通过拥抱新兴传媒科技，打造其行业转型与自我赋能的重要机遇，另一方面，传媒产业通过延伸其应用领域，收获了来自多行业的价值反哺。

---

① Nic Newman, "Journalism, Media, and Technology Trends and Predictions 2021", https://reutersinstitute.politics.ox.ac.uk/journalism-media-and-technology-trends-and-predictions-2021.

"传媒+"的产业融合趋势体现于"传媒+教育""传媒+文旅""传媒+医疗"等多个应用场景。在"传媒+教育"方面,联合国教科文组织数据显示,截至2020年4月24日,已有超过191个国家实施了全国范围的停课,停课学生人数达到15.7亿人,这场史无前例的教育中断倒逼世界各地开拓性地依靠广播、电视、互联网等开展远程教育。① 谷歌推出"The Anywhere School"线上活动,且分享超过50项的"Google for Education"全新功能,让学生们用虚拟方式"重返校园",积极拓展与教育相关的服务。② 智能移动办公平台钉钉在疫情期间支持全国14万所学校、300万个班级、1.3亿学生的在线上课,600万教师累计在平台上课超过6000万小时,同时与多家垂直类合作伙伴"爱学班班""宝宝巴士""松鼠AI""作业盒子""学霸君"等共同开发教培教辅等产业。③ 此外,短视频与直播的形式也在不断赋能教育行业。2019年3月底至2020年6月,抖音教育企业号数量增长3.24倍,播放量增长1倍,投稿量增长4.25倍,总粉丝量增长1.27倍,覆盖学前教育、K12教育、高等教育、素质教育、语言培训、职业培训等各细分市场目标人群。④

在"传媒+文旅"方面,社交媒体蕴藏的传播潜力,为旅游业发展提供了全新机遇。国内的典型案例如四川少年丁真在2020年11月凭借其淳朴的气质与阳光的微笑在社交平台中一炮走红,随后甘孜文旅抓住传播时机,旅游宣传片《丁真的世界》再次刷屏社交媒体平台,发布当天该话题收获了15万讨论、4.1亿阅读,视频获得1200万播放量。⑤ 丁真走红当月,丁真家乡理塘在携程平台搜索量猛增620%,四川甘孜地区酒店预订量较上年

---

① 《疫情下全球教育:线上学习成常态,或将改变全球教育》,2020年4月26日,https://baijiahao.baidu.com/s?id=1665000302845165047&wfr=spider&for=pc。
② 《疫情无法返校 Google推线上活动》,2020年8月13日,https://new.qq.com/omn/20200813/20200813A03RPZ00.html。
③ 《钉钉发布疫情期间教育数字,并正式推出升级版家校产品》,2020年5月18日,https://baijiahao.baidu.com/s?id=1666979098937411587&wfr=spider&for=pc。
④ 《抖音企业号-教育行业白皮书》,巨量引擎,2020年7月13日。
⑤ 《丁真现象级爆红背后,那些你所不知道的真相!》,《人民日报》2020年11月30日,https://baijiahao.baidu.com/s?id=1684752840851564035&wfr=spider&for=pc。

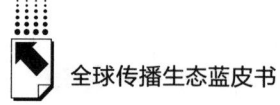

同期增长89%。在国外，YouTube、Instagram等平台上的网络红人对景区、产品的"种草"更为普遍，如拥有38.5万粉丝的Instagram旅行博主Melissa、10.8万粉丝的旅行博主NomadicBoys等，他们分享旅行照片并推广旅游地及其美食和产品，借助"网红效应"帮助景区和文旅企业获得更多流量与关注。

此外，"传媒+医疗"的模式在中国发展迅速。2020年11月，极光大数据发布的《2020年Q3移动互联网行业数据研究报告》显示，中国在线医疗健康服务市场发展潜力巨大，受疫情影响，越来越多患者倾向于线上健康问诊。以百度健康为代表的互联网健康服务平台，凭借健康咨询入口优势，以"直播+问诊"创新模式打通医疗科普内容获取和问诊用药全路径，构建一站式的健康管理服务平台，大幅提升了线上问诊效率。[1] 此外，"直播+问诊"创新模式也可以发挥直播的即时互动性，有效破除医患沟通障碍，满足患者实时与专家沟通的需求。这种模式打破传统就医地域限制，解决医疗资源分布不均的问题，让更多偏远地区的患者获得一、二线城市的优质医疗资源。

（五）技术赋能：智能传播近在咫尺

1. 技术赋能内容生产

在传统电视广播领域，具有高速率、低时延、大容量等特点的5G技术可以赋能远程和实时内容。多家媒体公司围绕5G业务与运营商合作，如《纽约时报》与Verizon合作创建的5G新闻实验室开发了即时媒体（Instant Media）和环境摄影制图（Environmental Photogrammetry）两种技术，以提升用户的沉浸式新闻体验[2]；《华盛顿邮报》与AT&T合作实现了编辑人员与

---

[1] 《2020年Q3移动互联网行业数据研究报告》，2020年12月2日，http://www.199it.com/archives/1157773.html。

[2] "How the New York Times Uses New Journalistic Tools Developed for 5G", https://www.nytco.com/collaborate/how-the-new-york-times-uses-new-journalistic-tools-developed-for-5g/。

前线记者的实时互动和数据连接,通过积极采用AR、VR和全景摄影等5G赋能的新技术创新故事讲述方式,优化用户的阅读体验[①];Verizon利用5G技术支持2020年美国超级碗赛事放送等。据统计,全球92%的广播从业者预计自己所在的机构会在未来一至两年内使用5G技术,最有潜力的应用场景是远程内容制作和分发。82%的受访者认为,5G最终将取代传统广播发行方式,成为访问电视内容的首选方式。[②]

在新闻领域,许多媒体平台都提供360度视频来展示全景素材,ABC、FOX和CNN等主流媒体也都开设专用的数字频道,以沉浸式的方式播放新闻、体育和娱乐等内容,并且带动更多的新闻媒体投身于这一形式。[③]《纽约时报》在2020年成立了AR实验室,与新闻团队共同开发新内容,此外还宣布了与Facebook的合作项目,专注于在Instagram上发布一系列AR报道,以更加新颖的视觉与交互体验讲述故事。[④]

在国内,AI对生产流程和生产方式都带来了巨大提升。芒果超媒集团的"5G芒果超视"依托智影平台,在1小时内对7万条素材进行筛选分类与制作,完成了相当于平常10个人的工作量。优酷"LED数字背景拍摄方案"替代传统绿幕合成,无须后期,所见即所得。同样40集的剧,相比传统制作方式,时间节省40%,成本节省50%。腾讯视频的直播智能剪辑技术支持边播边剪,快速生成优质内容供点播,将人工小时级的工作变成分钟级。

VR的广泛应用也显示其在传媒领域的应用场景愈加广泛。Omdia的数

---

① 《2020年美国传媒产业发展报告》,2021年4月9日,https://c.m.163.com/news/a/G75SV4U505259M1U.html?from=wap_redirect&spss=adap_pc&referFrom=&spssid=e7c41641fedf4660add60a9d3d7c81f0&spsw=1&isFromH5Share=article。
② 《2020年美国传媒产业发展报告》,2021年4月9日,https://c.m.163.com/news/a/G75SV4U505259M1U.html?from=wap_redirect&spss=adap_pc&referFrom=&spssid=e7c41641fedf4660add60a9d3d7c81f0&spsw=1&isFromH5Share=article。
③ 《2020年媒体技术趋势报告:13大领域、89项变革全输出》,2019年10月30日,http://www.199it.com/archives/959014.html。
④ 《〈纽约时报〉上线AR游戏,宝莱坞深入探索流媒体》,2020年12月28日,https://mp.weixin.qq.com/s/RC2Hi0nJErq1VkEI9_1U-Q。

据显示,2020年共有640万台VR头盔被售出,VR市场的内容消费达到11亿美元。预计到2025年,VR内容收入将达到40亿美元,其中90%来自游戏;而VR软硬件市场价值将达到100亿美元,2020年这一数字还是32亿美元。① Omdia分析称到2020年底VR在家庭的普及度在全球32个国家能达到1.2%,在2025年将增长到3%,显示了VR大规模普及还有广阔前景。

值得关注的是,一系列以UGC为支撑的内容平台正在通过技术创新降低使用门槛,提升使用体验,鼓励用户参与使用、互动与生产。以Instagram为例,2020年4月,Instagram上线Remix功能,用户可在他人短视频旁边录制自己的短视频;5月初,Instagram推出字幕功能,用户通过使用标题贴纸就可以将声音转换为文本字幕。② 国内的快手平台也致力于在清晰度、流畅度、亮度色彩、交互性四个维度提升视频的播放体验。2020年6月,快手全景视频上线,相比于传统VR视频,用户不需要昂贵的终端设备就可以随时随地体验到全景与沉浸式交互观看模式。③

此外,技术对线上演艺的赋能也较为明显。5G、4K/8K、AR/VR/MR/XR等技术的运用,能够带来超越线下物理局限的场景与环节打造,同时增强演出的互动性,用户可以通过实时弹幕、线上连线、线上应援等方式与艺人和粉丝群体进行互动和连接,超越了现实场景中的人数限制、时空限制与互动限制,技术为演艺产业提升盈利能力、提高用户体验、建立用户连接提供了全新机遇。

2. 区块链技术进入稳步构筑轨道

区块链技术去中心化、可追溯、不可篡改的特点对于内容生产、传播以及内容变现、收益分享、内容监管等都有极大的促进作用。2020年,美国

---

① 《Omdia:预计2020年VR消费将达到11亿美元》,2020年12月1日,http://www.199it.com/archives/1162999.html。
② 《海外短视频混战前线直击:YouTube 1亿美元奖励短视频创作者》,2021年5月20日,https://mp.weixin.qq.com/s/_BWBSad7JtK9ZDgak8Eajg。
③ 《快手大力开拓全景视频领域,用技术赋能全景视频内容创作者》,2021年6月8日,https://baijiahao.baidu.com/s?id=1701995217230631882&wfr=spider&for=pc。

传统主流媒体在区块链领域不断探索。在新闻生产方面，美联社从11月开始使用OraQle①在以太坊和EOS区块链上发布2020年美国总统选举的结果。②通过该系统，美联社为每个州的选票实时进展建立无法篡改的永久记录。在新闻溯源方面，《纽约时报》与IBM Garage于2019年合作启动的"新闻溯源项目"（News Provenance Project）③也取得一定进展，通过使用区块链技术来建立一个新闻照片元数据记录和分享系统，旨在通过为新闻照片提供语境描述，帮助读者识别真实新闻照片。除了新闻制作，CNN还宣布推出并出售可收藏的新闻历史时刻NFT（Valut by CNN：Moment That Changed Us）④，该产品包括一系列历史中的标志性时刻，以及一个可以购买、储存和展示NFTs的库房。这些时刻将包括CNN独家报道、值得注意的第一次、世界历史和总统选举等主题。该系列NFT将在Flow区块链上铸造，并以公开和限量版相结合的方式出售。

在中国，人民网和新浪网分别推出区块链频道，新华网实施"版权链推进计划"、新华智云区块链保全保护项目，搜狐旗下狐狸金服成立区块链研究中心，百度实施超级链Xuper、BBE平台、莱茨狗等项目，腾讯推出TrustSQL、腾讯云TBaaS，多方探索区块链技术与传媒业的使用场景。

由于区块链可以建立更好的激励约束机制，除了现有的内容生产者之外，区块链技术将会激励更多的用户生产更多的内容。另外，基于P2P技术的分布式网络，可以实现点对点的快速传播。这样既能大量减少同质化内容，又能更好地发挥互联网的自净化机制，有效降低虚假新闻和低俗新闻的

---

① https：//everipedia.org/oraqle/ap.
② "AP and Everipedia Team Up to Publish US Election Race Calls on the Blockchain"，https：//www.prnewswire.com/news－releases/ap－and－everipedia－team－up－to－publish－us－election－race－calls－on－the－blockchain－301153468.html.
③ "Introducing the News Provenance Project"，https：//open.nytimes.com/introducing－the－news－provenance－project－723dbaf07c44.
④ "CNN Makes Moments from History Available for Purchase with NFTs"，https：//cnnpressroom.blogs.cnn.com/2021/06/16/cnn－makes－moments－from－history－available－for－purchase－with－nfts.

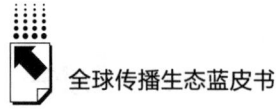

传播范围,用优质、专业的传播内容取而代之,推动传媒业更为健康和可持续发展。

(六)信息规制:数字时代的权力制约与健康发展

1. 全球反垄断进程加快

数字经济的发展与数字基础设施的建设一方面极大便利了人们的生活,另一方面由平台公司主导的数字进程不可避免地引发了以反垄断为核心的公共利益保护问题以及以数据隐私权为核心的个人利益保护问题。

自 2017 年起,全球反垄断进程加快,欧美科技巨头日益成为全球反垄断的重点监管对象(见表 1),其中最为标志性的案例是 2020 年 7 月美国众议院对 Facebook、苹果、谷歌和亚马逊四大科技巨头发起的反垄断调查。据不完全统计,自 2017 年至 2020 年 8 月 10 日,GAFA(Google、Apple、Facebook、Amazon)在全球范围内共遭遇了 17 个国家和地区的反垄断调查及纠纷,共达 84 起。2020 年 10 月,美国司法部向谷歌提起近 20 年来最严重的反垄断诉讼,称其涉嫌利用强大的市场支配力打压竞争对手。12 月 10 日,美国联邦贸易委员会(FTC)和来自 48 个州及地区的总检察长联合提交了两份针对 Facebook 的独立反垄断诉讼,要求重新审查 Facebook 2012 年收购"图片墙"(Instagram)和 2014 年收购即时聊天应用 WhatsApp 的策略。同月 15 日,欧盟公布了草拟的规范有关数字服务的重要法案——《数字服务法案》和《数字市场法案》,针对 GAFA 这类硅谷巨头妨碍竞争等违规行为,罚金最高可达年营业额的 10%。此外,对于有"系统性不合规行为"的平台,欧盟监管者或将采取针对公司结构层面的整顿,甚至会拆分科技巨头的欧洲业务。①

---

① 《全球为何都对互联网企业发起垄断大招》,新华网,2020 年 12 月 24 日,https://baijiahao.baidu.com/s?id=1686962289080022102&wfr=spider&for=pc。

2020年全球传播生态发展报告

表1 欧美科技巨头频遭反垄断及侵犯隐私诉讼

时间	领域	诉讼理由
2012年4月12日	反垄断	美国司法部诉苹果电子书垄断定价
2012年5月11日	侵犯隐私	集体诉讼起诉Facebook不当跟踪注册成员使用互联网
2013年4月11日	反垄断	诺基亚、微软等十多家科技巨头向欧盟起诉谷歌借助其安卓操作系统在智能手机推广自有应用程序
2013年4月12日	反垄断	英国互联网地图公司Streetmap起诉谷歌对搜索结果的操纵导致该公司的产品很难被用户找到
2013年8月28日	侵犯隐私	法院起诉Facebook在未经授权的情况下将超过61万用户的个人信息暴露在其广告页面上
2013年9月8日	侵犯隐私	集体诉讼起诉谷歌对Gmail账户内容进行电子扫描然后发布目标广告
2014年5月4日	反垄断	法院指控谷歌"非法垄断"美国互联网搜索和移动搜索市场,打压市场的预装协议
2014年5月14日	侵犯隐私	西班牙法院要求谷歌对搜索引擎呈现的内容负责,并在特定情况下删除搜索引擎上会显示的个人信息
2015年4月15日	反垄断	欧盟指控谷歌在欧洲互联网搜索市场滥用支配地位,谷歌可能面临最多66亿美元罚款
2017年9月18日	反垄断	社交媒体平台Grab指控谷歌拒绝其Android应用在Google Play商店上架
2017年10月1日	侵犯隐私	英国指控谷歌使用不正当方式从数以百万计的iPhone用户手中收集个人数据
2017年12月18日	反垄断	法国竞争、消费和反欺诈总局认定亚马逊滥用其市场主导地位打压其供应商
2018年4月1日	侵犯隐私	Facebook上超5000万用户信息在用户不知情的情况下,被政治数据公司"剑桥分析"获取并利用
2018年5月22日	侵犯隐私	谷歌被控"秘密追踪和整理"440万英国iPhone用户的信息,索赔额高达32亿英镑
2018年12月11日	侵犯隐私	谷歌旗下的社交网络Google+泄露5250万用户的信息,包括Google+个人用户的姓名、电子邮件地址、性别和年龄
2018年12月1日	侵犯隐私	Facebook在一次安全入侵事件中暴露了近680万用户的个人照片
2019年3月13日	反垄断	Spotify指控苹果利用App Store的规定向其收取30%的用户订阅收入
2019年6月14日	侵犯隐私	联邦诉讼称亚马逊旗下人工智能助手Alexa经常在未经儿童或其父母同意的情况下对数百万名儿童进行录音和收集信息
2019年8月2日	反垄断	eBay指控亚马逊管理者为销售商招募设定配额,还指派员工非法夺取eBay销售商
2020年3月21日	反垄断	美国集体诉讼指控亚马逊强加于第三方卖家"价格平价协议",违反《谢尔曼反垄断法案》

037

续表

时间	领域	诉讼理由
2020年5月27日	反垄断	印度指控谷歌不公平地推广自家移动支付服务
2020年6月3日	侵犯隐私	集体诉讼指控谷歌跟踪"隐身模式"用户信息
2020年8月13日	侵犯隐私	Facebook旗下Instagram被指控非法收集1亿用户数据
2020年8月14日	反垄断	游戏开发商Epic Games起诉苹果和谷歌非法利用应用商店垄断地位
2020年10月20日	反垄断	美国司法部起诉谷歌占据搜索领域垄断地位
2020年10月26日	反垄断	印度信实工业起诉亚马逊阻碍其收购未来零售
2020年11月11日	反垄断	欧盟指控亚马逊利用其规模、垄断地位破坏零售业竞争

资料来源：光大证券研究所根据Wind、Financial Times等报道整理。

在中国，2020年1月《〈反垄断法〉修订草案（公开征求意见稿）》面向社会征求意见；11月10日，国家市场监督管理总局出台《关于平台经济领域的反垄断指南（征求意见稿）》，该征求意见稿对市场支配地位的认定采取了灵活性的态度，以替代性分析法作为界定平台经济领域相关商品的基本方法，即重点考虑与平台功能、商业模式、用户群体、多边市场、线下交易等相关的替代性因素，特别是从终端用户角度，考虑涉案平台与相关市场的结构性关系。同时，该征求意见稿还特别规定，在特定个案中，如果直接事实证据充足，只有依赖市场支配地位才能实施的行为持续了相当长时间且损害效果明显，准确界定相关市场条件不足或非常困难，可以直接认定平台经济领域经营者实施了垄断行为。①2020年11月，根据中国相关监管机构通知，蚂蚁集团暂缓上市；12月，中国市场监管总局对阿里巴巴收购银泰商业、阅文集团收购新丽传媒和丰巢网络收购中邮智递等三起经营者集中案做出了行政处罚，明确了应进行申报和接受审查的经营者集中的范围，强化了数字平台并购行为的反垄断监管。

---

① 尹锋林：《国家为何开始大力实施互联网反垄断？未来趋势如何？》，2021年2月5日，https：//zhuanlan.zhihu.com/p/349511923。

2. 数字经济发展势头迅猛，数据安全与主权成为战略关切

伴随着数字经济的迅猛发展，美国、欧盟、英国等纷纷把数据竞争力上升到国家战略高度，数据主权、网络数据安全、数据隐私保护等逐渐成为数据跨境流动领域各国关注的焦点问题。各经济体更加重视数据竞争力，纷纷制定出台相关战略，宣誓数据安全和主权，在保护数据安全的前提下，力争在数据政策及标准制定等方面建立领导力。2020年10月，美国发布《国防部数据战略》，12月14日，美国联邦贸易委员会命令9家社交媒体和流媒体平台（Amazon、字节跳动、Discord、Facebook、Reddit、Snap、Twitter、WhatsApp和YouTube）提供信息收集和广告投放等相关数据，以掌握社交媒体及流媒体视频平台对个人信息的影响。欧盟继2018年5月发布《通用数据保护条例》后，又于2020年2月发布了《欧盟数字化战略》《数据战略》，英国政府于2020年9月发布了《国家数据安全战略》[①]；11月25日，欧盟委员会发布了《数据治理法案》的提案，旨在促进欧盟以及各行业和政府间的数据共享。

为解决数字经济高速发展下用户对数据安全的担忧，国内维护数字安全与主权的进程也在稳步推进。2020年6月，12部门联合发布《网络安全审查办法》，推动建立国家网络安全审查工作机制。2020年8月，《数据安全法（草案）》公开发布，规定支持、促进数据安全与发展的措施，提升数据安全治理和数据开发利用水平，促进以数据为关键要素的数字经济发展。在数字经济蓬勃发展的大背景下，加强对数据安全、数据主权的保护，秉持发展与安全并重原则，以合作共赢为目标，以安全可信为前提，针对隐私保护、数据安全、数字税收、数据主权等强化组织与制度创新，为数字时代的安全与发展提供制度保障。

3. 版权治理呼唤高效手段

《中国网络版权产业发展报告（2020）》显示，2020年中国网络版权产业市场规模首次突破1万亿元，同比增长23.6%；同时，网络版权产业结

---

① 国家工业信息安全发展研究中心：《数据安全白皮书》，2020年5月27日。

构网络呈现升级趋势，网络文学、网络短视频、网络直播、网络新闻媒体、网络音乐、网络游戏、网络长视频、网络动漫均成为网络版权产业的重要支柱与前沿阵地。① 伴随全球数字内容产业的持续发展，网络侵权与版权治理问题成为亟待解决的重要议题。从内容盗版给流媒体平台造成的巨大损失，到国内短视频平台中层出不穷的电影与剧集长视频切条内容，如何建立健康有效的版权治理制度、在版权治理中如何利用人工智能和数据分析等新兴技术并对当下网络新形势加以有效规制，值得内容价值链中各主体深入思考。

2020年，美国重启了对《通信规范法》（1996年）和《数字千年版权法》（1998年）的修正；欧盟推出了作为《电子商务指令》（2001年）升级版本的《数字服务法案（草案）》，并通过《数字市场法案（草案）》对谷歌、亚马逊等"数字守门人"的责任进行特殊认定；中国正式颁布了《民法典·侵权责任编》，修订《著作权法》，将原有的"电影作品和以类似摄制电影的方法创作的作品"改为"视听作品"这一涵盖范围更广的概念，为网络视听节目的版权保护提供依据。

业界对此也积极回应。2020年Facebook在美国市场推出新闻标签（News Tab），该功能将陆续登陆英国、德国、法国、印度和巴西，这其中涉及平台向大型出版商支付数百万美元版权费用。② 同时谷歌表示其将在未来三年内总共向全球出版商支付约10亿美元内容许可费，为其新闻业务Google news showcase提供高品质内容。在国内，中国版权保护中心联合阿里巴巴、华为共建DCI技术研究与应用联合重点实验室（Digital Copyright Identifier，数字版权唯一标识符），建立内容创作、使用、传播行为与其主体之间的权利、责任、利益关系认证体系。基于时间戳的电子存证以及基于深度学习的商品理解与视觉检索等原创AI识别技术，为商家进行"一键备案确权"。通过为互联网平台的数字作品版权分配DCI码，使每一份作品都

---

① 腾讯研究院：《中国网络版权产业发展的年度报告（2020）》，2021年6月。
② "Journalism, Media, and Technology Trends and Predictions 2021"，https：//reutersinstitute. politics. ox. ac. uk/journalism－media－and－technology－trends－and－predictions－2021.

具有唯一的身份标识，进而实现数字作品版权确权、版权费结算认证、监测取证快速维权等功能。①

三 全球传播生态的发展语境与前沿问题

（一）数字脱钩：信息传播基础结构的逆全球化

互联网曾被视为全球化的典型象征，"地球村"的比喻已经根深蒂固地存留于人们的脑海中，信息通信技术（ICT）产业链的全球化布局更是多年来人们津津乐道的话题。但2020年发生的诸多事件，却呈现不一样的景象。

以安全为由，继针对中兴、华为的指控和制裁后，2020年美国又将数十家中国互联网公司纳入制裁范围，并密集运用《国际紧急经济权力法》《国家紧急状态法》等法律手段，限制中美相互技术投资和出口；特朗普政府的多份行政令均加强了针对中国实体及涉华投资的审查和出口管控，如意图直接从美国通信网络中移除中国通信设备和服务的《安全可信通信法》和"清洁网络"倡议；多家美国智库相继抛出"数字威权主义""信息战"等概念，鼓吹加快对华技术"脱钩"。

在前沿技术领域，选边站队的"逆全球化"现象凸显。在5G领域，谷歌、微软等30多家科技企业排除5G技术实力最强大的华为，成立开放RAN政策联盟，合作开发"开放且可互操作的"5G无线系统②；在6G领域，美国牵头组建的Next G联盟同样拉拢了中国公司以外的全球30多家信息通信巨头，推动建立6G战略路线图，以及标准、技术与服务的全球推广。全球政治格局深刻影响着ICT产业工业链的全球化进程，信息传播基础结构的博弈正成为国家博弈的政治工具。

在这一大背景下，欧盟则全面强化"技术主权"和"数字自治"理念，

---

① 《中国版权保护中心与阿里华为共建DCI实验室构建数字版权治理新机制》，法制网，2021年3月2日，http://www.legaldaily.com.cn/IT/content/2021-03/02/content_8444836.htm。
② 桂畅旎：《2020年国际网络空间发展与安全态势》，《中国信息安全》2020年第12期。

于2020年初连续发布《塑造欧洲的数字未来》《人工智能白皮书》《欧洲数据战略》三份强调欧洲作为独立主体的数字设想和战略规划，并首次使用"网络外交工具箱"对多国实施制裁。① 如欧盟在2020年1月出台"5G网络安全工具箱"，要求欧盟成员国评估5G供应商的风险情况，对"高风险"供应商设限。

在某种意义上，ICT领域的"逆全球化"恰好说明了信息传播基础结构对未来全球传媒生态乃至政治格局的根本性影响。"地球村"还远吗？会越来越远吗？从全球传播生态的角度，这些都是值得我们重新思考的问题。

（二）"潘多拉魔盒"：技术的"祛魅"与反制

若在历史的长河中回望，2020年无疑是信息技术深化发展的一年。新冠肺炎疫情的全球蔓延，推动信息化、网络化向数字化、智能化转型升级。技术进一步赋能于国家、政府、企业和个体，数字化成为全球经济发展的重要新动力。一方面，技术弥合着因疫情带来的物理隔离与经济停摆，让全世界更深刻地感受到技术作为生产力的无限潜力；另一方面，技术像个"潘多拉魔盒"，可能带来的问题也暴露得愈加明显，对技术影响的思辨性声音更多涌现。

技术正加剧自由与隐私边界的日渐模糊。《人类简史》作者尤瓦尔·赫拉利（Yuval Noah Harari）在文章《冠状病毒之后的世界》（*The world after coronavirus*）中敏锐地指出，新冠肺炎疫情推动着很多不成熟或者危险的技术投入使用。因为紧急措施的存在，很多本需要花费数年进行讨论、审议的决定在短短几个小时内便通过了；人们在隐私与健康之间做出的选择，也很有可能成为生活惯性，影响着未来的传播伦理与格局。②

凭借大数据和机器学习，算法正更深刻地影响传播和人的主体性。多项研究显示，当人们的信息消费、生活轨迹等更多以数字化方式被记录，隐藏

---

① 桂畅旎：《2020年国际网络空间发展与安全态势》，《中国信息安全》2020年第12期。
② 《尤瓦尔·赫拉利〈冠状病毒之后的世界〉，强烈推荐！》，新浪财经，2020年4月5日，https://baijiahao.baidu.com/s?id=16631399378564720&wfr=spider&for=pc。

其后的算法将更加深入地参与信息流通与社会治理的各个环节，其产生的影响"包括对社会生活规则和规范的重构、对社会秩序的冲击与构建、对意识形态空间的形塑等"。① 当算法确实比我们更了解自己的喜好、行为规律与社会关系时，人的主体性是否受到挑战成为必须思考和回答的问题。

数字经济生活正加剧平台资本主义的兴起。尼克·斯尔尼切克（Nick Srnicek）在其著作《平台资本主义》②中所描述的一切，在2020年更加深入的数字化生活中变得格外突出。当以技术起家的互联网巨头们在数字化经济的大潮中，更加深入地进入人们的个体生活和公共生活领域时，对数据这一要素资源的高度占有形成了垄断性的平台资本主义。提供各类服务的巨型国际平台成为最具话语权的机构，所以我们看到了2021年初Twitter等社交媒体平台对美国前总统特朗普的"封号"与禁言。"一切形式的文化生活都臣服于技艺和技术的统治"③，尼尔·波兹曼曾经的预言正变得越来越有现实感。

（三）新兴群体：儿童市场与银发经济成为全新增长点

随着网络基础设施和智能终端设备的普及，以及网络应用在各年龄群体中的被接受度越来越高，儿童和老年群体正逐渐成为信息传播和消费的新兴群体。

业界对这一趋势的反应最为灵敏。2020年4月，NBC推出了由Lester Holt主持的专门为儿童制作的新闻节目。面向家庭的数字订阅产品NYT Kids（纽约时报儿童版）也正处于开发阶段。Statista最新榜单显示，截至2020年10月，YouTube儿童主题频道最受欢迎的频道《童谣与儿歌》订阅人数已达到约4110万。④ 在国内，2019年，中国新闻出版研究院与儿童数字内容平台KaDa故事联合发布的《2018儿童数字阅读报告》指出，2018

---

① 师文、陈昌凤：《信息个人化与作为传播者的智能实体——2020年智能传播研究综述》，《新闻记者》2021年第1期。
② 尼克·斯尔尼切克：《平台资本主义》，程水英译，广东人民出版社，2018。
③ 尼尔·波兹曼：《技术垄断：文化向技术投降》，何道宽译，北京大学出版社，2007。
④ 《YouTube儿童主题频道Top10：ChuChu TV居首》，新浪网，2021年1月27日，http://k.sina.com.cn/article_5893582170_15f48ed5a00100qntj.html。

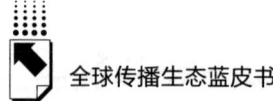

年儿童阅读市场潜在规模达5000亿元,家长消费意愿度迅速增强,当月复购率年增长近3倍,超半数家长愿意持续为优质儿童数字内容付费。① 2020年,腾讯视频分别与欧洲的 Zeilt Productions、Sixteen South 和 Silvergate Media 三家顶级制作公司达成合作协议,共同开发具有全球影响力的儿童节目。② 2020年9月,腾讯开始申请微信儿童版商标并进入内测阶段,2020年底至2021年初,华为、小米等品牌儿童手表陆续开始支持微信儿童手表版。此外,在终端领域,百度小度发布专门面向儿童教育领域的小度教育智能屏、小度智能早教机;小米"软硬兼施",在硬件方面设计了童脸识别、专属儿童桌面、四重儿童防沉迷保护功能,在软件方面开展合作提供多项专门针对儿童的服务。

与此同时,中老年群体也日益成为媒体内容消费乃至生产的新兴力量。中国互联网络信息中心(CNNIC)发布的《第47次中国互联网络发展状况统计报告》显示,截至2020年12月,50岁及以上网民群体占比由2020年3月的16.9%提升至26.3%,互联网进一步向中老年群体渗透,③中老年群体成为当前媒体消费市场的最大增量。Quest Mobile 发布的《2020银发经济洞察报告》显示,银发人群移动活跃设备用户规模超过1亿,增速远高于全网,银发人群对于社交、视频使用最普及,在资讯方面的兴趣尤为突出。④ 伴随着银发一族在媒体消费市场的崛起与扩大,一系列媒体实践由此展开。末那大叔、只穿高跟鞋的汪奶奶、我是田姥姥、小顽童爷爷等一批风格多样的银发网红成为抖音、快手平台中的新兴流量引擎;一系列以家庭伦理、社会正义、心灵鸡汤、战友兄弟情等为题材的中老年短剧也大量出现在视频平台上。2020年底,中国工业和信息化部发布了《互联网应用适老化及无障碍改造专项行动方案》,决定自2021年1

---

① 中国新闻出版研究院、儿童数字内容平台 KaDa:《2018儿童数字阅读报告》,2019年9月。
② 《〈钢铁飞龙〉动画将全球发行,腾讯视频与3家欧洲公司合作少儿内容》,2020年10月29日, https://new.qq.com/omn/20201029/20201029A077DM00.html。
③ CNNIC:《第47次中国互联网络发展状况统计报告》,2021年2月。
④ 《2020银发经济洞察报告》,2020年7月13日, https://www.questmobile.com.cn/research/report-new/115。

月起,在全国范围内组织开展为期一年的互联网应用适老化及无障碍改造专项行动。伴随着中老年群体数字融入步伐的加快,中老年群体作为内容消费者、内容生产者以及内容本身的意义与价值将是媒介生态中各主体需要重新思考的课题。

(四)复杂格局:国际传播能力建设机遇与挑战并存

当前,世界百年未有之大变局加速演变,新冠肺炎疫情大流行影响深远,机遇与挑战并存的国际传播态势也变得日渐清晰。

传媒生态领域多层次的国际合作在逆境中进一步加强。毋庸置疑,2020年中国媒体与平台的"出海"受到了近些年的最大冲击,如美国将新华社、中国国际电视台(CGTN)、中国国际广播电台、《中国日报》和《人民日报海外版》美国发行机构、中国中央电视台、中国新闻社、《人民日报》和《环球时报》的驻美机构,以及一财全球(Yicai Global)、《解放日报》(*Jiefang Daily*)、《新民晚报》(*Xinmin Evening News*)、中国社会科学杂志社(Social Sciences in China Press)、《北京周报》(*Beijing Review*)和《经济日报》(*Economic Daily*)等近20家中国媒体列为"外交使团";特朗普政府对抖音海外版(TikTok)、微信(WeChat)等出台禁令和制裁;印度政府以威胁国家安全和主权为由,禁止了包括TikTok在内的59个来自中国的App。但在另一些领域,中国的国际传播也以更柔性、更市场化的方式,实现了诸多进展。

在平台建设层面,商业分析公司亚洲媒体伙伴发布的报告显示,新冠肺炎疫情早期,菲律宾、印度尼西亚、新加坡和泰国四个主要东南亚市场的流媒体平台观看时长迎来迅速增长。其中,爱奇艺海外版在四国的每周观看时长增长幅度超过500%,腾讯视频海外版在泰国当地的周观看时长也增长了209%。① 2020年底,腾讯视频海外版WeTV与马来西亚媒体巨头

---

① 《中国流媒体平台在海外受到青睐,助力文化出海》,中国发展网,2020年8月30日,https://baijiahao.baidu.com/s?id=1676379905007930519&wfr=spider&for=pc。

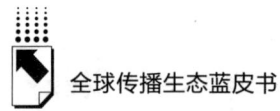

Media Prima 正式达成独家合作,为马来西亚观众提供更加丰富的本地化视听内容与视听服务。① 而根据 App Annie 发布的数据,截至 2020 年 6 月,TikTok 稳居全球应用下载榜榜首。

在内容出海层面,截至 2020 年 8 月,上线仅 2 个月的网络综艺节目《乘风破浪的姐姐》在 YouTube 中多个节目视频浏览量超过 50 万;《命中注定我爱你》《太子妃升职记》《我可能不会爱你》等剧集分别被日本、韩国与泰国翻拍并在 2020 年播出;《在一起》《老酒馆》《三十而已》《庆余年》《以家人之名》等剧集在海外播出平台获得了良好的传播效果。

在个体层面,以李子柒、办公室小野、滇西小哥等为代表的一系列人气网红走向世界,在 YouTube 平台成为向世界传播中国文化的亮眼窗口,通过展现田园风光、乡村生活、传统手工艺、美食制作等内容,展现出不逊于专业媒体机构的跨文化吸引力。李子柒的 YouTube 频道已经超过 1580 万位订阅者,其 2020 年 9 月发布的《瓜间一壶酒,西瓜和葡萄的一生?》视频观看量已突破 5000 万次。

在国际舆论场上,机遇与挑战更加明显。一方面,中国在疫情防控中展现的中国力量、中国精神、中国效率以及负责任的大国形象成为国际舆论场中的突出话语;另一方面,对中国疫情处理的嘲讽指责、对全球疫情蔓延的荒谬归咎以及对中国援外行为的惯性误读等污名化叙事②也成为国际舆论场中频繁出现的对抗性声音。中国的国际传播如何扭转泛政治化、后真相、刻板印象、反智主义等思潮合流所导致的误读与污名,以强大实力和发展韧性服务于"两个一百年"奋斗目标,将是值得期待和深入探索的问题。

---

① 《腾讯视频 WeTV 与马来西亚首要媒体集团达成合作,加速海外市场布局》,2020 年 11 月 26 日,https://baijiahao.baidu.com/s?id=1684398771189503326&wfr=spider&for=pc。
② 陈雪、夏琼:《新冠肺炎疫情下我国在国际舆论场的话语权博弈》,《新闻爱好者》2020 年第 7 期。

政策—理念篇

Reports on Policy and Idea

B.2 驻外媒体机构国际传播力提升之路探析

——以中央广播电视总台北美总站为例

江和平*

摘　要： 2020年，国际形势复杂多变，中美关系急剧恶化，热点事件层出不穷。面对美方恶意抹黑攻击和极限施压，中央广播电视总台北美总站坚守国家立场，忠实履行职责使命，坚决打好对美舆论战，有力发出利我声音，强势回击涉华谬论，提升国际传播影响力。以"想到""去到""采到""发到""独到"为特征的"五到"工作法是北美总站开展国际传播的方法论。从北美总站的工作实际出发，本文认为,驻外媒体机构应具备"六种思维"，即底线思维、全球思维、本土思维、创新思维、数字思维、商业思维，处理好对内报道与对

---

* 江和平，中央广播电视总台北美总站负责人、高级编辑。

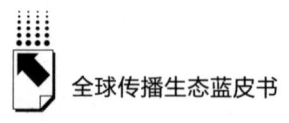

外传播等七大关系，从而推动国际传播事业更好发展。

关键词： 国际传播　国家立场　中国声音　驻外媒体

2020年是极为不平凡的一年，对中央广播电视总台北美总站的工作来说更是如此。这一年，国际形势波谲云诡，热点事件层出不穷。受美方持续恶意抹黑、挑衅攻击的影响，中美关系陷入两国建交以来的最低谷。美国政府为转移国内矛盾、拉选票，借新冠肺炎疫情"污名化"中国，还四处煽动成立"反华联盟"，在各领域对中方极限施压。这一年也是中央广播电视总台北美总站建成运行的第一年。尽管频遭美方的无理干扰、限制，尽管面临全球最严重的疫情，北美总站以祖国和总台为坚强后盾，坚守国家立场，忠实履行职责使命，坚决打好对美舆论战，国际话语权和影响力不断提升。

从北美总站运行一年的工作来看，内容、渠道、技术、融合、用户是加强国际传播的必经之路，"想到""去到""采到""发到""独到"的"五到"工作法是北美总站开展国际传播的方法论。从北美总站的工作实际出发，可以看出，驻外媒体机构应具备底线思维、全球思维、本土思维、创新思维、数字思维、商业思维；同时，应处理好对内报道与对外传播、报与不报、新闻与评论、大小屏、前后方、全球四个区域制作中心、驻外机构与当地国际组织以及媒体机构和智库等七大关系，从而推动国际传播事业更好发展。

一　运用"五到"工作法实现有效和精准传播

笔者曾借用中国汉字的"主"来解读和探讨媒体的发展方向。其中，"主"字的三横可以分别代表"内容""技术""渠道"，一竖可以代表"融合"，三横一竖组成的"王"代表媒体的供给侧，而"王"字上的一点是

"用户",代表需求侧的"用户至上"。①

从事国际传播的媒体应围绕用户需求进行供给侧结构性改革,实现有效、精准传播,只有这样才能建成国际一流新型主流媒体。结合在北美总站的工作,笔者提出了"五到"工作法,使工作方向更加明晰化、简单化、具象化,取得了较好的工作效果。

(一)"想到"

"想到"就是以热点事件或感情共鸣点为切入点,坚持策划先行,提前组织部署,增加报道深度,提升吸引力和感染力。以特别节目"全球行动倡议2020——脱贫"为例。"脱贫"是世界各国共同关心的话题,2020年还是中国脱贫攻坚的收官之年。北美总站在年初就开始策划这期特别节目,最初拟以线下媒体论坛的方式进行。随着美国疫情不断加剧,活动方案反复变更,最终以"年终特别节目+专题纪录片"的组合方式呈现,并得到了联合国、国际货币基金组织等多家机构的大力支持和参与。这是中央广播电视总台海外总站首次举办高规格的全球媒体行动,该行动倡议相关报道触达海外受众2.8亿人次,其中在G7国家的落地媒体达235家,在G20国家的落地媒体达300家,并且登上国内"学习强国"平台,取得了良好的传播效果。此外,北美总站围绕"新冠肺炎疫情""经济重启"等焦点话题,策划推出了《疫情下的美国经济》《疫情下的美国社会》《疫情下的美国校园》《美国分化》《直击大选》等多个系列报道,真实记录了美国普通民众在疫情下的痛苦挣扎,深刻揭示了疫情防控不力对美国的冲击,生动反映了美国社会的严重极化和分裂,相关报道仅在"央视新闻"客户端的阅读量就超过1000万次。

(二)"去到"

如果说真实是新闻的第一生命,那么现场就是新闻的第二生命。"我在

---

① 江和平:《新时代 新探索 新实践——CGTN的融合传播思考》,《国际传播》2017年第6期。

现场"对于驻外记者来说，实质上是争夺新闻事件的定义权。例如，在中美签署第一阶段经贸协议的重大时政报道现场，白宫最初只提供以美方为主的网络直播信号。为体现两国对等原则，维护国家尊严，北美总站紧急协调美联社，经不懈努力争取到我方的独家电视直播信号，并增加了我方直播机位，完成了时长超过2小时、单机一镜到底的重大时政直播活动。再例如，2021年1月6日，在特朗普支持者暴力冲击国会山事件中，北美总站记者自始至终处在冲突的最前线，拍摄到大量珍贵的第一手资料，在重大事件报道中体现了中国视角。相关节目被国内各大平台广泛转发。此外，在波特兰、西雅图、威斯康星等地反种族歧视抗议活动现场，在纽约、得克萨斯、加利福尼亚等疫情最严重的地区，在特拉华、威斯康星、佐治亚等美国大选日的关键地区，在美国和墨西哥的山火、飓风、地震等灾害核心区域，北美总站辖区的记者在做好安全防护的前提下，积极深入新闻一线，制作了大量原创报道，没有错过任何一个重大突发新闻现场。实践证明，这样的做法让现场报道的真实性、贴近性、冲击力得到最大限度的发挥，有效拉近了新闻事件与受众之间的距离。

（三）"采到"

除了前文所说的"去到"核心现场、拍摄核心画面外，驻外媒体机构还要"采到"核心人物。在国外采访核心人物的难度非常大，尤其是在中美关系严重恶化的大环境下，嘉宾的拒采率非常高。即便如此，北美总站及下辖站点在"采到"方面依然有不错的表现。比如，在展现中国的大国担当方面，独家采访了联合国秘书长古特雷斯、国际货币基金组织总裁格奥尔基耶娃、联合国副秘书长霍克希尔德、世界粮食计划署副执行干事阿米尔·穆哈默德·阿卜杜拉等国际组织负责人。嘉宾高度评价中国对世界脱贫和经济增长的贡献。在新冠肺炎病毒溯源方面，采访了美国国家过敏和传染病研究所所长安东尼·福奇、诺贝尔化学奖得主迈克尔·莱维特、"病毒猎手"利普金教授、美国疾控中心前主任汤姆·弗里登等专家学者，用科学的声音有力地回击恶意污蔑。在疫情防控方面，采访了一线医护人员、确诊患者等

"事件亲历者",通过采访对象的切身感受,揭露美国疫情防控不力的种种乱象。北美总站以新闻报道为抓手,不断拓展嘉宾资源,2020年新增采访嘉宾600多位。通过影响有影响力的人,在关键时刻发挥关键作用,进而实现"滚雪球效应"。

(四)"发到"

采访的目的是传播。没有传播,采访就失去了意义。新媒体时代,传播平台多样化,媒体不仅要利用好自有平台,还要不断拓展外部平台,才能实现传播效果的最大化。北美总站及其下辖站点一方面积极向总台的《新闻联播》《新闻直播间》《朝闻天下》《环球视线》等栏目,"央视新闻""央视频"等客户端,以及CGTN频道、CGTN America境外社交媒体等自有大小屏平台播发;另一方面,积极与全美电视节目专业协会(NATPE)、美国公共广播电视公司(PBS)、墨西哥6频道以及苹果TV、亚马逊Fire TV等驻在地媒体机构合作,拓展传播渠道,提升传播效果。北美总站制作的抗击新冠肺炎疫情专题纪录片《武汉24小时》在50多个国家的180多家媒体平台播出;原创新媒体深度评论专栏《北美观察》的700多篇稿件,单篇报道全网浏览量高达上千万,被人民网、环球网、今日头条、网易、新浪等媒体广泛转载,成为外界了解美国、加拿大、墨西哥等国的独特渠道。

(五)"独到"

无论是"想到""去到"还是"采到""发到",贯穿新闻采编播全程的是"独到"。"独到"是"五到"的落脚点,从策划环节要考虑独特的报道角度,在采编环节要体现独家现场、独家观点,播发环节要实现差异化、精准化传播,既有"内容"的独到之处,又有"渠道"的独到之处。北美总站制作推出的《央视记者体验波音737MAX载客复飞》《纽约地铁凌晨停运后,流浪汉们何以为家?》《因为疫情,加拿大的部长和省长"吵起来了"》《央视记者探访美国南部多州:当历史照进现实,美种族歧视阴霾难散》等一系列报道,因采用独特的报道方式或视角而引发广泛关注,多篇

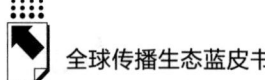

报道还被《参考消息》转载。前文所述的《武汉 24 小时》和《北美观察》等也是因为在新闻报道的各环节追求"独到",最终实现了更大更广的传播效果。

二 坚持中国视角,驻外工作应具备"六种思维"

做好国际传播,必须找到传播之"道",也就是首先要解决思想意识这一最高层级的问题。驻外媒体机构要遵守的最根本的原则是坚持中国视角,传递中国观点,展现中国立场。目前,在国际舆论场上,西方媒体的话语权仍然占主导地位,在美国等西方国家开展新闻报道,尤其要增强涉华新闻的敏感性,加大涉华报道的主动性,坚持"以我为主",有理有据、理直气壮地讲好中国故事。在此前提下,还需要具备六种思维:底线思维、全球思维、本土思维、创新思维、数字思维、商业思维。

(一)底线思维

当今世界面临百年未有之大变局。习近平总书记强调,要坚持底线思维,增强忧患意识,提高防控能力,着力防范化解重大风险。① 当前,中美关系极为复杂敏感,美方对华敌意短期内难以消除,以"外国代理人""外国使团"等多种名目限制北美总站等我驻美媒体正常运行。驻外媒体机构要始终坚持底线思维,确保机构和人员安全。

(二)全球思维

国际传播必须具备全球思维,要采用国际化表达方式,进行国际化推广。在讲好中国故事的同时,也要讲好世界的故事,切实做到"联接中外,沟通世界",搭建中国与世界沟通的桥梁。

---

① 张洋:《习近平在省部级主要领导干部坚持底线思维着力防范化解重大风险专题研讨班开班式上发表重要讲话强调 提高防控能力着力防范化解重大风险 保持经济持续健康发展 社会大局稳定》,《人民日报》2019 年 1 月 22 日。

（三）本土思维

本土思维是实现有效国际传播的必由之路。北美总站拥有一支国际化的报道队伍，当地雇员约占员工的 85%。当地雇员具有天然的语言和人脉优势，熟悉当地情况，了解受众特点，是推进本土化的核心支撑。除此之外，驻外媒体机构还应积极挖掘利用驻在地的媒体资源、先进技术、传播渠道等优势，使外部资源"为我所用"。

（四）创新思维

北美总站在建设运行的一年多时间里，以创新思维谋篇布局，在继承原央视北美分台总体架构的基础上，打通中英文办公平台，创新了新媒体制播流程，建立了"突发应急播出机制"，健全了公司化运行体制，推出了"全球行动倡议""北美观察"等多个有影响力的原创品牌，从业务生产到行政管理的各个环节实现了创新式发展。

（五）数字思维

数字思维是用数字信息化传播需求来思考媒介融合的发展理念。此处未采用"互联网思维"这种时下流行的说法，因为无论是"互联网"还是"物联网"，数字都是最底层、最本源的技术。国际传播应该紧跟数字信息技术的发展，以技术为手段，顺应全媒体时代的变化，带动生产流程的再造和革新。

（六）商业思维

北美总站采用公司化运作模式，商业思维是与国际接轨的必然选择。目前，北美总站已经形成了较为规范的公司化运作机制，积极融入当地传媒市场。未来还可利用公司化身份的优势，在产品营销、商业推广、对外合作等方面下功夫，实现传播价值和商业价值的"双赢"。

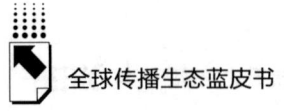

全球传播生态蓝皮书

三 驻外媒体机构应处理好"七大关系"

如果说"六种思维"是国际传播的"道",处理好"七大关系"就是国际传播的"术"。

(一)对内报道与对外传播的关系

习近平总书记在2013年就指出,在全面对外开放的条件下做宣传思想工作,一项重要任务是引导人们更加全面客观地认识当代中国、看待外部世界。[①] 对北美总站来说,具体就是坚持"内外有别",既要向国际受众(用户)传递中国声音、阐释中国立场,做好涉华报道,又要向国内受众(用户)及时准确报道驻在地的热点事件。前提是要理解对内报道与对外传播的统分关系。中国的全面对外开放既是历史大格局,也是报道工作的立足点,因此对内报道和对外传播要有统一的大局观。在具体工作中,对内报道和对外传播的渠道、受众(用户)都有明显差异。要有针对性地调整内容和语态,处理好"全面和客观认识中国以及世界"的辩证关系。

(二)报与不报的关系

驻外媒体机构的工作既要符合报道要求,把握好"时度效",又要结合驻在地实际,有自己的编辑思路,不能"有闻必报""人云亦云""人报我报"。重点是要遵循"围绕中心,服务大局"的基本原则。中国开启全面建设社会主义现代化国家新征程,这是驻外媒体机构工作要围绕的中心。在新发展阶段,中国如何看待世界、世界应该如何面对新发展格局下的中国,都是需要驻外媒体机构充分学习研究、进行理论储备的重要课题。内化于心方能外化于行,用于指导工作实践。海外派出机构要"内外兼修",既要熟悉驻在地的

---

① 倪光辉:《习近平在全国宣传思想工作会议上强调 胸怀大局把握大势着眼大事 努力把宣传思想工作做得更好》,《人民日报》2013年8月21日。

情况，更要了解中国的发展。"中国始终是世界和平的建设者、全球发展的贡献者、国际秩序的维护者。"① 向全世界展现中国推动构建人类命运共同体的追求和努力，就是驻外机构要把握的大局，需要用一个个具体的报道去展现。

（三）新闻与评论的关系

互联网时代，人人都是自媒体。信息传播早已打破了时间、空间的限制。驻外媒体机构不仅要及时传递新闻事实，做好"第一落点"，还应当加强新闻评论，体现独特视角和深度观察，做好"第二落点"，增强新闻的可读性。例如，英文评论《热点》就是一档以时效性制胜的栏目，当天要闻当天即解读评论。

（四）大小屏的关系

目前，中国媒体的新媒体传播水平落后于西方主流媒体。总台驻外媒体机构应争当"排头兵"，大力推进"台网并重、移动优先、融合传播"的战略，实现大小屏在策划、采集、播发的全流程融合，着力加快新媒体发展力度，并在人力资源、预算分配、综合保障等方面向新媒体倾斜。2020年，北美总站对CGTN America进行了大幅改革，打通大小屏的联系，重塑新媒体发稿流程，完善考核机制。社交媒体平台的日浏览量从运行之初的不到10万人次，飞跃式增长并稳定在1000万人次的高位，年增长100倍。2020年，CGTN America新媒体平台共发稿47125条，浏览量达20亿人次；其中，自有平台发稿25813条，浏览量达7.5亿人次，视频观看量为4亿人次。

（五）前后方的关系

北美总站作为中央广播电视总台的派出机构，必须遵守总台的管理规定，根据总台的总体部署开展工作，既要与总台的行政管理部门密切沟通，掌握最新政策要求，又要与总台的业务对口部门紧密协调，明确报道方向，

---

① 习近平：《在庆祝中国共产党成立95周年大会上的讲话》，《人民日报》2016年7月2日。

避免因距离、时差等产生管理落差、报道偏差。同时，业务上前后期也是共生关系，相互激励、相互促进。例如，"央视新闻"客户端与北美总站合作创办深度报道栏目《北美观察》，前后方在策划、制作、编发等方面充分沟通，密切合作。《北美观察》被广泛转载，取得了非常好的传播效果，也为"央视新闻"客户端带来了大量流量。鉴于客户端的传播效果，央视新闻频道也在《朝闻天下》栏目中专门开设了《北美观察》版块，实现了小屏"反哺"大屏。因此，不论是前期的"前轮驱动"还是后期的"后轮驱动"，都不如前后期密切配合的"四轮驱动"更能跨越障碍，平稳前行。

（六）全球四个区域制作中心的关系

目前，CGTN 在全球有四个区域制作中心，共同完成 CGTN 全频道、全天候制播内容。北美总站与北京总部和欧洲、非洲区域制作中心密切配合，定期召开业务协调会，确保时段制播衔接有序。CGTN America 不仅是一个独立机构，更是整个 CGTN 生态的重要组成部分。CGTN America 推出的《武汉 24 小时》等 13 集全球抗击新冠肺炎疫情纪录片，以及派出外籍记者出色完成香港"修例风波"的报道等，都离不开北京、北美、欧洲、非洲四地的紧密协作与配合。

（七）驻外机构与当地国际组织、媒体机构和智库的关系

驻外机构应善于利用地缘优势、媒体属性优势，加强与驻在地国际组织、媒体机构、智库知名人士等的合作，以新闻采访、合作拍摄、联合推广等为切入点，不断拓展深化巩固合作关系，争做"民间外交家"和"社会活动家"，广泛积累人脉资源，积极融入主流机构、主流人群，不断提升话语权和影响力。

面向未来，北美总站将在总台的统一领导下，继续从内容、技术、渠道、融合、用户等方面推进国际传播，围绕用户需求和收听收看习惯，制作更多精品节目，加快技术升级改造，拓宽传播渠道，深化融合传播，持续开展"全球行动倡议"等品牌活动，为国际传播事业添砖加瓦。

B.3
中国国际传播的发展进程及主要特征

李 宇*

摘 要： 中国近代国际传播发展历史可追溯至清末。新中国成立后，国际传播工作进入全新时期，经历了起步、滞退、恢复、探索、发展和攀升等几个阶段，始终服务于国家发展大局和外交战略。在此过程中，中国国际传播实现了几个转变，即在理念上从对外宣传到战略传播，在发展规划方面从突进到务实，在传播属性方面从一维到多维，在传播主体方面从一元到多元。随着中国日益走近世界舞台的中心，中国国际传播迎来了最好发展机遇，也面临最艰难最险峻的挑战。在此关键节点，习近平总书记在中共中央政治局第三十次集体学习上的重要讲话，以大思维大战略鲜明指出我国国际传播能力建设的任务与方向，为新时期新阶段中国国际传播发展提供了根本路径遵循和重要思想指引，必将引领和推动中国国际传播走向历史新阶段。

关键词： 国际传播 对外宣传 传播主体 传播属性

2021年5月31日，习近平总书记在中共中央政治局第三十次集体学习上讲话时强调①，要深刻认识新形势下加强和改进国际传播工作的重要性和

---

* 李宇，中央广播电视总台国际传播规划局高级编辑，博士。
① 除注明外，本文关于习近平讲话内容均引用自《习近平在中共中央政治局第三十次集体学习时强调 加强和改进国际传播工作 展示真实立体全面的中国》，新华网，2021年6月1日，http://www.xinhuanet.com/politics/leaders/2021-06/01/c_1127517461.htm。

必要性，下大气力加强国际传播能力建设。中国近代国际传播发展历史可追溯至清末，新中国成立后经历了起步、滞退、恢复、探索、发展和攀升等几个发展阶段，并实现了几个关键转变：在理念上从对外宣传到战略传播，在发展规划方面从突进到务实，在传播属性方面从一维到多维，在传播主体方面从一元到多元。考虑到习惯用语等方面的因素，本文在一些涉及国际传播历史发展等内容的阐释中，"国际传播"与"对外宣传"、"外宣"等表述方式并用。关于发展进程的阶段划分，本文主要基于三个因素：一是中国国家建设进程以及传媒发展状况，二是国际局势发展及传播生态格局演进，三是中国国际传播发展。随着中国日益走近世界舞台的中心，中国国际传播迎来了最好发展机遇，也面临最艰难、最险峻的挑战。在此背景下，国际传播历史研究具有学术价值和现实意义，为新时期中国国际传播实践提供参照。

一 中国国际传播的发展进程

中国近代国际传播历史可以追溯到清朝末期，当时以孙中山为代表的资产阶级民主革命派在海外开展了大量新闻宣传活动，如 1900 年在香港创办了《中国日报》，1901 年在日本创办了《国民报》，1903 年在檀香山创办了《隆记檀山新报》，1905 年在日本创办了《民报》，1907 年在加拿大开办了《大汉公报》、在暹罗办起了《华暹新报》、在新加坡刊行了《中兴日报》，1908 年在缅甸刊行了《光华日报》，1911 年在菲律宾创办了《公理报》，[①]这些报刊客观上对于传播中国声音发挥了积极作用。中华民国建立之后，开始运用广播技术发展国际广播事业，于 1932 年 11 月 12 日在南京正式开播了中央广播电台强力电台，呼号为 SGOA，其整体实力号称"亚洲第一，世界第三"，信号覆盖了东南亚及日本；1936 年 2 月 23 日又开播了南京短波广播电台，呼号为 XGOX，信号最远可覆盖澳大利亚和新西兰，用国语、英

---

① 甘险峰：《中国对外新闻传播史》，福建人民出版社，2004，第 1 页。

语、马来语、厦门话等广播。① 中国共产党在极其艰苦的条件下创办了中国人民对外广播事业，延安新华广播电台于 1941 年 12 月 3 日开办了日语广播，张家口新华广播电台于 1945 年 10 月 23 日开办了英语新闻，陕北新华广播电台于 1947 年 9 月 11 日在河北涉县开办了英语广播。② 新中国成立后，国际传播历史进入全新时期，大致包括如下六个发展阶段。

1. 起步阶段（1949~1965 年）：向世界说明中国

新中国成立后，全国开始了热火朝天的建设事业，万象更新、生机蓬勃。国际传播在短时间内实现了迅速发展，向世界报道新生人民政权的发展进步，展示新中国形象，说明新中国发展理念。在这一阶段，"向世界说明中国"是中国国际传播的主要特征。

在领导机构建设方面，中央人民政府政务院于 1949 年 10 月设立了新闻总署，下设国际新闻局，承担新中国对外宣传的重要使命。1958 年，中央外事小组开始负责外宣方针和政策的统一领导；中央外事小组和国务院外事办公室下设对外文化联络委员会，成为外宣工作的统筹机构。

在媒体国际传播方面，平面媒体是这一阶段中国国际传播的主要渠道。《人民中国》英文半月刊于 1950 年 1 月创刊，是中国最早的外文刊物之一，后续又创办了俄文版、日文版、中文版、法文版、印尼文版。同年，《中国报道》（原名《人民中国报道》）、《人民画报》创刊；中央人民广播电台成立国际广播编辑部，下设华侨广播科、日朝语广播科、英语科、东语科等，对外使用"北京广播电台"的呼号。1951 年 10 月，《中国文学》英文版创刊，后又创办法文版。1952 年 1 月，《今日中国》（原名《中国建设》）创刊，后来发展成为中国唯一的多文种综合性对外报道月刊。1953 年，《人民中国》日文版创刊。1958 年 3 月，国家重点外文期刊《北京周报》创刊。同年，北京电视台（中央电视台前身）创建，中国电视事业正式诞生，随后就开展了国际传播业务，于 1959 年 4 月 21 日将长约七分钟的电视新闻片

---

① 甘险峰：《中国对外新闻传播史》，福建人民出版社，2004，第 45~49 页。
② 甘险峰：《中国对外新闻传播史》，福建人民出版社，2004，第 63~67 页。

《第二届全国人大第一次会议专题报道》航寄给苏联、德意志民主共和国、罗马尼亚、匈牙利、波兰、捷克斯洛伐克的电视台。①

中国还积极通过电影和纪录影片开展国际传播,在这一时期共向84个国家和地区输出长短片1231个,7770部次。② 其中,《平原游击队》《铁道游击队》《万水千山》《红色娘子军》《董存瑞》《白毛女》等影片得到了亚、非、拉美国家观众的欢迎,尤其以《上甘岭》、《战上海》和《海鹰》等反美题材的影片最受欢迎。③

2. 滞退阶段（1966～1976年）：向世界宣示中国

中国的国际传播工作在"文化大革命"中遭到严重扰乱,整个发展进程陷入停滞和倒退状态。在那个特殊历史时期,相关领导机构陷于瘫痪,传播理念也偏离正常路径。在平面媒体国际传播领域,读者兴趣、英文定稿都成了"资产阶级新闻观点"被一概否定,对外发布的外语稿件必须按照中文稿逐字逐句翻译。④ 在电视国际传播方面,北京电视台的出国片工作奉行了所谓"以我为主"、宣传对象"以左派为主"的错误方针,出现了宣传"以我为核心""打倒一切"的极左思想和自吹自擂、强加于人的严重情况,解说词里常常使用一些空洞的政治口号和不切实际的"豪言壮语"。对外寄送节目,不看对象,不问国情,一律寄送大量的宣传"文化大革命"的电视新闻片,致使有些国家接受不了,将原片退回;有个别国家不仅拒收,甚至提出抗议。⑤ 对此,当时领导人注意到了对外宣传中出现的问题,并提出批评。周恩来总理表示,"有个问题,把国内硬搬来对国外,不用脑筋,不管对象,人家需要什么不管,只管我们自己。应研究一下,对外既不失原则,又要有效果和不同特点。"⑥

---

① 夏之平:《铭心往事——一个广播电视人的记述》,中国广播电视出版社,2009,第66页。
② 吴瑞庭:《当代中国电影与电影的国际交流》,《当代外国影视艺术》1995年第199期。
③ 胡正荣、李继东、姬德强主编《中国国际传播发展报告（2014）》,社会科学文献出版社,2014,第133页。
④ 何舟平:《中国对外报道思想研究》,中国传媒大学出版社,2009,第67页。
⑤ 赵化勇主编《中央电视台发展史（1958～1997）》,中国广播电视出版社,2008,第80页。
⑥ 邢博主编《构建中国在中东欧地区舆论新格局》,中国国际广播出版社,2014,第96页。

中国国际传播的发展进程及主要特征

3. 恢复阶段（1977~1989年）：让世界了解中国

从20世纪70年代末到80年代末，中国正处在改革开放的起步阶段，发展、稳定是国家重中之重。在这一阶段，中国国际传播的主要特征是"让世界了解中国"。

在当时的特殊历史背景下，为了清除"文化大革命"残余影响，国际传播理念经历了一个革故鼎新的过程。1980年8月，中共中央下发了中国对外宣传的第一个纲领性文件《关于建立对外宣传小组加强对外宣传工作的通知》。通知提出，"照搬国内一套，不能解答外国人的问题；内容单调刻板，调子太高，人家看不懂，不感兴趣。这仍是我们对外宣传的最大弱点，必须坚决纠正……要充分了解不同国家、不同阶层、不同党派、不同职业、不同性别、不同年龄的人们的不同兴趣和要求，有的放矢，要讲究策略、时机和方式方法。"① 中央对外宣传小组1983年又提出："对外宣传是一项在国际上争取人心，为实现四个现代化争取时间的具有重大战略意义的工作……这项工作做好了，对于宣传我国社会主义制度的优越性，扩大我国的国际影响，争取世界人民的同情和支持，加强我国同世界各国的友好合作关系，都会产生深远的影响和作用。"② 邓小平在1985年要求加大对外宣传的力度，并指出要"树立我们是一个和平力量、制约战争力量的形象"。③ "让世界了解中国"，是中国重开国门并高速融入世界体系后的客观需要，世界也希望重新认识这个熟悉又陌生的国度。在领导机构方面，中共中央宣传部1977年10月恢复运行，随后在1978年秋设立了对外宣传局，专司对外宣传的统筹工作。

在媒体国际传播方面，多种媒介形态齐头并进。中央广播事业局下属的对外广播部于1978年改组为"中华人民共和国国际广播电台"，并与中央人民广播电台分离，简称"中国国际广播电台"，在对外播音时仍然沿用

---

① 何国平：《中国对外报道思想研究》，中国传媒大学出版社，2009，第228页。
② 何国平：《中国对外报道思想研究》，中国传媒大学出版社，2009，第165页。
③ 《结束严峻的中美关系要由美国采取主动》，《邓小平文选》第3卷，人民出版社，1993，第331页。

"北京广播电台"(Radio Beijing)的呼号。① 1981年,全国第一家英文日报《中国日报》创刊。1985年,《人民日报·海外版》创刊。1986年,上海电视台《英语新闻》栏目开播,这是全国第一档英文新闻节目;同年10月,《中国与非洲》月刊(英文版和法文版)创刊;同年12月,中央电视台按照当时广播电影电视部的指示创办了《英语新闻》栏目,在第二套节目(CCTV-2)播出,旨在服务在华外国人。

在电影国际传播方面,中国电影于20世纪80年代初重新走入国际视野,大量新老影片在各种国际电影节上进行展映。《马路天使》(1937)和《三毛流浪记》(1949)在1981年戛纳国际电影节上放映,《阿Q正传》(1981)在1982年戛纳国际电影节上正式参赛,美术长片《大闹天宫》(1961)于1983年在法国巴黎12家影院放映了1个月。② 1984年以后,以陈凯歌和张艺谋为代表的第五代导演走上国际舞台,其执导作品在多国电影节上获奖,③ 以电影为窗口向外部世界展现中国。

4. 探索阶段(1990~2009年):向世界说明中国

从20世纪90年代初到2009年,中国在经历了短暂曲折之后开始快速发展,国际传播也进入了积极探索阶段。在这一阶段,中国国际传播的主要特征是"向世界说明中国"。在这一时期,中国的改革开放成果显著,与世界建立起更为紧密的关系。在此背景下,国际传播需要向世界说明中国坚持改革开放的决心,中国坚持走建设有中国特色社会主义道路的立场,以及反对霸权、维护和平、支持国际正义事业的政策。

在领导机构和指导思想方面,国务院新闻办公室于1991年成立,前身是成立于1980年的中央对外宣传小组。④ 随着国际卫星通信技术的发展和普及,电视在国际传播中的重要性开始凸显。对此,1992年5月的白洋淀

---

① 童之侠:《中国国际新闻传播史》,中国传媒大学出版社,2007,第184页。
② 周铁东:"新中国电影对外交流",《电影艺术》2002年第1期。
③ 杨远婴:《百年六代影像中国——关于中国电影导演的代际谱系研究》,《当代电影》2001年第6期。
④ 姚遥:《新中国对外宣传史:构建现代中国的国际话语权》,清华大学出版社,2014,第88、227、331、336、337页。

会议和1993年10月的八大处会议就确定了中国电视"外宣"要"天上""地下"全面发展的总思路，提出了以多语种外宣频道为核心的多层次、多角度、广覆盖的全球电视传播体系战略规划，并规划了分"三步走"的实施策略。① 2001年广播电视"走出去"工程启动，电视国际传播得到了新的发展契机。就国际传播整体指导思想而言，2003年全国宣传思想工作会议提出，要逐步形成同我国国际地位相适应的对外宣传舆论力量，为全国建设小康社会营造良好的国际舆论环境。② 2004年，中央对外宣传工作会议提出了外宣"三贴近"原则，即坚持贴近中国和世界发展的实际、贴近国外受众对中国信息的需求、贴近国外受众的思维和接受习惯的原则。③ 此后，中国国际传播领导机构随着国内外形势变化主动调整优化，包括设立了中宣部国际传播局、对外新闻局、对外推广局、国际联络局等部门。

在媒体国际传播方面，电视开始成为国际传播的重要渠道甚至是主要渠道。1992年10月，中央电视台第四套节目开播，是中国第一个国际电视频道，当时节目主要以中文播出，编排了少量英文节目，目标受众以海外华人华侨为主；同年，中国日报出版《中国专稿》（《中国观察报》前身），随美国全国报业协会主办的《发行人参考报》发行。1993年1月，"北京广播电台"台名和呼号统一为"中国国际广播电台"（China Radio International）。④ 1995年，中国日报网创办，是国内最早开通网站的国家级媒体之一。1997年6月，中央电视台英语国际频道（CCTV-9）开始试播，随后于2000年9月正式播出。此后四年中，该频道目标定位和功能定位几经调整优化：2000~2001年，频道目标定位是"让世界了解中国的窗口"，功能定位是传播中国文化；2002年，该频道目标定位改为"传播中国资讯、树立现代中国形象"，功能定位由文化向新闻转变；2003年，该频道改版，目标定位调整为"了解中国和世界的窗口"，功能定位为新闻和全球资讯服

---

① 张长明：《传播中国：二十年电视外宣亲历》，人民出版社，2011。
② 何国平：《中国对外报道思想研究》，中国传媒大学出版社，2009，第83页。
③ 何国平：《中国对外报道思想研究》，中国传媒大学出版社，2009，第82页。
④ 童之侠：《中国国际新闻传播史》，中国传媒大学出版社，2007，第184页。

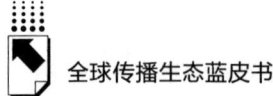

务；2004年，该频道再次改版，目标定位改为"全球的视角、中国的眼光、世界的窗口"。2004年10月，中央电视台西班牙语—法语国际频道开播，后来在2007年10月一分为二，即分别组建了法语国际频道（CCTV-F）和西班牙语国际频道（CCTV-E）。2006年，中国国际广播电台第一家海外调频电台在肯尼亚首都内罗毕开播，开创了中国对外广播在境外整频率落地的先河。2007年，中国国际广播电台依托其成熟的听众俱乐部和国外民间友好机构，开始先后在肯尼亚、日本、俄罗斯、蒙古国、巴基斯坦、孟加拉国、尼泊尔、斯里兰卡、意大利、突尼斯、澳大利亚、坦桑尼亚等地兴建了13家广播孔子课堂，开展汉语教学和中国文化推广。① 2009年7月，中央电视台阿拉伯语国际频道诞生，同年9月中央电视台俄语国际频道正式开播。

除了中央媒体机构之外，地方媒体机构也积极探索开展国际传播工作。黑龙江东部和北部以乌苏里江、黑龙江为界河与俄罗斯为邻，黑龙江电视台于1993年6月开办了俄语节目《你好！俄罗斯》，并以节目交换形式在俄罗斯媒体播出，覆盖了俄罗斯远东地区和西伯利亚部分地区。内蒙古与蒙古国接壤，具有对蒙古国开展传播的文化优势和地域优势，1995年在乌兰巴托合资创建了桑斯尔电视台。西藏与印度、尼泊尔、缅甸和不丹等周边4国及印巴争议克什米尔地区接壤，西藏电视台节目于2002年开始在尼泊尔播出。② 新疆是中国面向中亚的重要窗口，新疆广电局2006年与哈萨克斯坦数字电视有限公司（DTV）签署合作协议，在其有线网中转播新疆电视台哈语卫视（XJTV-3）节目，新疆电视台哈语卫视由此成为哈萨克斯坦第一个完整播出的境外哈语电视频道。③ 此后，新疆广播电视节目陆续进入蒙古国、吉尔吉斯斯坦、乌兹别克斯坦等国播出。吉林与俄罗斯、朝鲜毗邻，吉林延边卫视频道于2006年8月10日正式开播，此后在韩国、日本、朝鲜落

---

① 邢博主编《构建中国在中东欧地区舆论新格局》，中国国际广播出版社，2014，第88页。
② 赵靳秋等编著《西藏藏语传媒的发展与变迁1951~2012》，中国传媒大学出版社，2013，第173页。
③ 段鹏：《中国广播电视国际传播策略研究》，中国传媒大学出版社，2013，第93页。

地播出。云南毗邻缅甸、老挝和越南三国,云南电视台2007年运用中国标准在老挝开展数字地面电视项目,云南电视台国际频道同步实现在老挝落地播出。广西连接东盟,是中国面向东盟开展国际传播的重要出口,广西电视台于2009年10月实现部分电视节目在东盟落地。同年10月23日,中国国际广播电台与广西人民广播电台联合开办国内首个区域性国际广播频率"广西北部湾之声"。

在电影方面,20世纪90年代,以王小帅、娄烨、张元、贾樟柯为代表的第六代导演逐渐出现在观众的视野中。虽然创作风格迥异,但第六代导演延续了第五代导演通过国际电影节获奖走向国际的传播方式。与此同时,欧美学术界开始认识到中国电影的重要性,关于中国电影的课程开始出现在西方的学院中。①

在这一阶段,民营文化企业开始以商业化、市场化方式在海外开展广播电视及相关业务,在国际传播中发挥了独特的作用。其中,四达时代集团从2002年开始拓展非洲市场,2007年成立了第一个海外公司,即四达时代传媒卢旺达有限公司。从2002年开始,该集团经过十余年时间已在尼日利亚、肯尼亚、坦桑尼亚、南非、乌干达、卢旺达、几内亚、布隆迪、中非、莫桑比克、刚果金等30个非洲国家成立了子公司,跻身非洲付费数字电视运营商前列。

5. 发展阶段(2010~2020年):让世界认同中国

2010年,中国成为世界第二大经济体。从2010年至2020年,中国经济建设、政治建设、文化建设、社会建设、生态文明建设协同推进,中国成为世界不可忽视的一极。在这一阶段,中国国际传播的主要特征是"让世界认同中国"。在这十年中,中国提出了"人类命运共同体""一带一路"等理念,为解决全球新问题和新挑战不断贡献中国智慧、中国方案、中国力量。需要说明的是,国际传播能力建设在2008年开始得到高度重视,这一

---

① 胡正荣、李继东、姬德强主编《中国国际传播发展报告(2014)》,社会科学文献出版社,2014,第136页。

年也常被认定为中国国际传播发展进程的标志。但笔者认为,国际传播发展与国家实力密切相关,故而2010年更具标志性意义,而且国际传播能力建设到2010年才开始显现初步成效。以国际传播研究成果为例,笔者在中国知网用"国际传播"作为检索词,篇名或关键词中包含该词的中文研究成果数量在2002年为36篇,2004年为45篇,2006年为77篇,2008年为119篇,2010年为254篇,2020年为635篇。虽然这种统计的严谨度和代表性存在一定不足,但也有一定参考意义。可以看出,国际传播研究成果数量在2010年呈现加速增长态势。

在媒体国际传播方面,2010年1月,广西电视台国际频道开播,致力于为中国—东盟自由贸易区各国经济、贸易往来提供资讯服务;同年1月,《今日中国》(秘鲁文版)在秘鲁首都利马正式出版并成立办事处;同年4月,中央电视台英语国际频道改版为英语新闻频道(CCTV-News),成为中国第一个外语新闻频道,功能定位从以新闻内容为主的综合型国际频道转为专业国际新闻频道,目标定位也从"全球的视角、中国的眼光、世界的窗口"调整为"中国观点、东方视角、国际化表达";同年5月,广西人民广播电台成立了北部湾在线,设有用英语、越南语、泰语写作等专栏;同年7月,新华社正式开办了中国新华新闻电视网(CNC),包括英文台(CNC WORLD)和中文台(CNC中文台)两个频道;同年9月,《今日中国》(土耳其文版)在土耳其首都安卡拉首发;同年12月,中国国际广播电台布达佩斯经典调频台FM92.1正式开播,这是其在欧洲地区的第一个整频率调频电台。① 2011年1月,中央电视台纪录片频道英文版面向海外播出;同年1月,广东电视台国际频道问世,播出语言以英语为主、普通话为辅。2014年,广西广播电视台开始陆续在柬埔寨、老挝、缅甸、越南等东盟国家开办《中国剧场》《中国电视剧》《中国动漫》等固定电视栏目。2015年3月,新华社在Twitter、Facebook、YouTube等国际知名社交媒体上开设统一官方账号,并成立海外社交媒体运行指挥中心;同年6月,《今日中国》(葡萄

---

① 邢博主编《构建中国在中东欧地区舆论新格局》,中国国际广播出版社,2014,第87、89页。

牙文版）杂志在巴西圣保罗首发，这是中国第一本在巴西出版的葡文杂志。2016年12月，中国国际电视台（中国环球电视网，CGTN）组建开播，是中国电视国际传播标志性事件。中国国际电视台旗下包括6个电视频道（英、西、法、阿、俄语频道和纪录频道），3个海外分台（北美分台、非洲分台和在建的欧洲分台），1个国际视频通讯社，1个以移动新闻网为核心的新媒体业务集群（CGTN.COM），以及1家下属公司中国环球广播电视有限公司。在6个电视频道中，英语频道为主打频道，呼号直接采用CGTN，其英语口号为"See the difference"（看到不同）。2018年1月，新华社在北京正式发布英文客户端，为国际传播开辟新渠道。同年3月，中央广播电视总台正式成立，由原中央电视台（中国国际电视台）、原中央人民广播电台、原中国国际广播电台合并组建，国际电视、国际广播以及新兴媒体的融合发展必将有助于国际传播整体实力的有效提升。2019年1月，《中国日报国际版》创刊，并同步启动国际版网站、客户端及社交媒体账号等。

在这一时期，民营文化企业和商业资本积极进入国际传播领域，成为国际传播中的活跃力量。万达集团在2012年以26亿美元并购了美国AMC电影院线，此后又全资收购澳大利亚第二大院线公司Hoyts、美国卡迈克院线（Carmike）、欧洲第一大院线Odeon&UCI院线。2018年以来，阿里巴巴、腾讯、爱奇艺等公司在东南亚以及其他国家和地区大力开展网络视频业务，并取得了积极发展。

6. 攀升阶段（2021~ ）：让世界尊重中国

习近平总书记在中共中央政治局第三十次集体学习讲话是中国国际传播发展历程中的历史性、标志性事件。这也意味着，中国国际传播从2021年开始进入一个新的历史发展阶段。客观上说，2021年对于国际形势、国际格局和中国外交局势都具有非凡的意义。2021年，新冠肺炎疫情全球蔓延，国际社会经历了前所未有的挑战，中国率先实现了有效控制，经济全面恢复，并在全球抗疫事业和经济恢复中发挥了积极作用，充分显示了中国特色社会主义制度的强大生命力，凸显了中国制度、中国道路的优势所在。中国从"站起来""富起来"进入了"强起来"的历史阶段，稳步迈向社会主义现代化和中华民族伟大复兴。在此历史背景下，笔者认为，中国国际传播进入攀升阶段，而这一阶段的主要特征是"让世界尊重中国"。"尊重"并不是希冀或要求其他国家"仰视"中国，而是对中国自身发展成就、发展道路及其为世界发展所做贡献的应有态度；"尊重"也意味着要强化舆论斗争实力和能力，有效压制和反击美国等西方国家对中国的肆意抹黑。在新征程上，中国国际传播需要提高站位，站在新的历史高度重新定义和定位自身职责使命，也必将具有新作为、呈现新气象和实现新效能。

二 中国国际传播发展特征

中国国际传播在其发展历程中呈现以下几个方面的特征。

1. 传播理念：从对外宣传到战略传播

中国国际传播在长期发展历程中一直较为重视"对外宣传"理念，致力于构建积极正面的国家形象，为中国发展营造良好的国际舆论氛围。早在清朝末年，王韬（1828～1897）就提出了创办外文报纸，向外国人宣传自己的主张，抵御外辱、捍卫国家主权；陈炽（1855～1900）也明确提出创办外文报刊，以打破外报垄断局面，改变"中国于己民则禁之，于他国则听之"的状况。[①] 这种理念的萌发是基于中国当时积贫积弱、备受外部势力欺凌的历史境遇。随着历史变迁，中国终于"强起来"，但西方国家对中国遏制、打压仍在持续，只是不断更换借口、改变形式。随着中国综合国力的显著增长，中国国际传播实力也得到了有效提升，"对外宣传"也开始转变为"战略传播"。在战略传播的理念下，国际传播工作不再停留于被动局面，也不能满足于对外传播常规业务模式，而是要有新思维和新作为，尤其要有"敢于斗争""勇于斗争""善于斗争"的态度、决心、能力和智慧。习近平总书记提出，必须加强顶层设计和研究布局，构建具有鲜明中国特色的战略传播体系，着力提高国际传播影响力、中华文化感召力、中国形象亲

[①] 甘险峰：《中国对外新闻传播史》，福建人民出版社，2004，第14页。

和力、中国话语说服力、国际舆论引导力。这为中国国际传播的战略传播提供了清晰指引和有力支撑。

2. 传播规划：从突进到务实

中国国际传播发展非常注重计划性，在国民经济和社会发展五年规划纲要（简称"五年规划"）的框架下制定了相应的发展规划，也根据国际传播形势任务需要制定独立的业务建设规划及实施方案。在中国国际传播的探索阶段，主要媒体机构都制定了发展规划，以有效指引国际传播发展。但由于缺乏充分论证，其中一些规划具有"突进"的特征。根据中央电视台原副台长张长明在其专著中记载，中央电视台2008年底制定了一个十年发展规划，提出到2012年前要新开办俄语、阿拉伯语、葡萄牙语国际频道，以及中文国际新闻频道、英语新闻频道、英语纪录片频道、英语卡通片频道、英语音乐国际频道，英语国际频道分亚、欧、美三个版本播出；从2013年到2016年，以参股或购买的方式增办5个以上的频道，实现西、法、阿、俄、葡语本土化整频道播出；到2018年前要开办德语、日语、印度语、泰语、越语、老挝语、柬埔寨语、缅甸语、马来语和印尼语频道。① 2008年，新华社制定了《新华社2008~2015年工作设想》，提出到2015年驻外机构拓展到150个左右，大力发展海外雇员和报道员、营销员、签约摄影师等，全面推进"阵地前移"战略，实现编辑部前移、营销前移、终端前移等。② 中国国际广播电台也曾提出中期发展规划，要在全球建设150个整频率电台，实现对世界主要国家首都和重要城市的有效覆盖；要在全球建设70个节目制作室，实现本土采集、本土制作、本土发布、本土互动的国际传播。③ 这些规划体现了中国媒体开展国际传播的雄心壮志，但在当时具有一定的超前性，与经济实力、人才资源、管理经营以及制度建设等难以有效匹配。随着中国国际传播发展日趋成熟，传播规划的整体理念和操作路径更具战略性、前瞻性和指导性，也更为务实。以中央广播电视总台为例，2018年以来其发展思

---

① 张长明：《传播中国：二十年电视外宣亲历》，人民出版社，2011，第149页。
② 唐润华等：《中国媒体国际传播能力建设战略》，新华出版社，2015，第97页。
③ 唐润华等：《中国媒体国际传播能力建设战略》，新华出版社，2015，第84页。

路聚焦于三个"转变",即从传统广播电视媒体向国际一流原创视音频制作发布的全媒体机构转变、从传统节目制播模式向深化内容生产供给侧结构性改革转变、从传统技术布局向"5G+4K/8K+AI"战略格局转变,致力于打造具有强大引领力、传播力、影响力的国际一流新型主流媒体。这既契合了国际传播整体趋势,也符合媒介技术升级、传播渠道迭代等发展特征。

3. 传播属性：从一维到多维

国际传播具有多重属性,包括政治属性、文化属性、市场属性、技术属性等。在相当长一个时期,中国国际传播仅聚焦于政治属性的单一维度,通过对外报道、新闻宣传等方式服务于国家对外战略布局。究其原因,中国的国际传播是在延续国内传播的理念,具有内宣模式外延化的特征。近年来,尤其是2010年以来,中国国际传播的属性开始从一维向多维转变,更加注重文化属性、市场属性、技术属性,在影视产品版权输出和产品销售、海外媒体市场培育与开拓、广播电视以及通信技术标准和产业输出等方面加大了力度。以影视内容出口为例,据不完全统计,全国影视内容（含电视剧、电视电影、动画片、纪录片和综艺专题节目,不包括电影故事片）出口额在2013年至2017年的五年间实现了翻一番的增长,其中2013年出口额约6066万美元,2014年约7976万美元,2015年约1.14亿美元,2016年约1.21亿美元,2017年约1.22亿美元。此后,出口额保持在小幅增长态势,例如2018年约为1.25亿美元。① 中国向东南亚、中亚、非洲等地区国家输出拥有完全自主知识产权的技术标准"中国移动多媒体广播网（CMMB）"及相关设备,以及与多国开展5G、人工智能、大数据、云计算等前沿技术交流合作,都充分体现了国际传播技术属性。

4. 传播主体：从一元到多元

从新中国成立后直到20世纪90年代末期,中国国际传播的主体基本上以国有媒体和国家机构为主。随着中国传媒产业的发展,传播主体日趋多元,在中央媒体、地方媒体协同发力的同时,民营文化企业等其他非国有力

---

① 相关数据由国家广电总局国际合作司提供。

量正在成为国际传播生力军。民营文化企业近年来把握新兴媒体发展机遇，在国际传播中发挥着积极而独特的作用。2019年，腾讯视频面向海外推出流媒体服务平台WeTV，已在泰国、印尼、菲律宾和马来西亚等国家和地区落地。爱奇艺国际版2019年登陆马来西亚，随后积极拓展其他东南亚市场。近几年，世纪优优积极拓展泰国市场，并在泰国、日本、韩国等地设立办公室，提升本土运营能力；其运营的YouTube影视频道支持15种语言字幕翻译或配音。浙江华策集团充分利用自身影视制作和版权优势积极拓展海外市场，在对外发行自有版权的古装剧、现实题材剧的同时，在YouTube、Dailymotion、Facebook等海外新媒体平台创建了"华剧场"，其中在YouTube平台建立了阿语、泰语、越南语、法语和柬埔寨语等5个小语种频道，自建影视译制团队，对影视内容进行精准译制。此外，个人在社交媒体时代也开始发挥积极而显著的作用，例如李子柒等。国际传播多元化特征日趋显著，也为中国国际传播注入了强劲的活力和动力。

三 结语

中国国际传播经历了从弱到强、从小到大的发展进程，见证了中国综合国力发展壮大和国际地位稳步提升，也始终服务于国家发展大局和外交战略。随着中国日益走近世界舞台的中心，中国国际传播迎来了最好发展机遇，也面临最艰难、最险峻的挑战；新冠肺炎疫情的发生加剧了这一趋势。国际传播工作客观上被推向了一个新的历史发展阶段。在此关键时间节点上，习近平总书记在中共中央政治局第三十次集体学习上的重要讲话，以大思维、大战略鲜明指出我国国际传播能力建设的任务与方向，为新时期、新阶段中国国际传播发展提供了根本路径遵循和重要思想指引。在新的发展阶段，中国国际传播要不断强化内生动力、提升综合实力、锻造斗争能力，全力讲好新时代中国故事、传播好中国声音，努力塑造可信、可爱、可敬的中国形象，奋力争夺国际话语权，为我国改革发展稳定营造有利的国际舆论环境。

技术—热点篇

Reports on Technology and Hotspots

B.4 5G背景下虚拟数字人在国际传播中的价值与应用[*]

卢迪 孙明慧 瞿澜[**]

摘 要：5G技术作为日渐成熟的数字社会新基建，与AI等技术共助媒体深度融合，而国际传播是我国加快推进媒体深度融合发展的工作重点。5G背景下，虚拟数字人的技术门槛被打破，制作流程简化，开发成本降低，刺激了虚拟数字人的发展。从日韩引领时尚潮流的虚拟偶像，到欧美影视游戏中的虚拟数字人，再到国内新闻播报节目中的AI主播，许多国家与地区都涌现了丰富的虚拟数字人应用，活跃于新闻、影视、金融等多个领域。目前，虚拟数字人历经了虚拟偶像、AI主播阶段，并朝着万物皆可虚拟的方向发展。在加强和改进国际

---

[*] 本文受北京高校高精尖学科建设项目中国传媒大学"互联网信息"学科专项资金资助。
[**] 卢迪，中国传媒大学媒体融合与传播国家重点实验室新媒体研究院副研究员；孙明慧、瞿澜，中国传媒大学媒体融合与传播国家重点实验室新媒体研究院硕士研究生。

传播工作的新形势下，虚拟数字人将突破语言、时差、地域等既有壁垒，在国际传播中充当媒体的"中介物"、商务的"代言人"与文化"化身"，成为依托新一代信息技术的国际传播新载体。

关键词： 虚拟数字人　数字人　国际传播　5G　技术应用

一 5G为虚拟数字人应用提供广阔发展空间

（一）5G技术不断成熟，面向三大应用场景拓展新能力

5G作为我国新基建发展的"领头羊"，将为虚拟数字人等应用提供广阔的发展空间。2020年国务院政府工作报告就曾提出，要加强新型基础设施建设，发展新一代信息网络，拓展5G应用。① 2021年国务院政府工作报告再次提出"加大5G网络和千兆光网建设力度，丰富应用场景"；"十四五"规划更是明确指出"加快5G规模化部署，升级千兆光纤网络"。5G作为新一代移动通信技术，具有超高速率、超低时延、超大连接等特点。5G网络国际标准制定组织3GPP定义的5G应用场景三大方向分别为eMBB（移动宽带增强）、uRLLC（超高可靠超低时延通信）与mMTC（大规模物联网）。eMBB场景下，5G网络最高输出传输速度达到20Gbps；uRLLC场景下，数据传输时延可达几毫秒；mMTC场景下，连接数密度可达每平方公里100万台设备同时接入5G网络。

自2019年6月我国宣布5G正式商用后，近两年来5G技术也在不断地发展、成熟、完善，并伴随着能力的提升而逐步提升。3GPP在2019年6月

---

① 《2020年政府工作报告全文》，中国政府网，2020年5月22日，http://www.gov.cn/zhuanti/2020lhzfgzbg/index.htm。

完成的R15标准是定义5G的第一个版本，主要关注eMBB应用场景，描述了5G的基础架构，但在成本、效率方面有所欠缺。2020年7月，3GPP宣布5G第一个演进版本R16标准冻结。R16的主要特征是对uRLLC、mMTC这两类重要应用场景的能力进行了补足，并围绕着"新能力拓展"、"现有能力挖潜"和"运维降本增效"三方面，进一步增强5G服务行业应用的能力，提高5G效率。① 未来的5G R17版本将在R16的基础上继续增强5G的网络和业务能力，如工业互联网、终端节能等；同时也将开放新的业务和能力需求，如面向应急通信和商业应用的终端直接通信。

截至2021年5月，我国已经建成全球规模最大的5G独立组网网络，同时，所有新进网5G终端默认开启5G独立组网功能。② 5G独立组网区别于将5G基站接入4G核心网的非独立组网，它是完全独立建设的5G网络，能更好发挥5G技术特性。③ 商用独立组网模式可支撑5G独立组网的关键技术"网络切片"，网络切片功能可以广泛应用于商业运作中，促进不同行业在物联网的发展。④ 5G时代的信息传播，也将不只在人与人、人与内容之间展开，还将在人与物、物与物之间展开。⑤

目前，国际传播还存在内容产品多元化不足、传播主体较为单一、传播对象不够精准、媒体产业化程度有待提升等问题。⑥ 在未来的国际传播场景中，技术的进步将促进传播内容更多元、传播主体更丰富、传播受众更精准。网络切片技术能够针对国际传播的应用场景，有针对性地分配网络资

---

① 《本报记者第一时间连线3GPP专家解读R16标准完善"能力三角"5G携更强版本服务百业》，人民邮电网，2020年7月6日，http：//www.cnii.com.cn/rmydb/202007/t20200706_191504.html。
② 《我国建成全球规模最大的5G独立组网网络》，中国青年网，2021年5月17日，https：//baijiahao.baidu.com/s？id=1700007796374324271&wfr=spider&for=pc。
③ 《工信部：加快推进5G独立组网规模化应用》，《经济参考报》2021年5月18日，http：//www.jjckb.cn/2021-05/18/c_139952951.htm。
④ 《中国移动香港实现5G独立组网 助力建设世界级智慧城市》，2020年11月28日，https：//baijiahao.baidu.com/s？id=1684567567459540281&wfr=spider&for=pc。
⑤ 卢迪、邱子欣：《5G新媒体三大应用场景的入口构建与特征》，《现代传播（中国传媒大学学报）》2019年第7期。
⑥ 李宇：《当前国际传播的短板分析与优化策略》，《中国广播电视学刊》2019年第12期。

源，组合网络能力，从而基于5G网络，虚拟出一个或多个端到端隔离的逻辑子网，能够满足不同应用场景下，不同的业务对于网络的个性化要求和差异化需求，并能够对网络、安全、数据进行QOS管理。总之，5G的网络切片应用可以使国际传播更精准、更灵活、更个性化、更安全可靠。

（二）5G商用持续发展，网络、终端、业务、用户齐头并进

2021年是5G正式商用第三年。商用以来，5G产业与商用进程飞速发展，5G网络、用户、终端、业务的发展水平都获得了较大程度的提高。5G加快基站建设，提高了5G信号覆盖率，也为5G用户的大规模增长提供了网络基础。截至2021年3月底，我国已建成5G基站超过81.9万个，占全球70%以上，建成全球规模最大的5G独立组网网络。[1] 中国电信、中国移动、中国联通三大运营商均已实现5G独立组网（SA）规模部署。从2021年5月17日起，新进网5G终端将默认开启5G独立组网功能，推进独立组网模式规模化应用，[2] 标志着5G进入一个新的发展阶段。如前所述，凭借5G独立组网的独有优势，通信运营商可以向企业客户提供"网络切片"服务。作为5G关键技术，"网络切片"将为5G网络的应用与发展带来更大的可行性和技术保障。

网络建设为5G终端的多元化提供了广阔的发展空间。mMTC应用场景让"万物互联"的愿景成为可能，因此也激发了5G终端种类与数量的全面爆发。当前全球5G终端种类不断增多，2021年GSA（全球移动供应商协会）发布的报告数据显示，2021年3月底全球发布的5G设备种类已经达到703种，其中431种已经投入商用，[3] 且占比最高的仍为5G手机（共351款）。[4] 就我国

---

[1] 《工信部：加快推进5G独立组网规模化应用》，新华网，2021年5月18日，https://baijiahao.baidu.com/s?id=1700058559573365442&wfr=spider&for=pc。

[2] 《工信部：加快推进5G独立组网规模化应用》，新华网，2021年5月18日，https://baijiahao.baidu.com/s?id=1700058559573365442&wfr=spider&for=pc。

[3] 《快讯　全球5G设备种类首次突破700大关，5G用户近4.01亿》，《潇湘晨报》2021年5月7日，https://baijiahao.baidu.com/s?id=1699066940070510444&wfr=spider&for=pc。

[4] 《全球5G最新进展：从消费者到企业》，2021年5月19日，https://baijiahao.baidu.com/s?id=1700174565215235638&wfr=spider&for=pc。

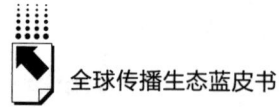

而言，2020年中国全年5G手机累计出货量达到1.63亿部，5G手机逐渐成为主流。①

5G网络和终端的不断成熟为5G业务发展打下了基础。5G背景下，3GPP定义的基本电信业务类型增加了物联网业务，因此5G主要业务类型为流类、会话类、交互类、后台类（分为传输类与消息类）、物联网类（分为采集类和控制类）。②同时，5G专网由于更加契合物联网大连接、广覆盖的业务需求，或将成为业务创新的重要驱动力量。在5G应用初期，使用更大数据流量的业务场景将快速发展，成熟之后则转向具备低时延、高可靠特性的业务场景。③业务生态的成熟，又进一步促进了用户规模的扩张。2021年4月，我国三大通信运营商发布了5G套餐用户数。其中，中国移动5G套餐用户数累计超过2亿户；中国电信5G套餐用户数累计超过1.1亿户；中国联通5G套餐用户累计超过9800万户，三大运营商总5G套餐用户数累计超过4.2亿户。④

（三）数字社会新基建，5G与AI共助媒体深度融合发展

同为"新基建"，但是相比于5G技术，人们更早关注的则是作为计算机科学分支的人工智能技术。近年来，人工智能技术在图像处理、自然语言识别等领域获得了新的发展并实现了应用。自2019年中国宣布5G商用后，同为"新基建"的5G和AI两种新一代信息技术的结合成为专家学者讨论的重点。5G和AI的结合也被业界和学界普遍认为是两个重要技术方向的战略性必然融合。

---

① 《2020年国内市场5G手机累计出货量1.63亿部，5G手机发展现状、痛点及趋势解读》，艾媒网，2021年1月11日，https://www.iimedia.cn/c1020/76377.html。
② 中国电信、中国传媒大学新媒体研究院、光明网，《5G融媒体应用研究报告（2020）》，2021年4月15日，https://m.gmw.cn/baijia/2021-04/17/34771519.html。
③ 中国电信、中国传媒大学新媒体研究院、光明网，《5G融媒体应用研究报告（2020）》，2021年4月15日，https://m.gmw.cn/baijia/2021-04/17/34771519.html。
④ 《5G套餐累计用户数首次破4亿，移动接近电信联通之和》，2021年5月20日，https://baijiahao.baidu.com/s?id=1700290191662855528&wfr=spider&for=pc。

整体而言，5G 与 AI 的融合发展涵盖三个方面的内容和意义。首先是促进 5G 落地应用的智能化，主要是实现终端产品、应用服务的创新和智能化转型，提升用户体验。一方面从无线终端的角度来说，智能手机、物联网、汽车都是 5G 终端范畴，都可以应用人工智能技术；另一方面针对例如传媒、工业、医疗等垂直领域，5G 和 AI 的结合也可以让各行各业的传统业务实现创新。其次是实现 5G 网络运维的智能化，AI 技术可以推动网络运维及管理的智能化，降低运营成本、提升运营效率，让 5G 核心网实现自动化。最后是 5G 网络自身的智能化，推动构建动态、灵活、开放的网络能力和服务，进而赋能传统行业的智能化升级。①

当前，5G 与 AI 两种技术的结合已经在部分行业和社会垂直领域中探索实践、落地应用。例如在打造智能媒体方面，精准匹配内容推送，优化广告投放，以及虚拟主播新闻播报、机器人写作、MGC（机器生产内容）等都是媒体机构在 5G 环境下对于人工智能等先进技术的综合应用成果。其中，传媒领域最具代表性的，集成度相对较高的 AI 应用就是虚拟主播。类似的技术应用和产品形态也开始在各行各业落地，虚拟数字人给垂直行业带去了创新的动力和数字化发展的活力。中央主流媒体最早采用虚拟数字人的形式进行新闻播报，如人民日报社 AI 主播"果欣禹"，新华社 AI 主播"新小微"等，虚拟主播的运用在如"两会"等社会重大事件的新闻报道中大大提升了中央主流媒体的传播效率。随后，虚拟主播的模式也开始被各地方主流媒体广泛采用，例如哈尔滨日报报业集团"小晴"、上海广播电视台虚拟主播"申小雅"、青岛市观海新闻客户端 AI 主播"小青""小海"等。

二 我国与海外的虚拟数字人应用现状

"虚拟数字人"的内涵和外延涉及不同层面，处于多个行业交叉融合

---

① 《中移研究院：5G 与 AI 相辅相成　运营商发展 AI 具备潜在优势》，2019 年 11 月 1 日，https：//baijiahao. baidu. com/s？ id = 1648702275423269430&wfr = spider&for = pc。

领域,且目前尚未定型,边界还在不断延展。最早的形式被称为数字人,来源于医学领域,出现在1989年美国国立医学图书馆发起的"可视化人体计划",该机构于1991年与美国Colorado大学研究获得世界上第一套人体结构数据集。2000年,韩国AJou大学和韩国科技信息研究所共同发起了可视人五年计划。2001年美国科学家联盟提出"数字人计划"。2001年,我国解剖学与计算机学界专家在香山召开主题为"中国数字化虚拟人体的科技问题"第174次香山科学会议,意在建成中国自己的可视化人体和各种面向应用的虚拟人体模型,为与人体结构有关的领域发展夯实基础。①

当前,被业界讨论和关注最多的则是MetaHuman,即"超写实数字人",是在外表上与真人非常接近的数字人。与医学领域的数字人完全不同,MetaHuman的出现则是源于传媒技术的发展,直接原因是MetaHuman Creator平台的出现。2021年2月,美国电子游戏开发公司Epic Games发布了一款创造超写实虚拟数字人的技术工具,名为MetaHuman Creator,MetaHuman的名字即得于此。

中国人工智能产业发展联盟与中关村数智人工智能产业联盟发布的《2020年虚拟数字人发展白皮书》认为,虚拟数字人是具有数字化外形的虚拟人物,主要依赖显示设备存在。该白皮书认为,虚拟数字人应具备三个特征:拥有人的外观并具备特定的人物特征;拥有人的行为并具备表达能力;拥有人的思想并能够识别外部环境,能与人交流互动。② 本文主要参考《2020年虚拟数字人发展白皮书》中虚拟数字人的定义,并基于此探讨各国家、地区的虚拟数字人发展现状。

(一)日韩:虚拟偶像产业发达

早在1982年,日本动画《超时空要塞》播出后便出现了世界上第一位

---

① 张绍祥、刘正津:《数字化可视人体研究》,《第三军医大学学报》2003年第7期。
② 《2020年虚拟数字人发展白皮书正式发布 浦发数字人引领产业新发展》,新华网,2020年12月5日,http://www.xinhuanet.com/money/2020-12/05/c_1126824221.htm。

虚拟歌姬"林明美",林明美是该动画影片的女主角,被包装为演唱动画插曲的少女歌手。2004 年,日本雅马哈发布了第一款日语音源库 VOCALOID 软件 Meika;随后在 2008 年,诞生了虚拟偶像歌姬"初音未来"。"初音未来"作为虚拟形象,外形上颇具日本动画的风格,声源采用 VOCALOID 软件合成制作,推出后成为广受欢迎的虚拟数字人形象,并在 2009 年开始进行商业代言活动。2013~2014 年,日本综合性气象咨询服务公司 Weather news 社推出了虚拟气象播报员"Weatheroid Type A Airi",该播报员的外形与语音同样沿袭了二次元的风格特点。2016 年,日本虚拟偶像"绊爱酱"诞生,Vtuber 概念也因此兴起。[①] 在国外视频网站 YouTube 上传视频的作者被称为 YouTuber,而 Vtuber 是 Virtual YouTuber 的简称,即使用虚拟形象活跃在 YouTube 上的视频作者(现在演变成对虚拟形象博主的泛指)。"绊爱酱"是通过先进的实时演算、动作捕捉技术,结合人物动作表演与同步配音,从而呈现在前台的虚拟主播。[②] 根据日本大数据和人工智能公司 User Local 的统计,截至 2021 年 4 月,仅日本活跃在 YouTube 上的 VTuber 总数已突破 1 万。[③] 以"绊爱酱"为代表的虚拟主播尽管还不具备高级智能化的自主行为与思想能力,却有着非常突出且一致的日本"萌文化"和二次元风格。并且,由于日本动漫产业的成功出海,这些外观具有明显日式动漫风格的虚拟偶像也成为一种颇具特色的文化现象,吸引了全球各个国家、地区的大量粉丝,如绊爱酱仅在"哔哩哔哩"平台上就吸引了超过 130 万关注者。[④]

日本发达的虚拟偶像产业也带动了其他地区虚拟偶像的发展。2018 年,韩国推出的虚拟偶像团体 KDA 与虚拟偶像 Luna Snow 在外貌和形态上与日本的虚拟偶像都较为接近。但与日本不同的是,韩国在虚拟数字人领域作出

---

① 《2019 虚拟偶像观察报告》,2020 年 3 月 6 日,http://www.199it.com/archives/1004591.html。
② 喻国明、耿晓梦:《试论人工智能时代虚拟偶像的技术赋能与拟象解构》,《上海交通大学学报》(哲学社会科学版)2020 年第 1 期。
③ https://style.nikkei.com/article/DGXMZO70093680Y1A310C2000000。
④ https://space.bilibili.com/1473830?from=search&seid=2697351147746756803。

了更进一步的系列探索。韩国AI公司DOB Studio推出的虚拟YouTuber"RUi"具有和真实人类相差无几的外观形象。RUi的制作方式是先用机器学习生成脸部，之后再使用AI深度学习技术将其融合到真人的身体上。此外，韩国人工智能公司Pulse 9推出了由AI技术打造的流行音乐女团Eternity，其成员也与真人十分接近。2020年2月，三星旗下Star Labs实验室发布了虚拟数字人Neon，这是通过计算技术模拟真人特征生成的虚拟人形象，具有与人类相似的表情、语言、动作、气质，并且可与用户进行实时情感互动，能够自主创建与原始数据完全不同的新表情、新动作、新对话。[1]在传媒行业，2020年12月韩国MBN电视台和AI开发公司MoneyBrain共同合作，以主持人金柱夏为原型研发了AI主播"金柱夏"，应用于新闻播报领域，提高新闻视频的生产和产出效率。

（二）欧美：影视与游戏引领风潮

欧美的虚拟数字人主要应用于影视文娱行业，近年来发展迅猛。早在2018年，形象与真人酷似且完全依靠3D技术生成的虚拟数字人Lil Miquela便依靠在Instagram上发布时尚照片获得了数百万的粉丝关注，进而一举成为全球知名的虚拟网红博主。2019年，美国影视制作公司数字王国也发布了虚拟数字人DigiDoug。DigiDoug以数字王国软件研发部门负责人Doug Roble为原型，采用惯性运动捕捉套装，搭配支持轻量单一摄像头的面部动画系统，从而实现表情与动作的实时捕捉。[2]通过采集真人原型Doug Roble在不同角度、不同环境下的面部图像，并进而应用人工智能的机器学习技术，虚拟数字人DigiDoug看起来十分逼真。

2021年，美国游戏厂商Epic Games发布了一种基于浏览器的软件工具MetaHuman Creator，并由其公司开发的实时3D创作平台Unreal Engine"虚

---

[1] 《三星新Neon项目终于揭开面纱：一个人形AI聊天机器人》，环球网，2020年1月8日，https://baijiahao.baidu.com/s?id=1655120560030173941&wfr=spider&for=pc。
[2] 《数字王国助力首位虚拟人亮相TED2019》，环球网，2019年5月17日，https://www.sohu.com/a/314523432_162522。

幻引擎"提供支持。MetaHuman Creator 面向用户开放，可以让用户在该平台上轻松制作高保真的 MetaHuman（超写实数字人）。用户在 MetaHuman Creator 平台提供的素材库中可以自由选取多样化的人脸预设，并自由制作虚拟数字人模型。MetaHuman Creator 最大的价值就是通过平台化、开放化的方式，让用户可以跳过烦琐、昂贵的数据采集流程，更加简单地参与到虚拟数字人领域中，大大降低了虚拟数字人的制作成本和技术门槛。

美国游戏厂商 Epic Games 发布 MetaHuman Creator，反映了当前虚拟数字人正从单体产品走向平台化的大趋势和发展方向。"单体产品"模式的数字人都需要根据特定需求建立独特的技术模型进行定制化开发，因此开发成本相对较高，而且对公司的研发能力要求也很高。通过推出开放平台，以往单体产品的制作开发模式转向了平台型的技术服务模式。虚拟数字人的制作门槛不断降低，无疑将对虚拟数字人的市场规模和普及程度有极大提升。

（三）国内：AI 主播广泛应用

我国的虚拟数字人发展最早主要集中于传媒行业使用 AI 主播进行新闻播报。近年来，在媒体融合与媒体智能化战略推动下，我国 AI 主播发展势头迅猛。2020 年 5 月全国"两会"之际，新华社就推出了全球首位 3D 虚拟主播"新小微"。首先通过数据采集构建"新小微"的 3D 形象，当需要新闻播报的时候，输入新闻资讯信息"新小微"就能带来别具一格又生动有趣的"两会"资讯播报。与传统新闻主播不同，AI 主播"新小微"的新闻播报效率高，零出错，并且全天候在线。[①] 随后，新华社又陆续推出了 AI 主播"新小萌""新小浩"。此外人民日报社也推出了其首位 AI 虚拟主播"果果"，还有光明网推出的"小明"等，都属于我国主流媒体对虚拟数字人的探索和应用。

---

① 《AI 合成主播加盟两会报道展示传播方式新格局》，中国青年网，2020 年 5 月 25 日，https://baijiahao.baidu.com/s?id=1667641029421528444&wfr=spider&for=pc。

在主流媒体对于AI主播广泛应用的推动下,我国的虚拟数字人也已经开始应用于金融、文娱、直播带货等垂直行业。例如,2019年在百度AI开发者大会上,百度与浦发银行发布了虚拟数字人"小浦"。① 2019年3月,腾讯互娱旗下的独立游戏研发工作室Next Studio与合作伙伴推出了一款名为Siren的数字人,并在游戏开发者大会上首次亮相。Siren能够模仿演员最细微的身体和手指动作,包括面部表情,并以每秒60帧的速度与穿着动作捕捉套装的人同步。② 2020年11月,在2020长沙网络安全·智能制造大会的"5G+XR"赋能工业数字化跨越发展主题论坛上,盐津铺子也推出了自己的"带货"虚拟数字人。③

以虚拟数字人为主角的综艺节目也走进了人们的视野。2020年8月,哔哩哔哩推出以虚拟数字人为主角的节目《虚拟人成才计划》。这档节目由3位虚拟数字人与6位真人嘉宾组成,其中虚拟人"白术"的目标就是将虚拟人"童和光"和"Soda"培养成材。观众可以通过参与游戏互动培养虚拟人的各项能力,例如为虚拟人的训练课题提出建议、参与虚拟人作业投票、监督虚拟人学习等。④ 2020年10月,爱奇艺推出了虚拟人物才艺竞演节目《跨次元新星》。该节目将"虚拟人"与"才艺PK"两个主题进行结合,并通过动作捕捉实时数据接入实时渲染引擎进行节目录制,让真人可以在现场与虚拟人物进行互动。⑤

在技术和平台层面,以百度、科大讯飞、虎牙等为代表的互联网公司和科技公司也推出了虚拟数字人智能制作平台。如百度AI开放平台推出了虚

---

① 《浦发银行联手百度推出国内银行首位"虚拟员工"》,《证券日报》2019年7月3日,https://baijiahao.baidu.com/s?id=1638037402825721300&wfr=spider&for=pc。
② 《腾讯发布了一个名叫"Siren"的虚拟人,能同步模仿你的一举一动》,界面新闻,2018年5月31日,https://baijiahao.baidu.com/s?id=1601955462259833016&wfr=spider&for=pc。
③ 《虚拟数字人现场"带货"》,《湖南日报》2020年11月28日,https://hnrb.voc.com.cn/hnrb_epaper/html/2020-11/29/content_1488363.htm。
④ 哔哩哔哩,《虚拟人成材计划总PV:90秒告诉你我们到底要干啥》,https://www.bilibili.com/bangumi/play/ep335901。
⑤ 《爱奇艺推新综艺〈跨次元新星〉:虚拟偶像也要组团出道》,澎湃新闻,2020年9月24日,https://www.thepaper.cn/newsDetail_forward_9324490。

拟真人助理解决方案①，科大讯飞开放平台推出了 AI 虚拟主播解决方案②，虎牙推出了虚实结合开放平台 HERO③。平台化的服务能力，让虚拟数字人的制作从封闭走向开放。在技术成熟和平台开放的刺激下，我国的主要社交媒体和短视频平台上悄然出现了一大批虚拟数字人"自媒体"。这些"自媒体"虚拟数字人和真实的人类用户一样，开设自己的账号，并在账号内发布视频、开启直播。并且不同外形和风格的虚拟数字人发布的内容也不同，内容较为广泛，涵盖了时尚、生活、星座、音乐、购物等诸多领域。由于实时动画引擎等技术的支持，部分虚拟数字人（如"虚拟翩翩"）已经开始进行实时直播（见表1）。

表1　国内主要视频社交平台上开设的部分虚拟数字人账号

虚拟博主名称	平台	主要内容
yoyo 鹿鸣_Lumi	哔哩哔哩	颜值展示
陆离_Louie	哔哩哔哩	颜值展示
留歌 Amy	哔哩哔哩	女团视频
Manager 零	哔哩哔哩	音乐 MV
RiCHBOOM 虚拟偶像厂牌	哔哩哔哩	潮流探店、解说
楚瓷 – AI 虚拟偶像	哔哩哔哩	与真人合拍生活视频
虚拟偶像小眉	哔哩哔哩	偶像短视频
虚拟偶像葵 Aoi	哔哩哔哩	颜值展示
SuperV 虚拟偶像翼	哔哩哔哩	偶像短视频
井小一 JING	哔哩哔哩	音乐 MV
虚拟偶像 AC 娘	快手	星座讲解
虚拟偶像乐乐酱	快手	娱乐视频
虚拟偶像小柒	快手	颜值展示
阿喜 Angie	抖音	生活视频
集原美	抖音	时尚视频
虚拟偶像 – 帽子姐姐	抖音	生活视频
虚拟偶像菲菲	抖音	颜值展示
虚拟翩翩	抖音	虚拟直播
华彩少年 – 翎 Ling	抖音	时尚视频
虚拟鹤追	抖音	颜值展示
虚拟偶像安新	抖音	直播带货

---

① 《虚拟真人助理解决方案》，百度 AI 开放平台，https：//ai.baidu.com/solution/virtualassistant。
② 《总台三网联合科大讯飞发布一站式 AI 主播解决方案》，央广网，2019 年 10 月 24 日，https：//baijiahao.baidu.com/s?id=1648269819742944248&wfr=spider&for=pc。
③ 《虎牙开放 AI 数字人能力　发布虚实结合开放平台 HERO》，2019 年 11 月 8 日，https：//baijiahao.baidu.com/s?id=1649604691375126213&wfr=spider&for=pc。

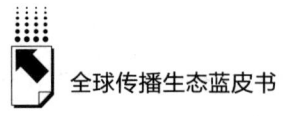

三 虚拟数字人的技术体系与发展流变

(一)虚拟数字人的三大技术:建模、驱动、渲染

《2020年虚拟数字人发展白皮书》中将虚拟数字人涉及的相关主要技术体系概括为"五横两纵"模块。其中,"五横"是指用于数字人制作、交互的五大技术,即人物生成、人物表达、合成显示、识别感知、分析决策五个方面;其中人物生成(建模)、人物表达(驱动)及合成显示(渲染)是虚拟数字人的三大关键技术。此外,两纵是指2D数字人与3D数字人,3D数字人所需的计算量更大。①

1. 人物生成——建模

目前,虚拟数字人的建模技术以静态扫描建模和动态光场三维重建为主。静态扫描建模是采用相机全方位扫描采集细微数据后再生成人物模型,比如新华社的"新小微"就是利用几百个摄像头360°对着新华社记者赵琬微进行全方位"打点"扫描,再通过扫描得到的数据,依托人脸建模、深度学习、语音合成等技术进行模型生成。除了扫描外表形象之外,还提取了赵琬微在进行新闻播报时的声音、唇形、表情动作等特征。动态光场三维重建则可以在重建模型时,一次性获取动态的人物模型数据,这是虚拟数字人建模的重点发展方向。②

2. 人物表达——驱动

智能合成、动作捕捉是当下主流的虚拟数字人动作生产方式,目前2D、3D数字人均已实现了嘴型动作的智能合成。3D数字人在进行动作生成时,运用的最核心技术就是动作捕捉。动作捕捉有三种主要的方式,

---

① 《AIIA联盟:2020年虚拟数字人发展白皮书》,新浪科技,2021年1月26日,http://finance.sina.com.cn/tech/2021-01-26/doc-ikftpnny1761019.shtml。
② 《AIIA联盟:2020年虚拟数字人发展白皮书》,新浪科技,2021年1月26日,http://finance.sina.com.cn/tech/2021-01-26/doc-ikftpnny1761019.shtml。

分别是光学动作捕捉、惯性动作捕捉和基于计算机视觉的动作捕捉。其中，基于计算机视觉的动作捕捉是近几年兴起的、被使用较多的解决方案。基于计算机视觉的动作捕捉通过采集和计算深度信息完成对人物动作的捕捉，操作相对简单且成本相对较低。① 例如，京东数科推出的 AI 虚拟数字人"小可"，便是用一段十几分钟的视频数据生成的，再通过深度学习算法进行训练，将被应用于客服、招聘等信息量大且重复率高的场景中。

3. 合成显示——渲染

渲染技术的进步，是虚拟数字人真实度不断提升的重要原因。实时渲染技术的突破让写实仿真的虚拟数字人能够实现与用户的实时交互，腾讯的虚拟数字人 Siren 便是一个支持实时渲染的虚拟人物。实时渲染对技术的要求较高，由于渲染时间和计算能力有限等原因，容易导致因渲染资源不足而牺牲画面质量的情况。并且，随着虚拟数字人在形象上不断追求更加写实、逼真，发丝、皮肤、毛孔等细节更加细腻，这就对渲染技术与计算资源提出了更高的要求。② 5G 与边缘计算、云计算等技术的融合应用与协同效应，可以将本地计算转移到云端和终端边缘，无疑在一定程度上降低了虚拟数字人渲染的技术门槛。5G 使云端实时渲染成为可能，能够在保证高画质的前提下，大幅提升用户与虚拟数字人的交互体验。

（二）虚拟数字人的发展流变

虚拟数字人的发展是技术、产业、用户多方面因素的综合作用结果，并且不同国家的虚拟数字人发展也有其不同特点。若从虚拟数字人的形象特征与主体类型这个角度来看的话，其发展和流变大致经历以下三个阶段，即虚拟偶像阶段、AI 主播阶段与万物皆可虚拟阶段。

---

① 《AIIA 联盟：2020 年虚拟数字人发展白皮书》，新浪科技，2021 年 1 月 26 日，http：//finance.sina.com.cn/tech/2021-01-26/doc-ikftpnny1761019.shtml。

② 《AIIA 联盟：2020 年虚拟数字人发展白皮书》，新浪科技，2021 年 1 月 26 日，http：//finance.sina.com.cn/tech/2021-01-26/doc-ikftpnny1761019.shtml。

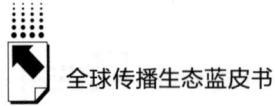

在虚拟偶像阶段，虚拟数字人主要是通过手绘、CG、3D等技术生成的，没有真实人物原型。在形象上，虚拟偶像可能具备真人的五官与肢体特征，但整体形象上与真人相距甚远。比较典型的就是日本的虚拟偶像"初音未来""绊爱酱"，以及韩国的虚拟女团KDA等。除此之外，也有超写实的虚拟数字人，如欧美的虚拟网红Lil Miquela。虚拟偶像阶段的虚拟数字人基本没有人工智能因素，也不具备智能化的技术能力。虚拟偶像的动作、语言、交流等几乎所有行为表现都要依靠幕后工作人员的前期和后期制作，对人工的依赖程度很高。

与虚拟偶像不同，AI主播阶段的虚拟数字人绝大部分是基于现实原型生成的数字世界里的"镜像人"，综合运用了动作捕捉、深度学习等技术，通过数据采集和分析计算制作出非常接近人类原型的虚拟形象。例如我国主流媒体陆续推出的AI主播"新小微""新小萌""小明"等。此外，海外的AI主播例如韩国AI主播金柱夏、美国的虚拟数字人DigiDoug等，也是基于媒体主播、记者或其他现实原型的形象生成的，并可以接收相关外部指令进行新闻播报等行为。这个阶段的虚拟数字人已经初步具有了智能驱动的雏形，可以通过机器学习从事一些类人的行为。

5G技术的出现，带来了万物互联的传播新时代。5G背景下，虚拟数字人的发展将冲破原有的技术壁垒和条件限制，朝着万物皆可虚拟的阶段演进。基于5G和云计算、大数据、人工智能技术的综合能力，随时随地创造和生成虚拟数字人将成为可能；并且，虚拟数字人的概念也将不再仅仅局限于类"人"的形象，而是扩展延伸到"物"的范畴，即所谓世间万物皆可虚拟。当前，不受时间、地点等外部条件的限制，随时随地虚拟化的趋势已初步崭露头角，例如2021年抖音平台推出的3D特效就是这个趋势的当前表现。在抖音平台，用户点击魔法表情"魔法变身"，就会在手机端生成自己的3D人脸，还能够通过手机终端的前置摄像头捕捉用户表情变化并同步展现。数字虚拟的未来，就是通过数据采集、存储、计算、分析、模型、算法、渲染、展现等环节，在虚拟空间中映射出物理世界的全生命周期，创建一个数字孪生的新世界。

四 国际传播语境中的虚拟数字人

(一)国际传播进入发展新阶段

1. 新形势下加强和改进国际传播工作

2021年5月31日,习近平总书记在中共中央政治局第三十次集体学习时强调,要讲好中国故事,传播好中国声音,展示真实、立体、全面的中国,是加强我国国际传播能力建设的重要任务。要深刻认识新形势下加强和改进国际传播工作的重要性和必要性,下大气力加强国际传播能力建设,形成同我国综合国力和国际地位相匹配的国际话语权,为我国改革发展稳定营造有利外部舆论环境,为推动构建人类命运共同体做出积极贡献。① 当前,国际传播不仅是我国加快推进媒体深度融合发展的工作重点,更成为在风云变幻的全球信息技术发展变革中迈向中华民族伟大复兴的关键一步。

随着时代的发展与技术的进步,当前国际传播的大环境已发生巨大变化。自2019年6月我国5G正式商用起,中国就领先全球进入了5G时代。2020年,5G和人工智能位列"新基建",大力发展5G被写入国家"十四五"规划。2021年我国5G网络、用户、终端、业务等方面均取得了阶段性成果。截至2021年3月底,我国累计建成5G基站81.9万个,占据全球5G基站总量的70%以上②;2021年5月,工业和信息化部副部长刘烈宏在2021世界电信和信息社会日大会上宣布,我国已经建成全球规模最大的5G独立组网网络。③ 同时,全球发布的5G终端种类也在不断上升。2020年我

---

① 《讲好中国故事,传播好中国声音》,求是网,2021年6月2日,http://www.qstheory.cn/zhuanqu/2021-06/02/c_1127522386.htm。
② 《我国已累计建成5G基站超81.9万个》,中国政府网,2021年5月17日,http://www.gov.cn/xinwen/2021-05/17/content_5606897.htm。
③ 《工信部:我国建成全球规模最大的5G独立组网网络》,环球网,2021年5月18日,https://baijiahao.baidu.com/s?id=1700061100741030050&wfr=spider&for=pc。

国全年5G手机累计出货量已达到1.63亿部，5G手机逐渐成为主流。① 用户方面，截至2021年4月，我国三大运营商5G套餐用户总数累计超过4.2亿户②，在世界各国中遥遥领先。当下，我国已经在5G移动通信技术上实现了全面领先，占有较大技术优势，我国5G的整体发展水平和速度也领先全球。中国5G等新一代信息技术的发展成果不仅是国际传播的题材和资源，也是我国开展国际传播的坚实数字基建和最强技术优势。与此同时，5G作为新一代移动通信技术，具有超高速率、超低时延、超大连接等特点。由此催生的新应用必将引领国际传播迈入崭新的时代。③ 虚拟数字人便是这样一种在5G的背景和赋能下将被广泛、普遍应用的技术体系和产品形态，5G+虚拟数字人将深入信息传播的多元场景，从多个方面加强和改进我国的国际传播。

2. 全媒体时代国际传播的特征与问题

全媒体时代国际传播呈现三个主要的特点：智能化、平台化、故事化。智能化是指在国际传播领域，全媒体和智能化形成了主导共识；平台化是指互联网技术的发展促进了平台经济的兴起，目前已经出现了"终端+内容平台"的出海协作方式；故事化则是指越来越多的国内媒体改变了以自我为中心的外宣系统，采取"讲故事"的方式设置议题、争取话语权。④ 而这些新特征也正是近年来我国新一代信息技术的充分发展带来的新变化，人工智能、移动互联网、VR这些不同领域的先进技术综合作用，让我国的国际传播有了新的发展方向和着力点。当前，我国的国际传播实践在重点议题、叙事模式、内容模态、传播渠道、战略策略等方面也在进行新的探索。例如，在重点议题上，中国向世界讲述扶贫故事；在叙事模式上，开始倾向于

---

① 《中国信通院：2020年国内5G手机出货量1.63亿部 占比52.9%》，新浪财经，2021年1月11日，https://baijiahao.baidu.com/s?id=1688572860243361863&wfr=spider&for=pc。
② 《5G套餐累计用户数首次破4亿，移动接近电信联通之和》，人民资讯，2021年5月20日，https://baijiahao.baidu.com/s?id=1700290191662855528&wfr=spider&for=pc。
③ 刘滢：《5G时代国际传播的新想象》，《新闻与写作》2019年第10期。
④ 王方、陈昌凤：《全媒体时代的国际传播：智能化、平台化、故事化》，《电视研究》2020年第3期。

人机交互式智能化叙事；在战略策略上，重视"网红"与青年主体传播。①与此同时，随着5G时代的到来，国际传播的内容形态也开始呈现沉浸式、全息化的趋势；在传播渠道方面，我国以TikTok为代表的移动互联网社交媒体平台也获得了海外用户的喜爱。

然而，当前国际传播依然存在尚未解决、有待改善的问题，其中最主要的问题仍然是时间、地点、语言、地域文化与思维差异等壁垒，比较难以打破。例如，由于时间与空间的限制，无法随时随地进行国际传播；面对不同的国家和地区，既懂对应语种、又懂国际传播的专业人才培养成本比较高；同时，在对外传播时，地域文化和思维差异有时会让传播效果大打折扣。除此之外，国际传播还面临如何整合传播资源与渠道、传播的"再语境化思维"、传播全链条有机融合以及如何拓展新兴市场等问题。② 面对这些问题，我国的国际传播确需进一步加强和改进。国际传播不仅要做到媒体"走出去"，渠道"走出去"，还要做到各行各业"走出去"。国际传播不只是传媒行业的事，也需要各行各业都参与进来。目前我国的国际传播"精耕细作"的水平还不够高，更需要将中国话语体系和中国表达方式根据不同国家和地区的具体情况以及在不同的场景和情境下进行深度加工、区别对待。此外，中国的数字化、信息化基础设施，也就是新终端、新设备与新技术的对外输送也有待加强，这样才能做到信息传播的产品和内容、硬件和软件的全方位、全链条有机融合。

（二）5G背景下虚拟数字人在国际传播中的价值体现

1. 国际传播语境中的媒体"中介物"

目前，我国进行国际传播的主要"中介"平台为海外媒体与海外互联网，主要模式是由我国主流媒体与海外媒体合作发稿或在海外互联网平台开

---

① 刘滢、伊鹤：《回顾与前瞻：国际传播研究的新思考、新概念与新路径》，《新闻与写作》2021年第3期。
② 史安斌、王沛楠：《数字公共外交兴起与广电国际传播能力提升——基于"偶像"模式的分析》，《电视研究》2020年第1期。

设账号、发布信息从而开展对外传播。例如，中国国际电视台（CGTN）连线美国福克斯商业频道（Fox Business Network）；以及我国各级各类媒体在西方互联网平台开设社交媒体账号，如《人民日报》开设Facebook账号、新华社开设Twitter账号等。当前，我国对外传播的中介环节只能依托西方媒体和西方互联网，这些中介平台掌握着全球的信息流向和信息权利，在国际传播生态中具有重要意义。与中介平台不同，国际传播"中介物"的出现，在一定程度上可以"绕过"强势的中介平台，达到较好的国际传播效果。例如，2021年5月原本栖息在我国云南西双版纳的十多头野生亚洲象，北上进行远距离迁徙。这次迁徙事件引起了国际媒体的广泛关注，俄罗斯、日本、泰国、巴基斯坦及菲律宾等多国媒体对大象迁徙进行了报道，各国友人热烈讨论了大象、云南自然环境及政府与人民在动物保护方面的努力，展现了我国政府在人与自然和谐相处方面的责任与担当。① 央视网在Facebook开设了以大熊猫为主题的账号"ipanda"，曾依靠一条《熊猫宝宝实力演绎撒娇卖萌抱大腿》的57秒短视频在五天内吸引140万粉丝，播放量超1.7亿次，独立浏览用户超过3.9亿人次，并引起BBC、ITV、NBC、《华盛顿邮报》、《每日邮报》、《共青团真理报》等国际知名媒体关注，以熊猫为切入点展示了我国的文化与旅游软实力。②

从"中介"属性的角度而言，虚拟数字人是新生事物、新媒体，是基于新一代信息技术平台的具有媒介属性的技术产品与传播出口，是继国宝大熊猫和迁徙象群后的下一代国际传播数字"中介物"。虚拟数字人在国际传播中的应用，不仅可以在一定程度上缓解海外媒体和海外互联网的强势信息垄断，也可以发挥其与生俱来的技术优势，让传播直达海外用户。与此同时，虚拟数字人的"中介"属性还体现在它的出现和应用可以让各行各业有更多可能参与到国际传播活动中；同时也让媒体机构可以更好地为国家、

---

① 《国际社会关注云南野象北迁 "大象迁徙体现了人与自然的和谐相处"》，《光明日报》2021年6月22日，https：//news.gmw.cn/2021-06/22/content_34937746.htm。
② 《借力熊猫视频 打造文化名片》，网络传播杂志，2017年4月17日，http：//www.cac.gov.cn/2017-04/17/c_1120824162.htm。

为社会、为各行各业做好服务和支撑，在更大范围内发挥国际传播媒体价值。

2. 国际传播语境中的商务"代言人"

企业、品牌、商品等这些国际商务领域中的构成元素也是我国国际传播生态中的重要组成部分。随着中国企业开拓海外市场，中国品牌的国际化趋势越来越突出，中国产品成为全球好货，在世界各国的消费市场中稳居主要地位。但对于绝大多数中国企业而言，拓展海外市场难度极大，尤其是面向海外市场的宣传推广更是面临缺乏专业人才、不懂国际传播、没有海外渠道等诸多问题。在此背景下，虚拟数字人的出现可以依托其技术能力，成为国际传播语境中的商务"代言人"。尤其是在当前中国的5G、云计算、人工智能等新一代信息技术获得了充分发展、领先全球的先导优势下，虚拟数字人就成为集成多种先进技术的融合性产品，让中国的企业和品牌都可以拥有多种技术共同赋予的传播能力，从而开展自己主导的、可管可控的国际传播和海外市场宣传。

同时，虚拟数字人应用于商业传播，还有舆论风险低、社会关注度高等优势和特点。近年来，国内很多新兴品牌和代表性企业都在纷纷尝试通过虚拟数字人的手段开展宣传推广。早在2017年，百雀羚便联合虚拟偶像"洛天依"在"双十一"期间推出了定制款面膜，肯德基则邀请了"洛天依"进行商业代言。2019年12月，深圳后海汇商业综合体推出了虚拟代言人"想想Hilda"用于该商业地产的宣传，塑造该综合体"Z世代定位购物中心"的形象。2020年8月，天猫推出了以易烊千玺为原型的虚拟代言人"千喵"，天猫用户能够与"千喵"进行互动。2021年6月，国内彩妆品牌花西子发布了品牌虚拟形象"花西子"，这是一个具有古典美人气质的超写实虚拟人。

虚拟数字人在国际商务领域的应用场景非常广泛，虚拟数字人可以作为企业、品牌、商品的数字代言人，在新品发布会、户外广告、营销活动、品牌推广等各种国际商务的传播环节中发挥巨大价值和积极作用。此外，虚拟数字人因其天然的虚拟属性与合成特质，国际市场和海外用户对于它的接受度也会更高,更有利于我国企业在海外市场渗透和拓展。与此同时,各行各业使用虚拟数字人进行品牌代言,也更有利于在国际传播的过程中讲好中国企业的品牌故事,从而提升中国品牌的国际知名度,潜移默化地提高海外用户对中国文化的认可度。

3. 国际传播的文化"化身"

习近平总书记指出,要在构建对外传播话语体系上下功夫,在乐于接受和易于理解上下功夫,让更多国外受众听得懂、听得进、听得明白,不断提升对外传播效果。① 要采用贴近不同区域、不同国家、不同群体受众的精准传播方式,推进中国故事和中国声音的全球化表达、区域化表达、分众化表达,增强国际传播的亲和力和实效性。② 国际传播语境中,虚拟数字人可以作为国家文化的传播载体,把相对主观存在的精神、思想、理念转化为客观存在的"人";把传播主体国的语言、形象、习惯,合成为传播对象国文化语境中的"人"。作为国际传播文化"化身"的虚拟数字人,借助新一代信息技术可以让文化更直观,思想更可感。

当前,我国社交媒体、短视频平台上出现了一批外国"网红",他们虽然是外国人却能用一口流利的中国话介绍自己国家的美食、风俗、人文,他们通过"中国化"的传播手段不仅传播了本国文化,也促进了中外跨国文化的沟通与融合。例如抖音用户"曹操来了"用地道北京话介绍美国的习俗,"主厨广坦"用中文介绍法国美食,还上手烹制中国农家菜。这些现象表明,国际传播的文化载体形式越来越宽泛,突破了原有的传统认知界限。传播者的国别、民族、形象、外貌、语言等也许将不再成为影响受众接受、理解和认可的信息障碍。

如此趋势下,虚拟数字人就是依托先进技术的国际传播文化新载体,其

---

① 《习近平:加快推动媒体融合发展 构建全媒体传播格局》,《人民日报》,2019年3月15日,https://baijiahao.baidu.com/s?id=1628062181034138166&wfr=spider&for=pc。
② 《习近平在中共中央政治局第三十次集体学习时强调 加强和改进国际传播工作 展示真实立体全面的中国》,2021年6月1日,https://www.ccps.gov.cn/xtt/202106/t20210601_149010.shtml。

强大的建模、计算、渲染能力能够在文化"化身"的"变身"过程中提供便捷、高效的技术工具,让我国的国际传播可以灵活地根据传播对象国家的情况,调整和改变文化"化身"的属性,让传播受众更加乐于接受和易于理解。通过这样的方式表达中国话语,能够在话语内核不变的基础上,通过亲和的形象和熟悉的语言风格,让对外传播达到润物细无声的效果。虚拟数字人作为国家国际传播的化身,既能够针对不同地区的受众进行精准传播,也能够在一定程度上避免因为形象与语言差异、刻板印象及理解偏差等问题而使传播效果打折的情况发生,以此提升对外传播效果。

B.5 国际传播中网红发展现状与运营策略

赵子忠　李琳琳*

摘　要： 随着移动互联网技术和新媒体技术的进步，社交媒体成为国际传播的主战场，是用户获取时事新闻、消遣娱乐、工作联络的重要媒介。而在社交媒体平台上，网红作为话题设计的主导者和舆论的引导者，对热点话题的内容创新、传播强度和信息的流动方向具有重要影响，基于网红进行的传播逐渐成为互联网有效传播的重点。本文从国际传播发展现状和趋势着手梳理，归纳社交媒体网红的传播特性与在国际传播中起到的传播作用，分析主流社交媒体平台上的网红数据指标情况，提出国际社交媒体网红的运营策略建议，以便为推动国际传播阵地建设、提升国际传播话语权和影响力提供新思路。

关键词： 国际传播　社交媒体　网红特性　网红分析　运营策略

一　国际传播发展现状和趋势

（一）社交媒体平台成为国际传播主战场

随着移动互联网技术和新媒体技术的进步，社交媒体迅速发展与普及成

---

* 赵子忠，中国传媒大学新媒体研究院院长、教授，主要研究方向为新媒体产业；李琳琳，中国传媒大学广告学院博士研究生。

为全球共同趋势，以 Facebook、Twitter、YouTube 等为代表的国际社交媒体平台在世界范围内广泛流行，社交媒体成为国际传播的主战场，是用户获取时事新闻、消遣娱乐、工作联络的重要媒介。全球社会化媒体传播公司 We Are Social 于 2021 年 1 月发布的《2021 全球数字报告》（Digital 2021: Global Overview Report）显示，全球社交媒体用户数已达到 42 亿，占总人口数的 53.6%，同比增长 13.2%，通过移动设备访问社交媒体的用户数占社交媒体总用户数的 98.8%。在用户行为方面，根据 2020 年第三季度调查结果，在 16～64 岁互联网主力用户中，过去一个月访问或使用社交网络或信息传递服务的用户占比高达 98.1%，社交媒体活跃用户占比为 90.2%，平均每位用户拥有 8.4 个社交媒体平台账号，因工作需要而使用社交媒体的用户占比达到 40.4%，他们平均每天使用社交媒体的时长为 2 小时 25 分钟，其中菲律宾社交媒体主力用户平均每天使用社交媒体时长排名位居全球第一（见图 1）。

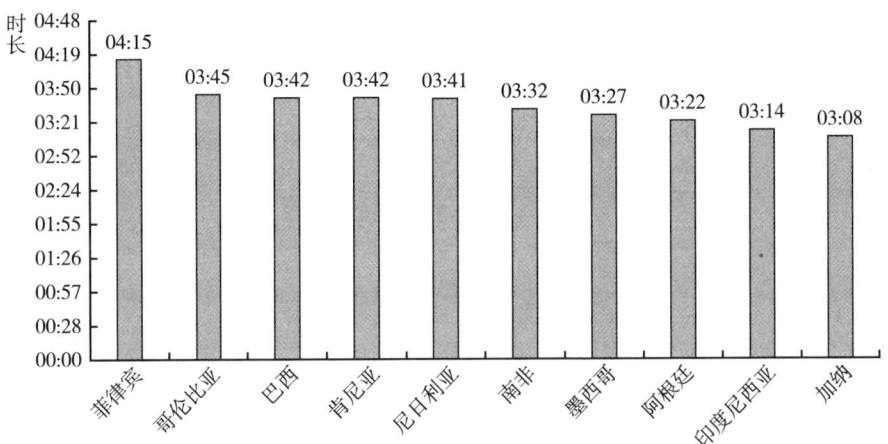

图 1　各国用户平均每天使用社交媒体时长前十排名

（二）基于社交媒体网红的传播逐渐成为有效传播

在社交媒体占据国际声音主要聚集地后，基于网红进行的传播逐渐成为互联网有效传播的重点。从国际传播生态来看，网红是主要的流量来源，国际社交媒体网红作为话题设计的主导者和舆论的引导者，对热点话题的内容创新、传播强度和信息的流动方向具有重要影响。国际传播中的传播者根据不同领域，借助不同类型网红的可信度和形象力进行背书和推广，进而改变或影响海外大众的认知和态度，从而更好地达到传播目的。因此社交媒体的网红传播已成为国际传播不容忽视的重要力量，也贴近了国际传播生态的未来发展趋势。

二 国际社交媒体网红传播特性与作用

（一）国际社交媒体网红的传播特性

20世纪40年代，美国著名社会学家保罗·拉扎斯菲尔德（Paul Lazarsfeld）在《人民的选择》一书中提出"意见领袖"的概念。拉扎斯菲尔德等人通过对政治选举中选民意见、态度和行为进行调查，将具有影响其他选民能力的人称为"意见领袖"。随后经过拉扎斯菲尔德等人在诸多领域的研究，意见领袖概念被拓展到营销学、社会学等领域。意见领袖是指在人际传播网络中经常为他人提供信息，具有影响和改变他人态度的能力的人。他们在大众传播过程中承担过滤信息的任务，并作为中介将信息扩散给受众，形成"两级传播"。

两级传播理论背景下的"意见领袖"对理解本文所谈到的"网红"的作用具有借鉴意义，但二者的含义已不尽相同。社交媒体平台上话语权的中心，也就是本文谈到的网红，也经常被称为"意见领袖"。在当下语境中的意见领袖不仅充当两级传播中受众之间信息"中转站"的角色，更是作为信息的源头，能够直接影响社交媒体平台的信息舆论和意见走向。

1. 国际网红的地区性和跨文化性

国际网红具有地区性和跨文化性，不同地区网红的侧重点不同。国际网红传播要从文化的视角出发，用目标国家的文化、全球的文化，再加上我们自己的文化，"三只眼睛"才可以看清对方国家的网红。甚至有时候我们不能用传统的审美去看待，而要综合使用市场的审美和审丑。

2. 国际网红具有一定的周期性和滞后性

社交媒体平台永远不会缺少流量网红和KOL，但是网红本身具有生命周期且比较短暂，同时国内的知晓和合作又有一定滞后性。网红是"易碎品"，去年的网红不一定是今年的网红，上个月的网红有可能下个月就过气了。

（二）国际社交媒体网红的传播作用

1. 国际传播的"中外有别"与"外外有别"

由于传播方式存在不足、传播水平有待提升，"我国在国际传播中仍处于弱势的一方，'西强我弱'的国际传播格局依然存在"。因此，提升国际传播力需要考虑并坚持"中外有别"和"外外有别"的国际传播基本原则。一方面，国际传播"中外有别"，即意识到中外传播环境存在差别，国际传播需要坚持"本土化"原则。我国与海外国家之间的媒介环境存在传播差异，"海外国家受众在各自的媒介环境中理解、记忆和想象存在不同，从而形成信息的认知差，导致受众的不同行为"。传播差与认知差的存在要求媒介传播"本土化"，"本土化"传播也是减少异国文化误解中国意图的有效方法。当前我国习惯使用国内宣传的思维模式、叙事方式和语言风格开展国际传播活动，内容与风格不突出，在体现中国特色、讲好中国故事方面还存在差距。而国际上的纸媒、电视、网站和社交媒体等传播渠道话语自成风格、各有特色，我们在不同渠道的语言转换和用户把握上存在不足，传播内容缺乏针对性。

另一方面，国际传播"外外有别"，即不同国别和不同区域差异化、精准化的传播原则。多样化的文化内涵和社会环境催生出各个国家和地区差异化的媒介生态，因此国家不同、地区不同，传播条件和基础、受众的媒介素养不同，导致同一内容的传播效果大相径庭。但就现阶段而言，我国的国际传播通常使用一种声音面向国际，在区分文化差异、辨识多样化受众方面存在不足，在主体培育、故事讲述、话语体系和传播渠道等方面尚未做到

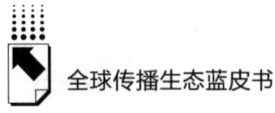

"因国而异",难以采取不同方法构建对外传播精准化的传播策略。

2. "共同的意义空间"是双方交换意义的前提

构建"共同的意义空间"是国际传播能够顺利进行的前提。国际传播既有政治性,又有文化性。首先,国际传播与国家、民族利益相联系,因此不论哪种国际传播活动都具有一定政治因素。其次,传播活动是象征性活动,而国际传播不仅是跨国别的传播,也是跨文化的传播,各个国家利用国际传播推行本国的文化和意识形态,因此国际传播具有文化性,是不同文化的交流碰撞。符号互动论认为"人们通过符号传递意义",要理解人类的行为需要探究个人赋予语言和行为以何种意义。由于各个国家和地区的政治、文化等因素的多样性,国际传播活动中的传播者与受传者的符号系统存在差异,由此可能使传播者想要传达的意义与受传者理解的意义不同,这也成为国际传播的主要阻碍之一。要想传播活动顺利完成,互动双方对符号意义要有共同的理解,即双方要有"共同的意义空间"。

在国际传播中加入社交媒体的网红传播,与当地的网红合作,或者是塑造符合当地文化特色、审美风格和用户兴趣的网红,更容易构建我国与目标国家之间"共同的意义空间",缩小符号编码与解码的差异。

三 国际社交媒体平台头部网红分析

(一)国际主流社交媒体平台头部网红情况

1. Facebook

基于网络爬虫和第三方数据平台统计分析,截至 2021 年 6 月 11 日,Facebook 全球粉丝量排名前十的账号中,有 3 个美国账号、2 个西班牙账号,排第 1 位的是葡萄牙足球运动员克里斯蒂亚诺·罗纳尔多,粉丝量达到 1.40 亿,排第 2 位的是中国官方媒体、中央广播电视总台下属的新闻国际传播机构 CGTN,粉丝量为 1.17 亿。此外,《人民日报》的 Facebook 官方账号 People's Daily China 拥有粉丝 8644 万,影视明星成龙的 Facebook 账号成龙 Jackie Chan 拥有粉丝 7073 万，以及中国官方媒体《环球时报》的 Facebook 账号拥有粉丝 6327 万。因此，在 Facebook 平台中我国的新闻媒体已拥有一定的话语权和影响力（见表1）。

表1　Facebook 全球粉丝量前十名账号

单位：百万

排名	账号名称	粉丝量	账号属性	国家
1	Cristiano Ronaldo	140	体育明星	葡萄牙
2	CGTN	117	新闻媒体	中国
3	Shakira	112	知名歌手	哥伦比亚
4	Real Madrid C. F.	111	体育明星	西班牙
5	Vin Diesel	107	电影明星	美国
6	Will Smith	106	电影明星	美国
7	FC Barcelona	104	体育明星	西班牙
8	Leo Messi	101	体育明星	阿根廷
9	Rihanna	99	知名歌手	巴巴多斯
10	Tasty	97	企业官号	美国

2. Twitter

基于网络爬虫和第三方数据平台统计分析，截至 2021 年 6 月 11 日，Twitter 全球粉丝量排名前十的账号中，美国账号占到 7 个。其中，排第 1 位的是美国前总统奥巴马的 Twitter 账号，粉丝量达到 1.3 亿，排第 2 位的加拿大知名歌手贾斯汀·比伯，粉丝量为 1.14 亿，中国网红尚未进入 Twitter 头部账号序列（见表2）。

表2　Twitter 全球粉丝量前十名账号

单位：百万

排名	账号名称	粉丝量	账号属性	国家
1	Barack Obama(@BarackObama)	129.5	政治人物	美国
2	Justin Bieber(@justinbieber)	113.8	知名歌手	加拿大
3	KATY PERRY(@katyperry)	108.8	知名歌手	美国
4	Rihanna(@rihanna)	102.2	知名歌手	巴巴多斯
5	Cristiano Ronaldo(@Cristiano)	92.1	体育明星	葡萄牙

续表

排名	账号名称	粉丝量	账号属性	国家
6	Real Donald Trump(@realDonaldTrump)	88.7	政治人物	美国
7	Taylor Swift(@taylorswift13)	88.4	知名歌手	美国
8	Lady Gaga(@Lady Gaga)	83.6	知名歌手	美国
9	Ariana Grande(@ArianaGrande)	83.2	知名歌手	美国
10	Ellen DeGeneres(@TheEllenShow)	78.1	娱乐节目	美国

3. Instagram

基于网络爬虫和第三方数据平台统计分析，截至2021年6月11日，Instagram全球粉丝量排名前十的账号中有6个美国账号，排第1位的是葡萄牙足球运动员克里斯蒂亚诺·罗纳尔多，拥有粉丝2.97亿，排第2位的为美国演员、职业摔跤手道恩·强森，粉丝量达到2.45亿（见表3）。

表3 Instagram全球粉丝量前十名账号

单位：百万

排名	账号名称	粉丝量	账号属性	国家
1	Cristiano Ronaldo	296.7	体育类	葡萄牙
2	therock	244.8	娱乐类	美国
3	Ariana Grande	242.5	音乐类	美国
4	Kylie	239.9	人物与博客	美国
5	Selena Gomez	236.3	人物与博客	美国
6	Kim Kardashian West	227.6	人物与博客	美国
7	Leo Messi	216.4	体育类	阿根廷
8	Beyonce	184.7	音乐类	美国
9	Justin Bieber	177.2	音乐类	加拿大
10	kendall	168.9	音乐类	巴西

4. YouTube

基于网络爬虫和第三方数据平台统计分析，截至2021年6月11日，YouTube全球粉丝量排名前十的账号中有6个美国账号、3个印度账号。印度宝莱坞唱片公司账号"T-Series"占据绝对优势，粉丝量达到1.84亿；排第2位的是儿童教育频道账号"Cocomelon-Nursery Rhymes"，拥有粉丝1.13

亿；第 3 名为瑞典游戏类网红费利克斯·阿尔维德·乌尔夫·谢尔伯格的账号，粉丝达到 1.10 亿。此外，中国网红粉丝量最高的账号"办公室小野官方频道 Ms Yeah Official Channel"粉丝为 992 万，中国网红与全球网红粉丝量仍有差距（见表 4）。

表 4　YouTube 全球粉丝量前十名账号

单位：百万

排名	账号名称	粉丝量	账号属性	国家
1	T-Series	184	音乐类	印度
2	Cocomelon-Nursery Rhymes	113	教育类	美国
3	PewDiePie	110	游戏类	瑞典
4	SETIndia	106	娱乐类	印度
5	Kids Diana Show	79.6	娱乐类	美国
6	WWE	79.1	体育类	美国
7	Like Nastya	74.4	娱乐类	美国
8	Zee Music Company	73.8	音乐类	印度
9	5-Minute Crafts	72.6	日常知识分享	美国
10	Vlad and Niki	68.7	娱乐类	美国

（二）国际社交媒体平台的网红特点

1. 头部网红多为名人明星或组织机构官号，呈现多平台运营特点

国际主流社交媒体平台排名前十的头部网红账号中，一部分是本身就具有知名度的演艺界明星或政界名人，另一部分是组织机构官方账号，如新闻媒体机构等。同时，头部账号呈现多平台运营的特点。例如，中国官方媒体 CGTN 在各大社交媒体开设账号，但就粉丝量来讲 Facebook 平台最为突出。葡萄牙足球明星克里斯蒂亚诺·罗纳尔多（Cristiano Ronaldo）在 Facebook、Twitter 和 Instagram 平台都开设账号，且粉丝量排名位居前十。

2. 网红具有个性化风格定位，新闻类和娱乐类内容更受欢迎

在社交媒体用户多样化、个性化的驱动下，网红为避免同质化竞争，都在挖掘垂直细分领域，打造具有独特风格的"人设"。例如，YouTube 平台

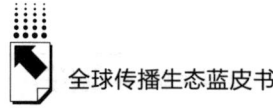

中国头部账号李子柒把握住了中华传统文化特色,"办公室小野"专注于工作场景下制作趣味美食。根据《2021 全球数字报告》,"及时了解新闻和时事""寻找有趣的娱乐内容""消磨空闲时间"是用户使用社交媒体的主要原因。结合社交媒体头部账号情况来看,新闻类和娱乐类更能满足用户需求。同时各国用户具有不同的兴趣偏好,例如美国、英国受众偏爱音乐及游戏内容,日本受众喜欢搞笑类节目,印度、韩国受众的喜好以本国文化、流行明星为主,中国美食类节目最受海外受众欢迎。

四 国际社交媒体网红的运营策略思考

(一)内容创意层面

习近平总书记在全国宣传思想工作会议(2013 年)上指出:"要精心做好对外宣传工作,创新对外宣传方式,着力打造融通中外的新概念新范畴新表述,讲好中国故事,传播好中国声音。"这是当前中国国际传播内容建设的根本遵循,也是国际传播过程中面临的最大挑战。因此在国际网红传播的内容创意层面,要做到把握差异、情感传播和持续产出优质原创内容,讲海外受众能听懂、能接受的"中国故事"。

1. 把握不同国家之间文化和经济的差异,社交媒体内容创作需要使用地道语言

在进行内容创意时,要坚持国际传播"中外有别"和"外外有别"的原则,注意本土传播和精准传播,例如在社交媒体的涉华内容中,非洲地区的受众喜欢《媳妇的美好时代》《渴望》等我国的经典电视剧,东南亚地区受众偏爱《琅琊榜》《甄嬛传》等古装剧,而西方国家受众则更喜欢李子柒传播的中式美食和田园生活等彰显中国独特文化特色的内容。

此外,语言是信息传播的符号和载体,国际网红传播需要把握地道语言。一方面是地道的本地语言,这并不是简单地将中文内容直译成外语或是借助翻译工具就可以解决的,而是需要深入了解当地的语言文化和语言习

惯。这就要求在国际传播时，聘用外籍专家和本土人才，确保涉及文化差异的内容得到纠偏，从而减少国际网红传播的语言阻碍。另一方面，地道的网络语言是社交媒体传播中不能忽视的问题。只有掌握娴熟的网络对话技巧才能适应社交媒体传播环境，例如本地年轻人接受和使用的社交语言、表情包等。

2. 软性传播与情感传播的方式更符合国际网红传播调性

在社交媒体上，用户使用社交媒体是基于获取实时资讯、寻找娱乐内容以及与他人保持联系的目的和需求。网红与粉丝大多是靠短期的兴趣吸引和长期的情感互动形成的情感联结，而不是依靠"正式""严肃"的内容。此外，社交媒体平台也会对政治类话题实行严格的内容管理，例如在2020年11月美国大选期间，即使是美国总统特朗普的推文也会被Twitter判定有问题，而予以屏蔽。因此，国际网红传播的内容要将某些生硬、宏大和刻板的话题"软化"，将传播的信息予以生活化和情景化，特别是将某些政治色彩较浓的、容易受到受众自我心理防线隔离的信息转化成具有亲和力、互动性和鲜活性的话题，使受众产生共情，以情动人。例如，漫画家乌合麒麟所发布的漫画，除议题本身具有热度外，漫画这一形式也更生动形象，能够让用户形成深刻的记忆点。

3. 注意FOMO原则，坚持原创内容的持续创作和传播

错失恐惧症（Fear of Missing Out，FOMO）最初由帕特里克·J.麦金尼斯（Patrick J. McGinnis）提出，是指人们对某个社交事件、某段社交经历或某次社交互动既没参与也不知情的忧虑。用户害怕错过社交媒体上发生的事情比如事件、热点、活动等，从而形成社交焦虑。美国营销传播公司智威汤逊对美国和英国社交媒体用户进行错失恐惧调查，指出多达70%的18~34岁年轻用户受到FOMO的困扰。因此，创新传播内容时要考虑用户的错失恐惧心理。社交媒体平台拥有海量信息，如果不能保证持续更新，用户的注意力会被其他内容吸引，转而关注其他账号。原创在所有社交媒体中都有高权重，传播影响力很难靠转载和搬运内容来打造，第一时间传播原创内容才能更好地满足消费者对信息时效的需求。

（二）账号运营层面

1. 聚焦主流社交媒体平台，打造主账号，组团式大带小

虽然不同国家和地区都会有本土的社交媒体平台，但对于国际传播来讲，要想达到一定效果成本太高，对于账号的打造和网红的塑造应首先聚焦Facebook、YouTube、Twitter和Instagram等国际主流平台。在账号矩阵建设方面，为避免人力和资金分散，更合适的策略是"做好平台主账号，以主账号带领分账号成长"。例如，2019年《人民日报》在Twitter主账号@PDChina的基础上新开设了以旅游文化、科技进展、经济商业为主线的三个分账号。主账号为分账号引流，推动其快速成长，分账号反哺主账号，提升其互动率和活跃度，以此良性循环构建有影响力的账号矩阵。

2. 账号运营要有一定的产品思维

创建社交媒体账号的过程实际是打造产品的过程，传统的编辑思维已无法满足社交媒体账号运营，需要考虑定位、环境、竞争、变现、供应链、数据、消费者等多种因素。具体来讲，账号界面需要根据当地用户的审美风格进行设计和包装，例如东南亚国家的用户很喜欢高饱和度、多色彩的风格。此外，账号需要设计"人设"与定位，用户更偏爱有态度、有感情、有性格的个人风格账号。具备产品思维，才能把握社交媒体的运营。

3. 账号粉丝的精细化、分众化运营

虽然在社交媒体上每一位用户都是以个体形式存在，但不同的兴趣和爱好又将他们聚集成多个不同的群体。国际主流社交媒体账号的粉丝往往覆盖多个国家，且粉丝兴趣多样，分众特点明显，提升粉丝黏性和互动率需要不同社群进行精细化、分众化的粉丝运营。例如Facebook网红利用平台"小组"功能，开设多个粉丝社群，需要回答问题并提交审核才能加入，从而将公域流量转化为私域流量。用户在小组中与网红和其他粉丝用户互动，进一步将私域流量沉淀下来，培养忠诚粉丝，从而提升内容的互动率和账号的转化率。

（三）网红传播合作层面

国际网红的地区性、跨文化性、周期性和滞后性的特点，提醒我们在进行国际传播时要谨慎对待网红合作。

1. 在确定稳定性和效果的基础上逐步加深合作

与国际网红的合作不能一蹴而就，要在各方面评估之后，在确定稳定性和效果的基础之上合作。一方面，筛选网红过往的内容和资历，判断是否与国际传播的立场和调性相符合，与海外 MCN 合作或成立国外分公司能够更好地保证网红的执行力和完成度，以此提升合作的稳定性。另一方面，不能只关注网红的粉丝量，还需要考虑网红的实际传播效果，比如粉丝黏性和内容互动率等。例如，《中国日报》在与国际网红合作时，首先进行了报纸约稿和上镜采访，达到一定效果之后开始共同创作视频内容，最后纳入专家库。

2. 舆论监测和网红的危机管理

网红具有市场化和商业化属性，属于流量逻辑，并不是为了国际传播而存在，也不能等同于国际传播力。同时，网红自身的发展也无法完全与国家意志相契合，不一定能够担负国际传播的任务。为了降低国际网红传播的不确定性，要在网红的挖掘、培养和合作过程中设置好网红危机管理预案，注意社交媒体舆论监测，提升网红管理能力和舆论导向能力。

五　结语

在国际传播背景方面，社交媒体传播已成为普遍趋势。在传播效果方面，社交媒体国际网红传播为推动媒体融合、提升国际传播话语权和影响力提供新思路。而在国际主流社交媒体上，我国的国际传播影响力正在提升但仍有差距。因此，国际网红传播需要树立中国角度，把握差异化和情感化的内容创新；以"组团式大带小"模式建立账号矩阵，需要产品化和精准化的账号运营；在保障稳定性基础之上与网红合作，并做好舆论监测与危机管理。

不过，国际传播中加入网红传播这一模式仍处于实践检验与探索阶段。海外网红数量多、偏草根、形态多样、垂类丰富，如何把握严肃与娱乐的平衡，将国际传播的政治性与文化性和网红传播的市场化与情感化相结合，仍是今后需要探讨的问题和努力的方向。

B.6
中国海外网络传播力建设测量体系与实践

张洪忠 李馨婷 王海丞*

摘 要: 近年来,国内企业、城市和高校等开始积极进行"出海"实践。本文结合本国实际情况和实践经验,择取 Google、Wikipedia、Twitter、Facebook、Instagram、YouTube 六个平台作为考察维度,建立中国海外网络传播力评估指标体系,提出在场、评价、承认和认同四个传播力层次。通过研究发现,中国城市和高校的海外传播实践取得一定成绩,但仍有较大提升空间。

关键词: 海外网络传播力 国际传播 传播效果 中国城市 中国高校

一 背景与问题

2021年5月31日,习近平总书记在"加强我国国际传播能力建设第三十次集体学习"中强调,讲好中国故事,传播好中国声音,展示真实、立体、全面的中国,是加强我国国际传播能力建设的重要任务。要深刻认识新形势下加强和改进国际传播工作的重要性和必要性,下大气力加强国际传播能力建设,形成同我国综合国力和国际地位相匹配的国际话语权,

---

* 张洪忠,北京师范大学新闻传播学院教授;李馨婷、王海丞,北京师范大学新闻传播学院2020级研究生。

为我国改革发展稳定营造有利外部舆论环境，为推动构建人类命运共同体做出积极贡献。①

近几年，国内媒体、企业、城市、高校等开始积极进行国际传播实践，并取得了一定成效。如2020年中国科技出版机构第一次真正意义上完成对西方国家出版机构的并购，意味着中国科技出版"走出去"方式逐步从"造船出海""借船出海"向"买船出海"转变，真正实现从"走出去"向"走进去"的深刻转变。②

国际传播能力建设一方面要积极"走出去"，让世界更好认识中国、了解中国；另外一方面我们还需要进行国际传播效果评估，判断是否真正"走进去"，把握哪些做法是有效的，哪些效果是积极的，哪些效果可能是消极的。

对于国际传播效果考察，国内学者们开展较多探讨。一是有学者从传播者角度来考察国际传播能力。赵彦华将媒介资源分为三个层面共20个要素，认为资源是决定影响力大小的基础。其中包括基础层、载体层和转换层，聚焦于媒介主体进行传播力测量。③《国际传播与国家形象》一书中的"国际传播力评估指标体系"部分提出由软、硬两类指标构成的体系。"软指标"包括传播者素质等质化指标；硬指标包括国际传播机构数目、投入经费、从业人员数量、语种数、受众数量等能够量化的指标。④ 二是一些学者从受众角度考察国际传播能力。孙志红对荷兰孔子学院的对外传播进行了评估，通过认知效果、情感态度效果和行为效果三个层面，进行对外传播的效果测量。⑤ 关世杰对中国文化的国际影响力的评估体系进行探索，同样从认知、态度和行为三个层次入手进行对外传播影响力评估。⑥ 三是有学者将传播者

---

① 习近平：《加强和改进国际传播工作 展示真实立体全面的中国》，https：//xhpfmapi.zhongguowangshi.com/vh512/share/10026818？channel＝weixin。
② 《互联网具有即时性、开放性、交互性等特点》，http：//scitech.people.com.cn/n1/2020/0106/c1007-31535195.html。
③ 赵彦华：《媒介市场评价研究——理论、方法与指标体系》，新华出版社，2004。
④ 刘继南等：《国际传播与国家形象——国际关系的新视角》，北京广播学院出版社，2002。
⑤ 孙志红：《荷兰孔子学院传播效果评估分析》，山东大学硕士学位论文，2017。
⑥ 关世杰：《中华文化国际影响力评估体系初探》，《对外传播》2015年第1期。

和受众两个角度结合起来考察。刘肖认为评估指标的构建,应关注国际传播的"总投入"与"总产出",也就是国际传播的能力与效力。①刘燕南和刘双将目前有关国际传播效果的评估体系分为三种框架或模式:"软—硬实力型"、"受众—效果型"和"能力—效力型"。两人提出的"能力—效力型"则兼顾了传播者的自身建设水平和对外传播效果,有利于综合评估海外网络传播力。两人提出传媒的国际传播效果测量体系,共有基础建设、内容产制、传播影响、市场经营4个一级指标。②

当前国际传播能力建设的一个重要渠道是互联网。We Are Social等机构发布的数据显示,截至2021年1月,全球手机用户数量为52.2亿,相当于世界总人口的66.6%;同时,互联网用户数量为46.6亿,社交媒体用户数量为42亿。③由此可见,互联网已然成为世界人民获取信息的重要渠道,充分发挥着沟通世界的桥梁纽带作用,在此基础上也形成了新的国际舆论场,影响着世界媒介格局。

针对海外互联网的国际传播能力建设的效果评估,国内学者探讨还很少。如何综合考察海外不同社交媒体、海外网络媒体的传播效果?从哪些角度来分析与考察?这些都还是新问题。本报告将参考已有指标体系,结合本国实际情况以及实践经验,建立中国海外网络传播力评估指标体系,以中国城市和高校为案例,量化考察其海外网络传播力。

二 中国海外网络传播力建设测量指标构建

(一)本研究评估指标框架

本评估指标从传播者角度切入,对国内机构的海外网络传播力进行综合

---

① 刘肖:《国际传播力:评估指标构建与传播效力提升路径分析》,《江淮论坛》2017年第4期。
② 刘燕南、刘双:《国际传播效果评估指标体系建构:框架、方法与问题》,《现代传播(中国传媒大学学报)》2018年第8期。
③ 《We Are Social&Hootsuite:全球网民数量达46.6亿 中国人每天上网5小时22分》,http://www.199it.com/archives/1197788.html。

评估。海外网络传播力可以分为四个层次。第一个层次是"在场",衡量标准是传播主体在互联网场域中的出现频率,操作化定义是提及率。第二个层次是"评价",即"在场"内容是否引起评价,以及评价的正面负面。第三个层次是"承认",即承认传播主体的存在。第四个层次是"认同",在承认存在的前提下,认同主体所传播的观念或内容。在多元文化背景下的海外网络传播环境中,"在场"是基础,只有在"在场"这个前提下,才可能有后面的层次。

本研究基于"在场"和"评价"两个层面建设中国海外网络传播能力评估指标体系,"承认"和"认同"层面将继续探索。海外社交媒体、海外视频平台和海外主流媒体(搜索引擎)引用三个维度全面考察主体机构的海外传播效果。评估指标体系框架如图1所示。

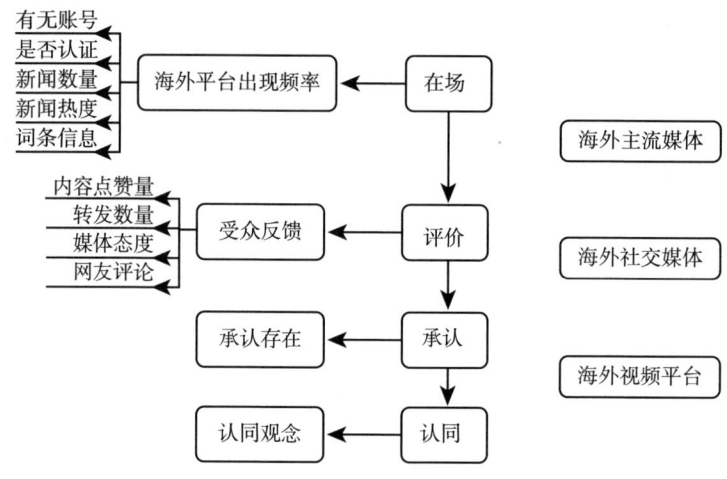

图1 中国海外网络传播力评估指标体系框架

1. 第一层次指标:在场

"在场"可以操作化为主体机构在海外社交平台、海外视频平台和海外媒体平台上的建设、运营和出现频率情况。"在场"考察的是有没有建设或者入驻平台、影响范围、平台发布内容数量以及与平台用户的互动量。

海外社交平台运营。Twitter、Facebook、Instagram等社交应用和网站如今已经成为各国网民日常生活中密不可分的一部分，也是即时获取各类资讯的重要渠道，中国在进行海外传播工作时也需要重视社交平台账号的建设与运营，增强在社交平台上的影响力，从而提高传播引导力。是否入驻、发文数量、账号粉丝量以及互动量都能反映中国主体机构的在场程度。

海外视频平台运营。YouTube 是目前世界上规模最大和最有影响力的视频网站，用户可在平台内自主上传和浏览全球范围的视频内容，YouTube 影片内容包罗万象，深受中年和青少年人群青睐。在 YouTube 平台上进行影像视觉传播可以做到快速、大范围传播，吸引用户成为企业品牌粉丝。通过统计中国主体机构在 YouTube 平台是否入驻，以及订阅数、发布内容和点击量，可以衡量中国主体机构在海外视频平台的在场程度。

海外媒体平台与搜索引擎。Google 是全球最大的搜索引擎，提供 30 余种语言服务，在全球搜索引擎平台上占据主导地位。Google Trends 是基于用户搜索行为的数据平台，可以反映某一时间段内在该平台上的搜索热度，从而整体把握海外关注程度。维基百科是全球任何用户都可以编辑，基于多种语言编写的网络百科全书，也是一个动态的、可自由访问的全球知识体。维基百科是世界最大百科类网站，有着巨大的访问量，对受众来说，它是一个较受信赖的寻找答案、发现事实的平台。维基百科上英文词条完整性能够在一定程度上反映中国主体机构面向全球编辑和完善英文媒体资料的主动性和积极性。

2. 第二层次指标：评价

在"在场"的基础上，进一步从用户平均/最高点赞量、新闻正负倾向、网友评论情感值等指标考察中国主体机构在 Google、Wikipedia、Twitter、Facebook、Instagram、YouTube 六个平台上的"评价"情况。

"评价"可以操作化为受众对海外社交平台、海外视频平台和海外媒体平台信息的反馈，包括海外网民对中国主体机构在海外社交平台上发布内容的态度评价，以及海外主流媒体对中国主体机构的态度，一定程度上可以反映我国主体机构被该地区主流话语圈认可的程度。

采用情感分析的方法对抓取的评论和报道文本进行处理，得到网民态度及海外主流媒体引用态度的量化数据。情感分析是一种将文本态度或倾向性量化的算法，情感值就是将文本的褒贬程度用数据呈现。使用情感分析的方法处理相关主体的谷歌新闻内容、社交媒体内容点赞和评论等，判断受众整体的态度倾向，以检测传播效果是否达到预期，起到积极正面的传播效果。

（二）中国海外网络传播力建设测量指标的权重与算法

1. 具体指标体系权重

本研究采用专家法设立指标和权重。择取 Google、Wikipedia、Twitter、Facebook、Instagram、YouTube 六个平台作为考察维度。各维度下设具体指标，各指标以不同权重参与维度评估，各维度以不同指标共同参与中国主体机构与海外参照机构的海外网络传播力评估。

六个维度共有二级指标 25 个，逐一赋予权重进行量化统计和分析，各项指标权重如表 1 所示。

表 1　具体指标体系权重分布

单位：%

维度	指标	权重	
Google	新闻数量（正负态度）	25	30
	Google Trends	5	
Wikipedia	词条完整性	2.5	10
	一年内词条被编辑的次数	2.5	
	一年内参与词条编辑的用户数	2.5	
	链接情况（What links here）	2.5	
Twitter	是否有官方认证账号	1	15
	粉丝数量	3.5	
	一年内发布的内容数量	3.5	
	一年内最高转发量	3.5	
	一年内最多评论数	3.5	
Facebook	是否有官方认证账号	1	15
	好友数量	4.6	
	一年内发布的内容数量	4.7	
	一年内最高赞数	4.7	

续表

维度	指标	权重	
Instagram	是否有官方认证账号	1	15
	粉丝数量	2.8	
	一年内发布的内容数量	2.8	
	一年内最多回复数量	2.8	
	一年内图文最高点赞量	2.8	
	一年内视频最高点击量	2.8	
YouTube	是否有官方认证账号	1	15
	订阅数量	4.6	
	一年内发布的内容数量	4.7	
	一年内最高点击量	4.7	

2. 具体算法

中国海外网络传播力得分是由各个指标具体数据乘以相应系数，加权然后相加得到的。确定考察主体机构名单，根据测量方法获取名单中每个主体的具体指标数据后，具体算法如下。

首先，数据整理。将非定量数据转化成定量数据，非定量数据所在指标分别为：Wikipedia中的"词条完整性"。Twitter中的"是否有官方认证账号"。Facebook中的"是否有官方认证账号"。Instagram中的"是否有官方认证账号"。YouTube中的"是否有官方认证账号"等。

其次，计算各个指标的校正系数X_{ij}。由于各项指标之间的数量级不同，为了平衡各项指标的数据差距，以确保各项指标在总体中所占的比重能够达到既定的权重，我们根据表1所列的指标权重计算每个指标的校正系数，计算参见公式（1）。

最后，计算出每一个主体机构的海外网络传播力的综合指数和单一指数。计算分别参见公式（2）和公式（3）。

$$X_{ij} = \frac{K_{ij}A}{a_j} \tag{1}$$

$$Y = \sum_{i=1}^{6} \sum_{j} a_{ij} X_{ij} \qquad (2)$$

$$Y_i = \sum_{j} a_{ij} X_{ij} \qquad (3)$$

Y：任意主体机构的海外网络传播力的综合指数。

Y_i：任意主体机构的海外网络传播力的单一指数，例如 $i=1$，Y_i 代表任意主体机构在 Google 搜索上的海外网络传播力。

a_{1j}：Google 搜索任意指标的数值，$j=1$，2。

a_{2j}：Wikipedia 任意指标的数值，$j=1$，2，3，4。

a_{3j}：Twitter 任意指标的数值，$j=1$，2，3，4，5。

a_{4j}：Facebook 任意指标的数值，$j=1$，2，3，4。

a_{5j}：Instagram 任意指标的数值，$j=1$，2，3，4，5，6。

a_{6j}：YouTube 任意指标的数值，$j=1$，2，3，4。

K_{ij}：任意指标的权重。

a_j：任意指标的均值。

A：所有指标的均值的和。

三 2020年中国大学海外网络传播力测量

高等学校"双一流"建设是继"985工程""211工程"之后我国高等教育领域的又一国家战略，着力于提升中国高等教育综合实力和国际竞争力。随着"双一流"建设的推进，我国大学在国际上的传播能力，在一定程度上反映了"双一流"建设的成效。

互联网技术的普及应用，使各个国家和地区跨越国界和地域成为一个地球村。中国正以积极、开放的态度走向世界。作为国家科技和人才发展重要名片之一，中国大学的海外网络传播力既是大学国际化的一个组成部分，也是国家"走出去"战略的重要构成部分。

本部分以中国大学为对象，运用所建立的中国海外网络传播力测量体系,测量中国大学海外网络传播力。研究团队选取了141所我国内地大学(涵盖全部"双一流"大学和原211大学)、42所我国港澳台大学作为研究对象,并以4所日韩大学、4所美国大学为参照分析,从Google、Wikipedia、Facebook、Twitter、Instagram、YouTube六个平台采集数据进行分析,考察2020年中国大学的海外网络传播力建设现状。

研究发现:2020年我国大学的海外网络传播力具有以下特征。

(1)在2020年的内地大学海外网络传播力综合指数排名中,前十名大学依次为:清华大学、北京大学、上海交通大学、浙江大学、南京航空航天大学、天津大学、中国美术学院、复旦大学、华中科技大学和华东师范大学。清华、北大、浙大和复旦连续5年进入前十(见图2),天津大学、中国美术学院和南京航空航天大学名次进步较大。

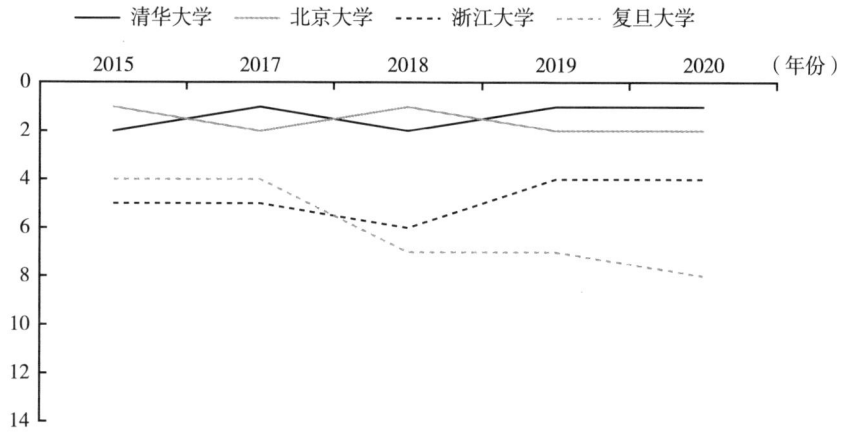

图2 清华大学、北京大学、浙江大学、复旦大学近5年
海外网络传播力综合排名变化情况

(2)海外网络传播力与QS排名有显著相关关系。将本次研究对象包含的25所大学的海外网络传播力排名与QS世界大学排名做相关性分析,发现QS世界大学排名与中国大学海外网络传播力排名呈显著相关,一定程度上反映出两者相辅相成、共同推动大学整体海外形象建设和整体实力提升(见表2)。

表2 QS世界排名前500的内地大学海外网络传播力排名

序号	学校名称	海外网络传播力排名	QS排名	序号	学校名称	海外网络传播力排名	QS排名
1	清华大学	1	15	14	中国科学技术大学	19	93
2	北京大学	2	23	15	北京理工大学	20	392
3	上海交通大学	3	47	16	上海大学	21	387
4	浙江大学	4	53	17	北京航空航天大学	25	449
5	天津大学	6	387	18	同济大学	26	256
6	复旦大学	8	34	19	山东大学	30	485
7	华中科技大学	9	396	20	南开大学	33	377
8	武汉大学	11	246	21	西安交通大学	37	303
9	厦门大学	12	432	22	吉林大学	39	493
10	北京师范大学	14	279	23	华南理工大学	54	462
11	中山大学	15	263	24	东南大学	59	493
12	南京大学	16	124	25	北京科技大学	94	446
13	哈尔滨工业大学	18	260				

（3）内地大学排名第一与美国大学排名第一差距缩小，开始超出港澳台大学。将最近5年内地大学海外网络传播力第1名的高校传播力指数与同年港澳台大学、美国参照大学和日韩参照大学第1名分别进行对比，发现内地排第1名的高校海外网络传播力整体处于提升态势，与美国参照大学差距有所缩小，开始超过港澳台大学与日韩参照大学（见表3）。

表3 内地大学第1名与各参照大学传播力指数比较

单位：%

传播力指数相比	2015年	2018年	2019年	2020年
内地大学本年第一/内地大学本年第一	100	100	100	100
内地大学本年第一/美国参照大学本年第一	9.0	17.4	16.9	27.3
内地大学本年第一/日韩参照大学本年第一	146.1	265.6	245.4	270.3
内地大学本年第一/港澳台大学本年第一	108.7	183.0	236.1	274.3

(4）因为新冠肺炎疫情议题，武汉五所高校海外网络传播力排名上升，部分医学类专业高校在 Google 新闻搜索数量上相对于上年有较多的增长。华中科技大学、武汉大学进入前十五，华中科技大学进入前十，社会关注度增高；华中师范大学、华中农业大学和中南财经政法大学相较于 2019 年上升超过 15 个名次，进步明显；以北京协和医学院、南京中医药大学、北京中医药大学等为代表的医学类专业高校在 Google 新闻搜索数量上相对于上年有较多的增长（见表 4 和表 5）。

表 4　Google 新闻搜索数增长最多的前五所医学类高校统计

单位：条

大学名称	新闻搜索增长数量
北京协和医学院	530
南京中医药大学	172
北京中医药大学	158
天津医科大学	96
第二军医大学	86

表 5　武汉五所高校近两年海外网络传播力排名名次上升和 Google 新闻搜索数增长情况

单位：名，条

大学名称	名次上升数	Google 新闻搜索增长数量
华中科技大学	4	1314
武汉大学	7	2990
华中师范大学	17	771
华中农业大学	28	121
中南财经政法大学	43	81

(5）内地大学整体上对海外社交平台建设重视程度还不够高，关注度与活跃度普遍偏低，整体上仍需进一步加强"走出去"的传播力建设。从 Twitter、Instagram、Facebook 和 YouTube 四个海外社交平台来看，内地大学相对于参照大学的海外网络传播力建设仍有较大差距，海外社交平台建设不完善、不系统，对平台运营不重视、不活跃，绝大多数内地大学在海外社交平台传播力建设上低迷、存在感弱，未来需高度重视、重点发力。

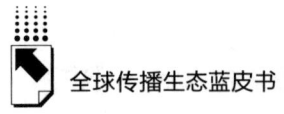

四 2020年中央企业海外网络传播力测量

中央企业是我国国民经济的重要组成部分,在关系国家安全和国民经济命脉的主要行业和关键领域占据支配地位,是国民经济的重要支柱之一。随着经济全球化、对外开放、央企国际化程度不断加大,国际社会对我国央企的关注度也会不断提高。在国际舆论"聚光灯"下的中央企业如何塑造良好国际形象,如何更好传播中国声音,这既是企业自身品牌文化建设问题,也是我国国际传播能力的建设问题。

本部分以中央企业为对象,运用建立的中国海外网络传播力测量体系,测量中央企业海外网络传播力。2020年,该研究选取了国务院国有资产监督管理委员会下属的97家中央企业作为研究对象,从集团层面开展研究,并选择中国民营企业500强中的第1名华为技术有限公司与目前世界第一大石油公司荷兰皇家壳牌集团作为对比参照。挖掘Google、Wikipedia、Facebook、Twitter、Instagram、YouTube六个平台数据开展分析。

研究发现:2020年我国中央企业海外网络传播力具有以下特征。

(1) 海外网络传播力综合指数排名前十的央企依次为:中国移动通信集团有限公司、中国电力建设集团有限公司、中国东方航空集团有限公司、中国中车集团有限公司、中国南方航空集团有限公司、中国建筑集团有限公司、中国石油化工集团有限公司、中国医药集团有限公司、中国铁路工程集团有限公司和中国航空集团有限公司(见表6)。

(2) 中国移动、东航、南航和中国石化连续5年进前十,中国电力、中国医药、中铁和中车连续5年进步明显。中国移动自2018年后海外网络传播力综合排名逐年攀升,在"5G元年"2020年位居榜首(见图3和图4)。

(3) 航空和通信类央企多个维度表现亮眼。中国南方航空在Google、Wikipedia、Twitter、Facebook、Instagram、YouTube共6个维度中均位于前十名,中国东方航空、中国移动在5个维度中进入前十名(见表7)。

表6 近5年中央企业海外网络传播力综合指数前十名榜单

排名	2016年	2017年	2018年	2019年	2020年
1	中国东方航空集团有限公司	中国南方航空集团有限公司	中国南方航空集团有限公司	中国航空集团有限公司	中国移动通信集团有限公司
2	上海贝尔股份有限公司	中国东方航空集团有限公司	中国航空集团有限公司	中国南方航空集团有限公司	中国电力建设集团有限公司
3	中国南方航空集团有限公司	中国移动通信集团有限公司	中国东方航空集团有限公司	中国中车集团有限公司	中国东方航空集团有限公司
4	中国海洋石油总公司	国家电力投资集团有限公司	中国石油化工集团有限公司	中国石油化工集团有限公司	中国中车集团有限公司
5	中国冶金科工集团有限公司	中国航空集团有限公司	国家电力投资集团有限公司	中国东方航空集团有限公司	中国南方航空集团有限公司
6	中国化工集团公司	中国石油化工集团有限公司	中国中车集团有限公司	中国移动通信集团有限公司	中国建筑集团有限公司
7	华润（集团）有限公司	中国中车集团有限公司	中国移动通信集团有限公司	中国电信集团有限公司	中国石油化工集团有限公司
8	中国移动通信集团有限公司	东风汽车集团有限公司	东风汽车集团有限公司	中国联合网络通信集团有限公司	中国医药集团有限公司
9	中国石油天然气集团有限公司	中国电信集团有限公司	中国联合网络通信集团有限公司	国家电力投资集团有限公司	中国铁路工程集团有限公司
10	中国石油化工集团有限公司	中国商用飞机有限责任公司	中国第一汽车集团有限公司	华润（集团）有限公司	中国航空集团有限公司

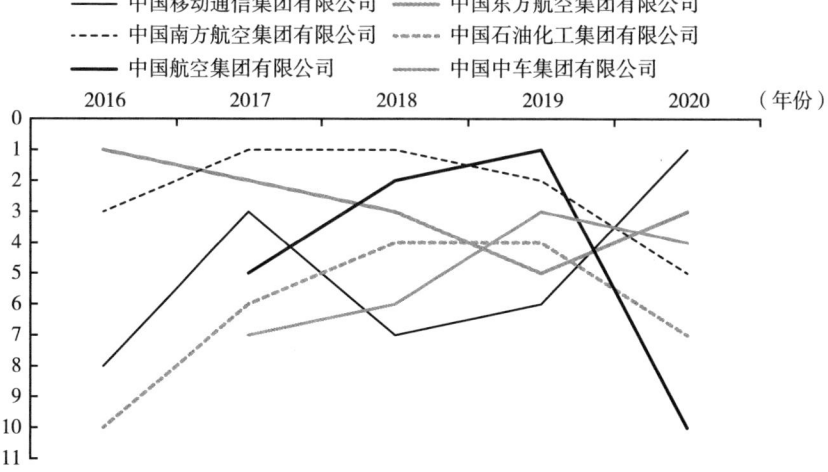

图3 中国移动、东航、南航和中国石化连续5年进前十

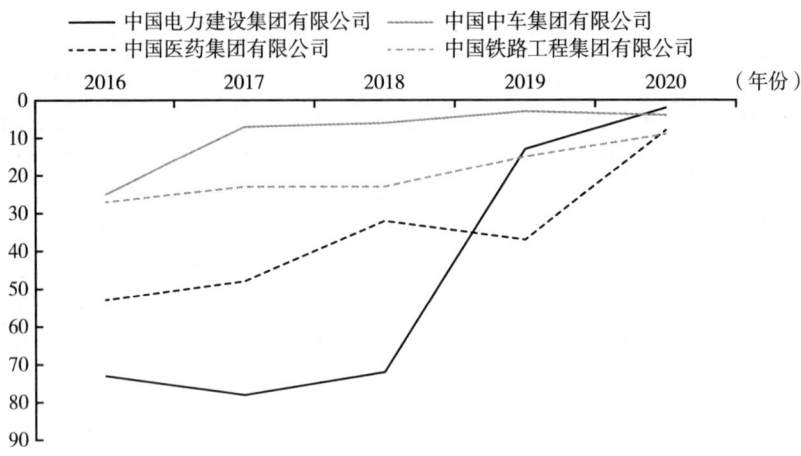

图 4　中国电力、中国医药、中铁和中车连续 5 年进步明显

表 7　各维度传播力排名前十企业

排名	Google	Wikipedia	Twitter
1	中国医药集团有限公司	中国南方航空集团有限公司	中国电力建设集团有限公司
2	中国铁路工程集团有限公司	中国联合网络通信集团有限公司	中国东方航空集团有限公司
3	中国石油化工集团有限公司	中国东方航空集团有限公司	中国南方航空集团有限公司
4	中国海洋石油集团有限公司	中国移动通信集团有限公司	中国石油化工集团有限公司
5	中国石油天然气集团有限公司	中国电信集团有限公司	中国建筑集团有限公司
6	中国移动通信集团有限公司	中国航空工业集团有限公司	国家电力投资集团有限公司
7	中国远洋海运集团有限公司	中国航空发动机集团有限公司	中粮集团有限公司
8	中国南方航空集团有限公司	中国船舶集团有限公司	中国中车集团有限公司
9	中国东方航空集团有限公司	中国铁道建筑集团有限公司	中国航空集团有限公司
10	中国有色矿业集团有限公司	中国交通建设集团有限公司	中国石油天然气集团有限公司
排名	Facebook	Instagram	YouTube
1	中国东方航空集团有限公司	中国第一汽车集团有限公司	中国移动通信集团有限公司
2	中国航空集团有限公司	中国南方航空集团有限公司	中国中车集团有限公司
3	中国移动通信集团有限公司	中国移动通信集团有限公司	中国建筑集团有限公司
4	中国交通建设集团有限公司	中国铁路工程集团有限公司	中国电力建设集团有限公司
5	中国建筑集团有限公司	中国建筑集团有限公司	中国石油化工集团有限公司
6	中国中车集团有限公司	中国中车集团有限公司	中国电信集团有限公司

续表

排名	Facebook	Instagram	YouTube
7	中国石油化工集团有限公司	中国东方航空集团有限公司	中国南方航空集团有限公司
8	国家电力投资集团有限公司	中国铝业集团有限公司	中国铝业集团有限公司
9	中国南方航空集团有限公司	中国机械工业集团有限公司	中国海洋石油集团有限公司
10	中国长江三峡集团有限公司	中国电力建设集团有限公司	中国机械工业集团有限公司

（4）中国一汽位于Instagram榜首，老牌央企也可以"玩转"新兴平台。作为"共和国长子"的中国第一汽车集团有限公司在备受年轻人欢迎的Instagram平台传播效果较好，居Instagram维度传播力指数第1位。三点值得借鉴，一是注重图片质量，二是大量使用相关标签，三是善于与用户交流互动。

（5）疫情全球化背景下，中国医药加速得到关注，航空类央企传播力名次相对小幅下降。在疫情环境下，中国医药集团有限公司首次挺进综合指数排名前十（居第8位）；尽管三家航空类央企依然位居前十，取得了较好排名，但是其中两家航空类央企排名都有小幅下降。

（6）融入传统文化元素，推动央企文化更好"走出去"。中交建发布关于成祥古镇中古建筑的帖子，既展现古建筑和慢生活，也展示了中交建团队在建筑修复和翻新领域的技术成就。东航多次发布中国传统节日和二十四节气相关帖子，获得较高点赞量。

（7）央企的视频传播意识有待提高，YouTube平台入驻率较低。97家央企中有20家企业拥有YouTube账号，无一家央企进行官方认证，年平均发布数量为4.7条。在短视频时代，央企应提高短视频传播意识，通过视频构造或还原场景，进行生动、直观和丰富的对外传播。

（8）央企入驻Twitter、Facebook、Instagram三大国外社交媒体比例三年来逐年攀升，但是在官方认证和用户互动方面有待提高。其中，Twitter和Instagram平台近三年入驻数量增长比例最多，皆为18.4个百分点。Twitter、Facebook进行官方认证的央企都仅占总数的6.2%，Instagram平台中，进行官方认证的央企仅占总数的2.1%（见图5和图6）。

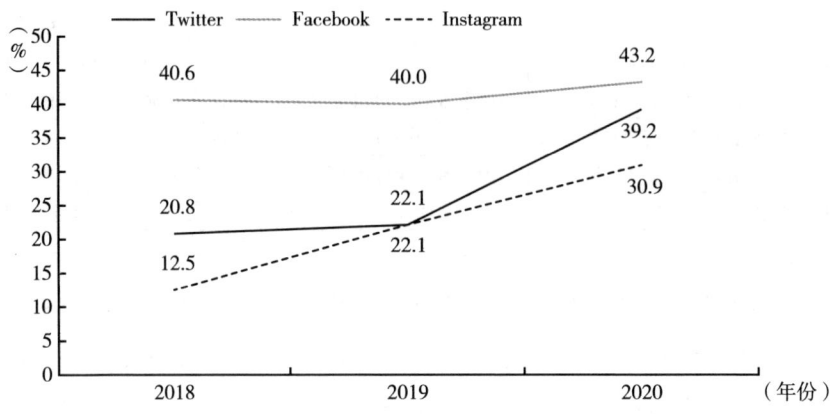

图5　97家央企近3年社交平台入驻比例

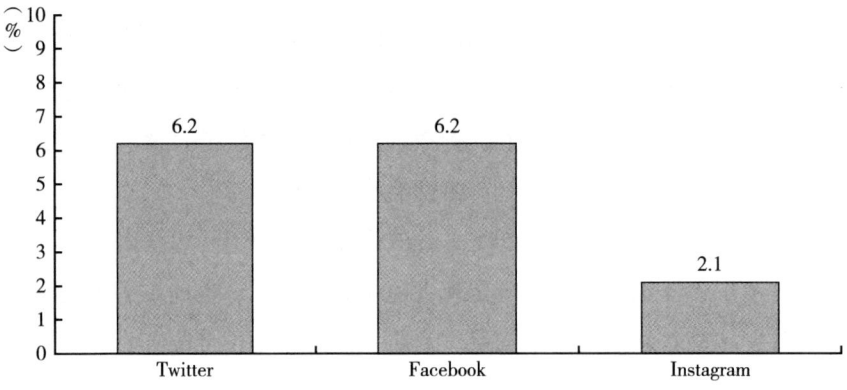

图6　97家央企3个社交平台认证情况

五　结语

本报告建立的中国海外网络传播力评估指标体系，从传播者角度着手，基于"在场"和"评价"两个层次，综合考察中国主体机构在海外社交平台、视频平台、媒体平台与搜索引擎的运营状况，以及用户评论、点赞等评价情况，以此评估国内机构的海外网络传播力。以中国大学和央企海外网络传播力测量为例，从Google、Wikipedia、Facebook、Twitter、Instagram、

YouTube 采集数据，考察中国大学、央企在这些海外平台的账号建设和网友评价情况，以此测量各高校、央企海外网络传播力，并分析传播力的差异和变动。

对高校、央企等中国机构的海外网络传播力测量，可以从侧面反映我国机构的国际传播能力建设情况。一方面，我国大学、企业等机构的国际传播能力有所提高，尤其是一些排名靠前的大学和央企，重视国际传播能力建设，在账号建设和新闻报道等方面都有较好数据表现。另一方面，整体上我国的大学和央企等机构的国际传播能力还有较大提升空间，还有一定比例机构连基本的社交媒体账号建设都没有完成，国际传播建设意识还不够强。

海外网络平台是国际传播建设的重要渠道，如何利用海外网络平台塑造机构形象，第一步可以对标本报告的海外网络传播力建设测量体系来开展建设。本报告的海外网络传播力建设测量指标体系也只是"在场""评价"层次内容，要做更有深度的国际传播能力效果测量，下一步还需要在"承认"和"认同"层次设计指标。

市场—生态篇

Reports on Market and Ecology

B.7
变局与变数：新冠肺炎疫情下的全球新闻传播发展趋势[*]

史安斌 童桐 张金牛[**]

摘 要： 2020年的新冠肺炎疫情席卷全球，必将成为改写人类历史进程的重大事件。这场疫情给新闻传媒业带来的影响无疑是巨大的，本文对新冠肺炎疫情以来全球新闻媒体发展过程中的"变局"和"变数"进行梳理，重点关注新冠肺炎疫情期间的媒体商业模式创新、虚假信息治理以及媒体文化变迁等主题，以期为相关部门及媒体同行准确把握和认知后疫情时代的新闻传播变局提供借鉴。

---

[*] 本文系教育部哲学社科基金重大攻关项目"新时代中华文化走出去策略研究"（项目批准号：18JZD012）阶段性研究成果。
[**] 史安斌，清华大学新闻与传播学院副院长、教授；童桐，清华大学新闻与传播学院博士研究生；张金牛，清华大学新闻与传播学院硕士研究生。

变局与变数：新冠肺炎疫情下的全球新闻传播发展趋势

关键词： 信息疫情　全球新闻　社交媒体　平台媒体

　　毋庸置疑，2020年席卷全球的新冠肺炎疫情必将成为改写人类历史进程的重大事件。新冠肺炎疫情全球大流行伴随着美国"黑命贵运动"（Black Lives Matter）、美国总统选举等重大新闻事件纷至沓来，新闻媒体在抗疫、抗议与争议的多重夹击中不断调整自身的定位和角色。而2021年新冠变种病毒"德尔塔"（Delta）的出现则意味着新冠肺炎疫情有可能成为人类社会所面临的"常态性危机"。对全球新闻传播业而言，这场旷日持久的新冠肺炎疫情究竟是一场天翻地覆的大变局，还是无数孕育更深层次变革的"小变数"（micro-trend）？人类进入21世纪以来，数字时代的新闻传媒业经历了一场巨大的变迁和转折，其深度和广度及其对人类社会所产生的影响足以比肩15世纪由印刷术普及引领的"谷登堡革命"。当数字化变革与新冠肺炎疫情意外影响相遇时，会对人类产生怎样的影响？是像当代思想家齐泽克（Slavoj Zizek）所说，"新冠"之后不会恢复常态，"我们将不得不发明一种全新的生活方式"，还是等疫情过去，一切都会转归旧轨？[①] 对此，回顾新冠肺炎疫情之中的"变局"和"变数"，深入透析媒体与社会关系的变化趋势对我们理解这一问题存在启发性。

　　对于这场突如其来的疫情，许多人将其比作"黑天鹅"事件。按照首先提出这一概念的管理专家塔勒布（Nassim Taleb）的定义，"黑天鹅"事件虽然有强烈的意外性，并可能会产生重大影响，却是可解释和可预测的。还有一些人把这场疫情比喻为"灰犀牛"事件。按照这个概念的提出者、政策分析师沃克尔（Michele Wucker）的定义，"灰犀牛"是明显的重大风险隐患，但由于各种原因未能及时加以防范和制止。实际上，上述这两个比喻似乎都不够准确。"新冠"病毒并非突然降临的异类"黑天鹅"，从2003

---

① "Zizek: There will be No Return to Normality After Covid. We are Entering a Post-human Era & will Have to Invent a New Way of Life", https://www.rt.com/op-ed/508940-normality-covid-pandemic-return/.

年的SARS大流行到2012年在中东地区和韩国暴发的MERS疫情等，冠状病毒一直以各种形式向人类发起突袭。同样它也不是沃克尔所形容的"径直冲你狂奔而来的灰犀牛"，前几次的冠状病毒来袭和流感暴发在烈度和广度上均无法与"新冠"相比。美英等西方国家对新冠肺炎疫情迟迟不采取防御措施，错过了抗疫"黄金窗口期"，最终造成疫情在各国相继暴发直至失控。

相比之下，美国科技新闻初创网站（Meedan）的创始人肖安（An Xiao Mina）的比喻更为贴切，她将新冠肺炎疫情称为"矿井金丝雀"。有经验的煤矿工人通过在矿井中饲养的金丝雀的叫声来判断瓦斯泄漏与否。如果金丝雀窒息死去，那就说明瓦斯浓度即将上升到致命的程度，井下人员应当迅速撤离。从这个意义上说，把这场疫情比作"黑天鹅"或"灰犀牛"都是一种简单化的认知。新冠肺炎疫情所引发的社会问题仅仅是一种表象，背后有更深层次的结构性问题，包括政治极化、种族偏见、阶层分裂、生态恶化等。这些问题由来已久，由此引起的各类矛盾冲突频发，但都像金丝雀微弱的叫声一样没有引起人们的关注。甚至于直到金丝雀死亡，人们还是安之若素，没有及时撤离危险区，这与新冠肺炎疫情初期部分国家对待新冠肺炎疫情的态度何其相似。

如果说"黑天鹅"和"灰犀牛"的比喻都预示着一场大变局——只不过前者是小概率的，而后者是大概率的，那么"矿井金丝雀"的比喻提醒我们要关注的是容易被人们忽略的诸多"变数"，它们往往也是导致大变局的直接诱因。① 这场疫情让我们认识到"人本中心"的现代性理念中存在的深层次矛盾——忽略了土地、空气、水、动植物等"非人类"因素在现代化过程中所产生的影响。从更为宏观的层面来分析，资本主义和殖民主义才是包括"新冠"、金融海啸、气候变化在内的种种危机之滥觞所在。正如传播学宗师凯瑞（James Carey）在1974年发表的《新闻史的问题》中指出的

---

① An Xiao Mina, "2020 isn't a Black Swan —It's a Yellow Canary", https：//www.niemanlab.org/2020/12/2020-isnt-a-black-swan-its-a-yellow-canary/.

那样，新闻业仅仅报道重大事件本身，满足于划分敌友，却忽视了事件背后的制度、机构和潜在的历史条件。换言之，新闻报道应当从对单个事件的关注转向对其所处的"制度性语境"及被其所边缘化的群体的深入挖掘。深度解析大变局下的小变数正是凯瑞所说的推动新闻业"转向"的切入点。基于此，本文对新冠肺炎疫情发生至今全球新闻媒体发展过程中的"变局"和"变数"进行梳理，重点关注新冠肺炎疫情期间的媒体商业模式创新、虚假信息治理以及媒体文化变迁等主题，以期为相关部门及媒体同行准确把握和认知后疫情时代的新闻传播变局提供借鉴。

一 主流媒体的"回暖"及"复位"

突如其来的新冠肺炎疫情让全球传媒业陷入了危机，但也为一些主流媒体机构带来了近十年来最强劲的营收增长，加速了传统媒体机构的转型，这被认为是疫情期间最引人注目的"变数"之一。近年来，传统媒体在数字化转型的浪潮中举步维艰，除了《纽约时报》等个别成功案例之外，绝大多数的传统媒体机构难以摆脱营收和公信力双双下跌的困境。但这场疫情的突如其来和反复发作，使受众对科学、可靠、准确的新闻报道的需求进一步增加。西方公众对社交平台的信任程度进一步降低，产生了"假新闻倦怠"，加之"禁足令"的实施让人们只能留在家中，传统媒体获得了"意外复兴"的契机。

疫情期间，电视台和报纸等传统媒体机构恢复了新闻"供给侧"主渠道的地位，品牌黏性显著提升。从这个意义上看，疫情极大地缓解了传统主流媒体逐年被边缘化的颓势。其中，电视媒体复苏的势头最为迅猛。新冠肺炎疫情最为严重时期，电视新闻的收视率几乎在所有国家稳步提升。权威媒体品牌影响力的回升态势更为强劲，英国广播公司电视节目晚间收视率在2020年增长了30%左右，其王牌栏目《六点新闻》的日平均收视人数为520万人，比2019年增长了19%。而英国首相约翰逊呼吁全体国民"居家禁足"的讲话成为英国史上观看人数最多的电视节目之一，仅在大屏端就

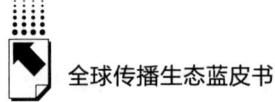

有2700万人收看直播节目。欧洲广播联盟的数据也显示，疫情大流行后的半年内，欧洲各国主要电视机构的收视率平均增长了14%。[1]

晚间新闻复归C位是此次疫情期间传媒业的一大亮点。晚间新闻曾经是形塑国家认同和政治共识的主要渠道。互联网和社交平台兴起以后，电视晚间新闻收视率大幅下降，逐渐从美国人的日常生活场景中淡出。但在疫情期间，许多美国人恢复了收看晚间新闻的习惯，其广告总收入同比增长11%。社交和生活方式的剧变也培养了年轻用户群体看电视的习惯，在英国，疫情期间35岁以下收看电视新闻的人增加了23%。[2]

疫情期间主流媒体的"回暖"也体现在媒体强劲的营收增长上。2020年整年美国电视晚间新闻广告收入同比增长11%，超过了2012年和2016年大选报道期间的业绩。值得一提的是，由老牌主流媒体运营的新闻网站也获得了显著的流量增长。2020年疫情初期，BBC新闻网站的本土流量翻了一番。BBC新闻网站通过数据化和视觉化的方式创新疫情报道，在新闻视觉化的品质和水准上胜过了社交平台和视频网站，吸引了大量用户。美国大选与疫情的双重叠加为美国电视业带来了强势复苏的机遇。福克斯新闻台的收视率创下了2007年以来的新高，其广告收入增长高达41%，这样的业绩即便与电视业黄金时代的大选之年相比也毫不逊色。有线电视新闻网和微软—全国广播公司虽然在广告收入上分别下降14%和27%，但其观众数量和收视率均出现了显著增长。

欧美主流媒体一度标榜自身的"理中客"报道方针，但在疫情之初，欧美主流媒体出于意识形态偏见对中国实施的严格抗疫措施进行了妖魔化报道和解读，同时还刻意放大了"灾难只会降临在别人身上"的"第三人效应"。随着疫情的蔓延和发展，欧美主流媒体开始回归凝聚社区共识的"小

---

[1] "Boris Johnson's Covid – 19 Address is One of Most Watched TV Programmes Ever", https://www.theguardian.com/tv – and – radio/2020/mar/24/boris – johnsons – covid – 19 – address – is – one – of – most – watched – tv – programmes – ever.

[2] Pew Research Center, "Coronavirus Driven Downturn Hits Newspapers Hard as TV News Thrives", https://www.journalism.org/2020/10/29/coronavirus – driven – downturn – hits – newspapers – hard – as – tv – news – thrives/.

变局与变数：新冠肺炎疫情下的全球新闻传播发展趋势

镇公告员"的角色，回归"主流化"，用及时而专业的事实核查抵御"信息疫情"（infodemic）的挑战，满足了受众对于真相和权威信息的渴求。可见，对于传统媒体而言，疫情带来的不仅是传统产品和渠道的回归，更为重要的是新闻价值和公信力的回归。

在权威信息成为疫情中的稀缺资源之时，媒体竞争逻辑从"量"到"质"的转型趋势愈发明显。具体来看，新冠肺炎疫情期间的新闻传媒业在产品、渠道和价值取向上都体现出了向传统回归之势。就疫情报道而言，主流媒体擅长的深度报道和"解释性新闻"得到了受众的广泛认可，超过60%的民众认为，传统媒体在帮助普通民众了解危机程度和提供信息指导方面表现更好。① 这使新冠肺炎疫情期间，全球各国的新闻消费普遍增长，对传统主流媒体的信任度显著提升。牛津大学路透新闻研究院（RIJS）对美、英、德、韩、西班牙、阿根廷等六个国家的研究显示，越来越多的人将电视新闻及主流媒体作为其主要新闻来源。尤其是在抗疫信息方面，59%的受众相信传统新闻媒体提供的抗疫信息，仅排在医生和科学家（83%）、各国公共卫生部门（76%）和世卫组织（73%）等专业性信源之后。相比之下，相信谷歌等搜索引擎的为45%，相信政治人物的仅为35%，相信Facebook、Twitter等社交平台的则低至26%。这充分说明，此次疫情期间，传统新闻媒体的角色重新归位，发挥了公共传播体系"神经中枢"的作用。②

但在以美国为代表的社会分裂更加严重的国家，公众的新闻消费增长率及信任度则相对较低，这种状况显然与上述这些国家的抗疫失败和政治因素的干扰密切相关。③ 在美国，除福克斯以外，带有鲜明党派倾向的电

---

① Felix Simon, "Communications in the Coronavirus Crisis: Lessons for the Second Wave", https://reutersinstitute.politics.ox.ac.uk/communications-coronavirus-crisis-lessons-second-wave.
② Pew Research Center, "Coronavirus Driven Downturn Hits Newspapers Hard as TV News Thrives", https://www.journalism.org/2020/10/29/coronavirusdriven-downturn-hits-newspapers-hard-astv-news-thrives/.
③ Nic Newman, "Executive Summary and Key Findings of the 2020 Report", https://www.digitalnewsreport.org/survey/2020/overview-key-findings-2020/.

视台和网站等媒体机构的流量增长与同行相比较为缓慢。在这种极化的政治和生态当中,即使是相对中立的媒体也会遭到不同政治派别的批评与抵制。①2016年以来美国"自由派"与"保守派"媒体之间的分歧与对抗日益显著,而疫情的暴发更是加剧了这一趋势。研究表明,依赖福克斯新闻台等保守派媒体的共和党受众更容易相信有关新冠肺炎的谣言和阴谋论。②

不过随着疫情的持续发展以及大选等重要政治事件的临近,美国主流媒体也开始转变自身定位,复位"主流化",更为客观地报道疫情信息及政治新闻。从媒体机构总编和高管的角度来看,高达88%的受访者认为,经过2020年这场充斥着阴谋论和假新闻的"信息疫情"的洗礼,"不偏不倚"已经成为2021年全球新闻报道的主流。从2020年初的大疫到年中的抗疫,再到年底的大选,传统媒体的报道倾向逐渐回归中立。尤其是当拜登当选已经成为既成事实时,一贯"立场先行"的福克斯新闻台等"准党派"媒体也开始向中间立场靠拢。

新冠肺炎疫情为传统新闻机构带来了意外的关注和流量。也有学者担心,随着疫情防控逐渐常态化,社会正常活动开始恢复,传统媒体获得的"信任光环"恐怕难以持久。许多受访者表示,虽然在危机当中会选择具有较强公信力的媒体品牌,但在通常情况下,新闻报道内容本身是否具有吸引力才是受众做出选择的主要标准。从全球范围来看,此次疫情重新激发了人们对"客观新闻"的关注,虽然2016年以来党派新闻的复兴在一定程度上破坏了"理中客"的新闻价值取向,但大多数受众仍然愿意看到没有特定立场偏向、完整呈现各方立场的新闻报道。即使在政治极化倾向愈演愈烈的美国,"沉默的大多数"也在努力寻找"更为完整"的新闻报道。牛津大学路透新闻研究院的相关调查显示,疫情期间60%的受访者表示更愿意接受

---

① Nic Newman,"Executive Summary and Key Findings of the 2020 Report",https://www.digitalnewsreport.org/survey/2020/overview-key-findings-2020/.
② 史安斌、童桐:《抗疫与抗议夹击中的美国新闻媒体:角色与影响》,《青年记者》2020年第29期。

变局与变数：新冠肺炎疫情下的全球新闻传播发展趋势

没有预设立场或特定倾向的"客观新闻"，只有少数人（28%）喜欢分享那些强化自己原有立场或倾向的新闻。来自《纽约时报》的用户调查也印证了这一观点。

二 社交平台的"井喷"与"大考"

疫情期间的"禁足令"显著地增加了用户社交媒体使用时长，加之新冠肺炎疫情不确定性所导致的"信息焦虑"，"永久在线"愈发成为社交媒体用户的生活常态。疫情期间新媒体平台同样获得了可观的增长。调查显示，虽然疫情期间受众每周在电视新闻上花费的时间平均上升了5%，但是他们普遍采用"大屏观看、小屏搜索和分享新闻"的媒体使用模式，互联网和社交平台的流量也同步上升。新冠肺炎疫情期间为避免疫情广泛传播而实行的居家隔离政策使全球社交媒体成为网民与外界联系的主要信息渠道。新冠肺炎是人类进入社交媒体时代暴发的首次全球大流行病。在疫情期间，美国人每天的平均上网时长超过9小时。尽管仍有58%的美国人关注全国和地方新闻媒体的疫情报道，但对于18～29岁和30～49岁的用户而言，把社交平台作为首要信源的占比分别为48%和40%，这也意味着社交平台成为美国中青年人在"抗疫"期间所依赖的新型主流媒体。①

具体来看，全球数据门户网站Statista针对16～64岁年龄段网民的在线调查发现，自欧美国家发生疫情后，近一半的网民增加了对Facebook、Instagram、Twitter等社交媒体的使用，这几家社交媒体平台也愈发成为广告市场的主要增长阵地。疫情期间，社交媒体成为网民了解疫情相关信息、进行社会交往的主要渠道，仅Facebook上的信息发送频率便增加了50%。伴随而来的是YouTube、Instagram上的KOL也增加了其在社交媒体上的更新

---

① Pew Research Center, "Americans Who Mainly Get Their News on Social Media are Less Engaged, Less Knowledgeable", https：//www.journalism.org/2020/07/30/americans - who - mainly - get - their - news - on - social - media - are - less - engaged - less - knowledgeable/.

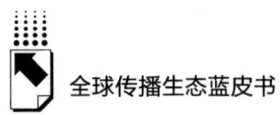

频率,Instagram 上 KOL 的更新频率增幅达到了 50%。①

虽然社交平台和视频网站被认为是各类虚假信息的发源地和集散地,但这并没有影响它们进入流量增长和规模扩张的"井喷期"。在 RIJS 调查的 40 个国家和地区中,社交平台和视频网站的使用在大多数国家和地区均出现显著增长的势头。其中 WhatsApp 总体上增长最快,在一些国家和地区甚至超过 10%。51% 的受访者使用至少一种社交平台进行联络和信息分享。在疫情初期有 24% 的受访者使用 WhatsApp 查找、讨论或分享有关疫情的新闻,同比上升了 7 个百分点。18% 的受访者在 Facebook 或 WhatsApp 上加入了新的讨论组,与陌生网友进行互动。还有 51% 的受访者运用社交平台与同事、朋友或家人进行互动,其中有很多人都是第一次使用,这说明疫情期间社交平台的用户规模得以进一步扩张。②

由此可见,虽然大多数用户明知社交平台上虚假信息泛滥,但出于生活习惯和社交需要,他们仍然选择继续从这些平台上接收信息。疫情期间物流和交通需求下降,加之"禁足令"的实施,社交平台上的用户迁移进一步巩固了其在新闻传媒业和整个数字营销行业的优势地位。

新冠肺炎疫情期间,"信息疫情"在社交平台的同步暴发成为全球共同面对的新挑战。在美国,这一问题尤为突出。由于这场"信息疫情"的冲击,人们对网络媒体和社交平台的信任度进一步降低。皮尤(Pew)中心的调查显示,37% 的受访者表示,他们在 Facebook 和 Twitter 等社交平台接触到了由机器人生产或推送的海量"误讯"(misinformation)或出于政治意图投放的"谬讯"(disinformation),诸如新冠病毒是人造的生化武器、可以通过 5G 信号传播,等等。还有 32% 的受访者通过 WhatsApp 等即时通信应用接触到了这类信息。而 Instagram、YouTube 等平台上充斥着大量传播阴谋论和虚假信息的"深度造假"的图片或视频,其传播力和影响力比文字更加

---

① Mediakix, "8 Statistics Showing How Quickly Covid-19 is Changing Social Media", https://mediakix.com/blog/covid-19-changing-social-media-statistics/.
② 史安斌、张金牛:《大变局下的小变数:透视疫情下的西方媒体与社会》,《青年记者》2021 年第 3 期。

变局与变数：新冠肺炎疫情下的全球新闻传播发展趋势

深远。以上问题在疫情趋于平缓的2021年也仍有体现，有关新冠疫苗接种"危害性"的种种谣言严重影响了西方国家疫苗接种的进度，拖延了疫情的整体恢复。总体来看，在四年一度的大选与新冠肺炎疫情相互叠加的背景下，全球互联网和社交平台的治理达到了前所未见的力度，社交媒体平台同样经历了"变数"，也引发了不少争议。

其中首要争议是如何通过对社交平台的有效规制抗击"信息疫情"。对此，Facebook、Twitter等社交平台积极与世卫组织和各国公共卫生部门合作，加大对于假新闻与信息谣言的治理程度，但其结果并不理想。研究表明，相比于Facebook、Twitter等开放社区，此次疫情中的阴谋论更多的是在小范围的共享信息和本地社交网络等封闭社交系统中进行传播，具有显著的"本地性"。表现在于，此次疫情期间全球范围内下载量增长最大的社交平台WhatsApp成为传播阴谋论的重灾区，"5G传播新冠病毒"等谣言便是通过群聊、私人转发等方式在部分收入及受教育水平较低的群体内扩散开来的。因此，对虚假信息的治理不仅要从平台入手，还要针对特定的网络社区精准施策，从而达到标本兼治的目的。

除此以外，社交媒体在面对新冠肺炎疫情这一公共卫生事件时也显示出巨大的治理潜力。平台也在调适自身角色，配合政府开展公共传播，并扮演"数字大使馆"的重要角色。疫情期间的经验表明，未来社交媒体将在政府主导的公共治理中扮演愈发重要的角色。疫情的发生扰乱了社会正常运转，为应对疫情可能带来的次生灾害，社交媒体也为政府主体进行了信息赋能。政府可以投入各类数字资源追踪和消除虚假社交媒体账户，从而限制虚假信息传播，其中最重要的是通过加大信息透明度与虚假信息进行对冲，削弱其影响。疫情期间这一模式的最大亮点是使用聊天机器人向海外公民提供健康信息并更新疫情发展进程的相关新闻。疫情发生初期，随着公众的焦虑情绪不断升级，领事馆和大使馆承受着越来越大的信息压力，来自外部的信息压力要求其更加及时、准确地进行疾病风险预警，向外部传达当局为保护和帮助公众所采取的应对措施。聊天机器人在这一时期开始扮演"数字大使馆"的作用，这是因为大多数国家的海外机构都被疫情期间人员流动工作压力和人力资源的缺乏压得喘不过气，社交机器人可以帮助这些使馆人员更好地分配较为紧张的通信资源。尤其是随着新冠肺炎疫情从亚洲蔓延至欧洲和美国之后，各国开始减少航班、关闭边境，成千上万的外国公民滞留他乡、陷入困境。大使馆和领事馆很快将工作重心转向这一类数字沟通渠道，提供关于返程航班和遣返程序的官方建议。可见，各国大使馆的社交媒体机器人也在遏制虚假信息的实践中起到了一定作用，通过提供及时有效的领事信息援助，社交媒体机器人在危机升级时成功地维护了本国国家形象。

此外，在为用户建立信息服务的过程中，用户也开始对社交机器人产生信息依赖，大使馆的社交媒体机器人变成了受到信任的权威信息源。并且在辟谣过程中，社交媒体机器人会根据谣言进行算法修正，升级对话逻辑和策略以应对未来再次遇到危机时可能出现的挑战。在遏制虚假信息方面，政府部门与平台媒体进行合作也是重要路径之一。多数社交媒体平台已经建立了自己的虚假信息处理中心，在进行危机管理或遏制虚假信息方面已经存在一定经验。例如世界卫生组织、美国疾控中心便与Facebook、Google、Twitter等媒体平台达成合作，Facebook会根据世卫组织的指导对其旗下媒体中的疫情信息进行标记，警示可能造成广泛影响的虚假信息；Google则将其有关疫情的安全提示信息放在新型冠状病毒搜索框的醒目位置。[①]

三 数字化转型大潮喜忧参半

疫情期间，媒体数字化变革进一步提速，甚至比疫情前有大幅提升。在牛津大学路透新闻研究院访问的媒体机构总编或高管当中，有76%的受访者认为，这场疫情对数字化转型起到了推动作用。从创新策略来看，新冠肺炎疫情使主流媒体的"付费墙"进一步成熟，播客、电子邮件新闻等媒体形式成为新闻媒体增加品牌黏性的重要方式。

---

① 史安斌、童桐：《新冠肺炎疫情下的数字公共外交：挑战与创新》，《对外传播》2020年第5期。

变局与变数：新冠肺炎疫情下的全球新闻传播发展趋势

由于疫情所导致的经济衰退和物流不畅，传统的广告订阅模式进一步衰微，数字订阅和"付费墙"模式快速普及。在线新闻付费业务在一些国家实现了显著增长，在美国增长了20%，在挪威高达42%。虽然疫情期间"付费订阅"模式得以加速推进，但其带来的"数字鸿沟"问题随着疫情持续而凸显，强化了不同收入和阶层人群之间的"信息茧房"。更为严重的后果是，低收入阶层和社会边缘群体无法及时获得关于疫情防控的权威信息，给郊区和农村的抗疫工作带来了更为艰巨的挑战。疫情在这些地区的新一波暴发便是明证。一些新闻媒体机构采取了应对措施。英国《金融时报》将与疫情相关的新闻报道排除在付费范围之外。《纽约时报》和西班牙《国家报》则在疫情最为严重的时期选择暂时放弃"付费墙"。但相关调查显示，这种做法不具有普遍性和持续性，如果疫情久拖不决，上述这些举措只能是杯水车薪的权宜之计。

疫情对于依赖印刷媒体和数字广告的小微地方媒体而言影响巨大。面对挑战，一方面，它们通过内部挖潜造血，逐渐摆脱对数字平台的依赖，培养自身的忠实用户并进行付费化转型。在美国、北欧以及德国等地，地方报纸及其网站仍然是当地居民最主要的新闻来源，这一趋势在疫情期间得以强化。另一方面，地方媒体通过提供定制化内容、开发"新闻简报播客"等新产品来增加在线新闻收入，并通过增加长篇报道和新闻分析为主的"增值内容"来培育忠实用户。在全国性主流媒体因营收压力纷纷裁撤地方新闻之时，一些小微地方媒体抓住机遇，通过将内容版权和转播权卖给有线电视网提供商等方式来赚取利润，以此填补了广告营收下降所导致的亏空。①

"付费墙"之外，疫情期间播客的异军突起以及电子邮件新闻的回归说明新闻媒体正试图增加多元盈利渠道，增强用户的好感度及黏性。播客是近年来传媒行业的创新产品。尽管疫情期间市场增速放缓，但其商业发展模式在2020年愈显成熟。首先，新冠肺炎疫情强化了播客的场景价值。虽然疫

---

① "Publish Less, but Publish Better: Pivoting to Paid in Local News", https://reutersinstitute. politics. ox. ac. uk/publish - less - publish - better - pivoting - paid - local - news.

情大大降低了人们的通勤出行率，使部分播客节目的收听率下降了20%。但与此同时，居家主题的播客节目增长明显，医生和专家对防疫知识进行科学解读的播客节目均在排行榜上名列前茅。调查显示，超过一半以上的用户认为，新闻播客能够提供更深入的体验和更广泛的视角。2020年，用户主要通过智能手机和耳机终端收听播客，政治新闻仍是最流行的播客节目，并且培养了固定的用户群体。播客在25~34岁"千禧一代"用户当中最受欢迎，其较高的消费能力和意愿为播客带来了相当可观的广告收入，实现了疫情之下的逆势增长。

其次，播客也成为传统新闻媒体提升品牌忠诚度的一个重要渠道。《纽约时报》旗下的播客节目《每日新闻》有200万听众，尽管其广告收入相当可观，但《纽约时报》开发播客节目的主要目标是为其报纸和网站培育忠实用户。在英国，BBC旗下的播客产品则占据大部分市场份额。尽管也有"声田"等以音乐内容为主的专业播客，但传统媒体开发的播客产品正在迎头赶上，逐步成为其产品创新点和营收增长点。

疫情期间另一个"传统回归"是电子邮件新闻"重出江湖"。它曾是互联网诞生之初报业机构向用户推送新闻的主要形式，但在门户网站和搜索引擎相继兴起之后便退出了历史舞台。近年来面对社交平台的冲击，传统媒体机构重新发掘了这一"古董产品"的优势。疫情期间，电邮新闻的订户猛增。相比于社交媒体的新闻推送，电子邮件的传播效果更好。调查显示，44%的用户会阅读电子邮件提供的大部分新闻。这一"传统回归"的势头在疫情最为严重的美国最为强劲。全美21%的用户会定期收阅电邮新闻，而这一部分用户之中又有近一半人将电邮作为最主要的新闻获取方式。多数主流媒体都会为受众提供电子邮件新闻产品，《纽约时报》为用户提供了近70种不同的电邮新闻产品，其广受欢迎的"早间简报"坐拥1700万用户，每一款产品都有资深记者作为"策展人"帮助公众选择优质新闻。与数字推送相比，电邮新闻的订户忠诚度更高，将会成为后疫情时代传统媒体继续深耕的重要品类。

作为欧美新闻行业的重要组成部分，近年来地方媒体的发展道路颇受关注。疫情冲击下,许多西方国家的地方新闻媒体机构元气大伤。对于地方媒体而言,虽然"付费墙"模式获得了前所未有的加速普及,但这一模式并不能将其从困局中挽救出来。在收入水平较高的西方发达国家,大部分订阅者的选择集中于少数几个全国性媒体品牌。在美国,约有一半付费订户选择《纽约时报》或《华盛顿邮报》。在英国,订阅《泰晤士报》或《每日电讯报》的用户比例也接近一半,这样一来就更加压缩了地方新闻媒体的生存空间。事实上早在疫情之前,地方新闻媒体就在努力推动用户付费模式来摆脱财务困境,但成效不佳。这主要是因为社交平台提供了免费且较为丰富的本地信息,使用户对地方媒体的付费动力不足。

另外,大型社交平台对地方新闻领域的"蚕食"一直未能得以有效控制。RIJS 的调查显示,在大多数国家,当地报纸及网站仍然是关于某个特定城镇或地区的头号新闻来源,每周有 40% 左右的新闻来自当地报纸及网站。但是,目前有 1/3 的用户使用 Facebook、Google 等平台获取本地新闻和信息服务,这给地方新闻媒体机构及其商业模式带来了"灭顶之灾",而疫情的暴发更是加剧了地方新闻媒体的生存危机。大型社交平台的扩张和垄断行为已经引起各国政府和公众的警觉。2020 年 12 月,美国联邦交易委员会(FTC)和 50 个州的首席检察官对 Facebook 发起反垄断诉讼,其规模和力度均前所未有。英国议会也在起草相关方案,对数字巨头进行更为严格的监管。

地方媒体的生存困境与其高度依赖纸质报刊有很大关系。与电视媒体和新闻网站的逆势上扬形成显著对比,纸媒的销量在疫情期间继续下滑,物流不畅使报刊投递面临很大困难。在澳大利亚,新闻集团关停了 60 余份报纸的印刷版,改为线上发行,在英国,也有大量报刊记者因此面临失业风险。发行范围较小、成本较低的地方新闻媒体之所以依赖报刊,也是因为其核心受众为中老年群体。在被业界和学界树为典范的挪威,地方新闻媒体仍然高度依赖 55 岁以上的读者,他们当中对地方新闻感兴趣的人数是 18～24 岁人群的 3 倍。对纸媒的依赖和核心受众群体的高龄化也导致地方媒体很难在网站和视频等新媒体运营上进行拓展,在以网络原生广告占主体的市场上也缺

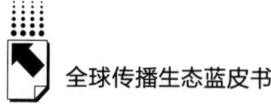

乏竞争力。雪上加霜的是，为应对疫情而推行的社区封锁导致地方新闻媒体的采编流程受到严重影响。记者难以进行外出实地采访，地方媒体所擅长的事实核查和社区监督也就无从谈起。

2016年以前，许多人认为地方媒体的式微是市场和技术优胜劣汰的结果，无须优先应对。但近年来层出不穷的"黑天鹅"事件让更多有识之士认识到，地方新闻媒体是夯实基层民主的根基所在。简言之，"如果地方新闻消失了，民主政治的支柱也会坍塌"。目前，已有大量地方新闻媒体倒闭或被大型媒体集团兼并。在丹麦、瑞典等国，政府力量已经介入，为地方媒体提供补贴和短期救助。虽然有不少人质疑政府的介入会影响新闻媒体的独立性，但疫情的暴发改变了一部分媒体总编和高管的立场。据RIJS的调查，36%的受访者表示可以接受这种"政策性介入"，较疫情暴发前增长了1倍。但近一半（47%）的受访者也同时表示，这类帮扶措施的成效有限，甚至会加剧地方媒体的困境。

当地方新闻媒体在其数字化和网络化的转型过程中面临种种困难时，其所导致的"新闻荒漠"和"舆论真空"会被其他组织和机构所占据。调查显示，社交平台群组、政党、企业、学校和教会等各类新老机构正在逐步取代地方媒体的角色，一半以上的受访者在疫情期间通过以上这些"替代性渠道"来获取本地信息，这显然是疫情期间媒体与社会关系出现的又一个不容忽视的"小变数"。

四 多元文化的变异与社交平台的治理

从新冠肺炎疫情到"黑命贵"社会运动的全面暴发，人们愈发清醒地认识到，党派纷争和政治偏见正在成为侵蚀新闻业以及社交平台舆论生态的毒瘤。媒体不再是自由派与保守派、精英与大众之间的"中介力量"或"调停人"，反而成为加剧党同伐异的导火索和催化剂。新冠肺炎疫情中，在"抗疫"与"抗议"的双重夹击下，传统媒体"警醒文化"和互联网空间内"取消文化"的强势崛起，进一步加剧了舆论极化和媒体偏向的传播生态，侵蚀着公共讨论的空间和理性思辨的氛围。

首先是传统新闻媒体内部"警醒文化"的兴起，其代表性事件是《纽约时报》评论版主编贝内特的辞职。2020年6月，该报刊登了一篇题为《出动军队：国家需要恢复秩序，军队随时待命》的评论，作者为持强硬保守立场的阿肯色州共和党参议员科顿。他在文中将此次"黑命贵"大游行定性为"叛乱"，引发了报社内部和读者的口诛笔伐，其网络版立即被撤下。虽然贝内特事后发推特一再道歉，并坚称刊载该文的动机是"为了让不同的观点展开辩论"，但仍然无法平息众怒，最终只能被迫辞职。这类"警醒文化"在新闻编辑部的兴起也是政治偏见和舆论极化的产物。近年来，俚语中的"警醒"（stay woke）一词逐渐成为推特上反种族歧视的流行话题标签。借助于"抗疫"和"抗议"的催化作用，新闻编辑室内部兴起的"警醒文化"所产生的"寒蝉效应"将进一步削弱媒体作为理性公共讨论空间的角色和功能。

与之相呼应的则是社交平台上盛行的"取消文化"（cancel culture），即"说错话就取消资格"。网民自发追踪和点名批评那些发表"冒犯性言论"的人，其中多为各界精英名流，发起集体抗议或抵制行动，轻则导致其声誉受损，被"取消"原来拥有的地位与特权；重则身败名裂，直至"人间蒸发"。这类"泛政治化""泛道德化"的现象在2019年就已经形成了一股潮流，而伴随着新冠肺炎疫情的到来被推向了极致，自由派和保守派借此相互攻讦，动辄"取消"对方。有鉴于此，特朗普在2020年的美国国庆日演讲中，将"取消文化"归罪于自由派的"滥权"，将其称为"撕裂美国社会的政治武器"。① 学者乔姆斯基和作家J.K.罗琳等150位各界名流发表公开信，批评"取消文化"的泛滥，主张以客观和理性的态度就政治立场、性别、种族等议题开展公共讨论。

2020年的美国总统大选共有1.5亿选民参与投票，创下了史上最高纪

---

① Tess Farrand, "Why Conservatives are Joining the New Social Media Site, Parler", https://www.movieguide.org/news-articles/why-conservatives-are-joining-the-new-social-media-site-parler.html.

录。由于疫情的影响，本次选举中的传播生态比四年前更为复杂。① 在这一重要政治事件下，传统主流媒体调整了角色和战略定位，进一步夯实了"把关人"的角色，运用大数据技术及时提供事实核查，在一定程度上助力公共传播重新回归基于事实和真相做出判断的理性轨道。

对于传统主流媒体而言，"为真相而战""发掘后真相时代的真相"等超越党派偏见的口号体现了传统主流媒体在2020年美国大选的报道理念。在选情胶着的关键时刻，《纽约时报》推出了"特朗普每年交税750美元"的调查报道，成为全球舆论场热议的话题。与水门事件等调查新闻的经典案例不同，这篇报道的操作几乎全部借助于采编团队运用前沿科技手段对档案数据的缜密核查，而其呈现方式又融入了社交媒体时代"议题管理"的策略，因而在这场"真相之战"中占得先机。

对于特朗普团队抛出的"拜登之子硬盘门"等"黑料"，《华尔街日报》等媒体加强核查，最终仅以新闻评论等方式一笔带过。虽然这些"黑料"借助于《纽约邮报》等小报和社交平台得以扩散，但由于主流媒体选择了淡化和忽视，其传播效应大打折扣。2016年以来盛行的"谁编造的故事更动听"的传播理念转变为2020年"谁挖掘的真相更可信"，这不能不说是传统主流媒体破解"流量魔咒"后取得的成果，也是最终助力拜登胜选的重要因素。在投票前夕，《纽约时报》《华盛顿邮报》等主流媒体发表社论，呼吁选民基于真相做出选择。值得注意的是，《柳叶刀》等一批专业媒体也加入了"选边站"的队伍中，这在历史上可谓前所未见，尤以有着175年办刊历史的《科学美国人》首次就大选表态支持拜登最为引人注目。在相关报道和评论中，主流媒体尽量规避"民主党""共和党""保守派""自由派"等政治色彩浓厚的标签，突出"真相""科学""民主"等能够凝聚社会共识的价值观。

在2020年美国大选中，Facebook、Twitter等社交平台"腹背受敌"。特

---

① Yochai Benkler, Robert Faris, Hal Roberts, Ethan Zuckerman,"Study：Breitbart-led right-wing Media Ecosystem Altered Broader Media Agenda", https：//www.cjr.org/analysis/breitbart-media-trump-harvard-study.php.

朗普、蓬佩奥等右翼政客及其阵营指责社交平台对其言论进行打压。与此同时，自由派则指责平台在审核保守派言论方面力度过低，导致极端言论的盛行，Facebook 也因此受到了来自多家广告主的抵制。对此，美国互联网行业在 2016 年大选后再度掀起了"多方共治"的新高潮。互联网公司、广告主、民间团体、用户等多个利益攸关方加强合作共同应对由政治极化所导致的仇恨言论等问题。在"黑命贵"抗议爆发后，Twitter 公司加大了整治力度，目标直指号称"Twitter 总司令"的特朗普，连续将他发送的推文打上了"事实核查"的标签，三天后又屏蔽了他发布的有关抗议活动的推文。尽管此举遭到白宫的严厉批评，但 Twitter 公司并未退让，随后又多次以"版权争议"为由屏蔽特朗普所发布的推文。

但从实际情况来看，两方对于社交媒体平台的指责均有失偏颇。多项研究显示，没有证据表明保守派的言论受到了社交平台的"过度审核"，保守派言论的海量传播也并非社交平台审核规则不严所导致。一项针对多个社交平台的分析发现，保守派用户之间在互动、对话意愿方面都优于自由派和传统新闻媒体。另一项为期 9 个月的跟踪研究也显示，26% 的保守派媒体内容带来了 43% 的互动流量。① 相比于自由派的"多元观点"和松散联系，保守派在经济和社会议题上的"单一诉求"使其在社交媒体之中更有凝聚力。这充分说明，社交平台"操控"选情的作用被夸大和高估了。

最后一个问题是如何通过社交平台的有效治理来维护信息安全和国家利益。2020 年 6 月白宫以此为由对 TikTok 和微信等"外来平台"进行打压。虽然目前看来其象征意义大于实际效果，但这一前所未有的举措还是震惊了业界和舆论界。与之形成鲜明对照的是，Facebook 欧洲用户的数据传输到美国的做法引发了来自欧盟的质疑，但白宫公开为 Facebook 站台，谴责欧盟的打压行为，而对欧盟用户信息在美国的安全保障问题避而不谈。2020 年 9 月，面对来自监管部门的再次警告，Facebook 则看准了欧洲互联网产业联盟

---

① Pew Research Center, "Americans Who Mainly Get their News on Social Media are Less Engaged, Less Knowledgeable", https：//www.journalism.org/2020/07/30/americans-who-mainly-get-their-news-on-social-media-are-less-engaged-less-knowledgeable/.

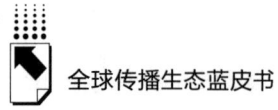

基础薄弱的"软肋",威胁要退出欧盟市场。

不过两项争议均在2021年有所改观,拜登政府上台后已经取消对TikTok的禁令,相关争议暂时告一段落;而欧盟与Facebook、Google等巨型平台的拉锯战则仍在继续,2021年6月28日,欧盟对谷歌展开了第四次重大调查,重点关注YouTube平台上的商业模式,随着欧洲议会可能于2022年颁布《数字服务法》和《数字市场法》,在欧大型科技公司在未来可能被处以更高的罚款和更严格的控制。上述这些"信息主权"之争的典型案例在疫情期间集中出现,也预示着美国推行的"互联网自由"神话彻底破灭,有关网络安全和国家利益的博弈将成为全球治理的焦点之一。

五 结语

疫情大流行以来,在新冠肺炎疫情笼罩下的全球新闻传媒业与各行各业一样,在巨大的不确定性中艰难前行。值此百年未有之大变局和百年未见之大疫情的历史交汇点,如何看待此次新冠肺炎疫情期间全球新闻传播行业的"变局"与"变数",相关媒体创新及生态变迁又能为我们带来何种借鉴?对此,习近平总书记在中共中央政治局第三十次集体学习时为我们擘画了"加强顶层设计和研究布局,构建具有鲜明中国特色的战略传播体系"的方向和路径。他强调用战略传播思维推动国际传播的转型升级,把外宣从以往由宣传、外事、文化等部门和外宣媒体、涉外文化机构负责的事务性工作上升到了国家战略的新高度。近年来,我国外宣媒体和涉外文化机构遭到部分西方国家的空前打压,由美国主导的全球社交平台呈现愈发明显的"同温层"舆论生态。在这样的舆论格局下,尽管中国的经济复苏和全民抗疫成绩亮眼,但"有理说不出""说出传不开""传开叫不响"的话语困境仍然存在,而这一现象的背后存在着复杂的媒体格局与舆论生态。

对此,把握新变局下全球新闻传播的"变局"与"变数",透析全球媒体文化变迁,对于我们整合国际与国内两个舆论场,消解国际舆论场上根深蒂固的反华偏见和排华噪音至关重要。疫情期间,全球传媒业创新的探索未曾停歇，并且呈现一些值得探讨的新趋势。当人们从初遇病毒时的恐惧和慌乱中走出，疫情防控逐渐常态化以后，开始回顾这场大自然带给人类社会的大考究竟造成了什么样的影响。像很多其他行业一样，这场疫情给新闻传媒业带来的影响无疑是巨大的。世界银行警告，新冠肺炎大流行所带来的经济衰退有可能导致全球1.5亿人口陷入赤贫，其中有超过5000万人"返贫"，其恢复时间可能长达10年。由此带来的经济周期性下滑也必将带来政治和社会层面的危机和挑战，全球传媒业还要面临更多新的"变局"与"变数"。

B.8
国外知名财经媒体国际传播特点分析

马若菡 高伟*

摘 要： 当前中国已经成为影响世界政治经济格局变化发展的主要力量。构建与中国经济实力和地位相匹配的国际财经话语权、提升中国财经新闻报道的国际舆论影响力意义重大。本文试图通过分析路透社和彭博社的财经资讯传播特点，为中国主流媒体提升国际财经传播力、构建中国财经话语权提供借鉴。

关键词： 财经媒体 国际话语权 路透社 彭博社 国际传播

当前世界正经历百年未有之大变局，中国已成为影响世界政治经济格局变化发展的主要力量，在抗击新冠肺炎疫情、振兴全球经济、维护国际政治经济秩序方面发挥越来越重要的作用。习近平总书记2021年5月31日在中共中央政治局第三十次集体学习时强调，要深刻认识新形势下加强和改进国际传播工作的重要性和必要性，下大气力加强国际传播能力建设，形成同我国综合国力和国际地位相匹配的国际话语权。①

财经媒体是一个国家经济运行的重要组成部分，与国家经济、金融、产业的发展密切相关。② 随着经济全球化的加速与发展，财经媒体在国际传播

---

* 马若菡，环球国际视频通讯社策划编辑；高伟，中国环球广播电视有限公司副总裁，环球国际视频通讯社有限公司总经理、总编辑。
① 《习近平：加强和改进国际传播工作展示真实立体全面的中国》，新华网，2021年6月1日，https://baijiahao.baidu.com/s?id=1701351690005252206&wfr=spider&for=pc。
② 吴琳琳、陈琪：《媒体融合时代打造中国财经媒体的世界话语权》，《电视研究》2009年第4期。

中价值日益凸显。包括路透社和彭博社在内的国外主要财经媒体凭借本国强大的经济实力和传播策略，经过长期经营发展，已成为掌握融媒体传播手段、覆盖全球性经济信息流的跨国传播机构，在国际财经话语体系及国际财经传播格局中拥有主导权和影响力。本文试图通过分析路透社和彭博社的财经资讯传播特点，希望能为中国财经媒体提升国际传播力、增强中国话语权提供借鉴。

一 抢占全球金融信息服务市场，垄断全球金融信息传播主导权

国际财经媒体核心竞争力表现为争取高端金融信息服务市场的主导权。[①] 以路透社和彭博社为代表的美西方主流财经媒体长期以来垄断全球金融信息服务市场，主导全球财经信息资源的获取和流通。第二次世界大战后建立起来的以美西方国家为核心的国际经济秩序为路透社和彭博社赢得全球金融信息传播主导权提供了有力支撑。两家机构通过打造路透社高端金融信息服务体系 Eikon 终端和彭博社终端（以下简称"金融信息终端"），在金融信息收集、整合、挖掘等方面形成核心竞争力，占据全球金融信息服务市场近60%的份额。[②]

（一）强化金融数据聚合力，不断强化信息源优势

在大数据、人工智能等信息技术加持下，两大金融信息终端的数据库能够获取包括美联储、政府、公司财务、股票交易、农产品、对冲基金、市场指数和行业信息在内的海量、实时、一手数据，成为全球用户掌握财经领域最新动态和发展趋势的信息主渠道。路透社终端费用成本较低，而强大的历

[①] 王晓乐：《华文财经媒体的发展战略与社会责任——2007 "两岸三地财经新闻高层论坛"综述》，《现代传播》2007 年第 4 期。

[②] "Investopedia: Bloomberg vs. Reuters: What's the Difference？", https://www.investopedia.com/articles/investing/052815/financial-news-comparison-bloomberg-vs-reuters.asp.

史数据资料库能够帮助用户快速完成收益分析等比较研究。路透社终端还强化社交媒体上非结构化金融数据信息的搜集和分析能力。彭博社终端的数据库除了投资银行业务以外几乎覆盖所有金融信息领域，在买方、交易，特别是债券市场方面数据覆盖能力极强。另外，彭博社终端固定收益数据获取能力也是首屈一指，比其他任何同行都更全、更新、更快，获得信贷研究分析师、固定收益销售和债券交易员以及债务资本市场人士的特别青睐。

（二）强化金融信息阐释权，凸显市场决策作用

除了拥有强大的在线数据库资源，整合和挖掘这些金融数据信息，主导信息阐释权是抢占全球金融信息服务市场的关键。两家机构的金融信息终端拥有高度专业化的数据分析能力，通过经济学、金融、市场、证券、贸易、投资等"业内人士"的权威分析，将海量一手数据直接转换成精准、高价值的数据分析产品，掌握信息源的阐释主导权。例如，路透社为用户提供包括全球多资产定价分析、大宗商品交易市场动态分析、行业评估指标分析、全球基金投资分析等多个专业解读服务。彭博社的数据分析团队在信息发布前会用大量的时间做数据清理和挖掘，通过绘制数据走势图、提供业内专家分析报告等向用户解读证券、股市和行业投资的现状和未来发展趋势，主导信息呈现方式。[①] 另外，彭博社金融信息终端为用户提供多样化数据分析工具，帮助用户更快更简便地做好建模分析，提升成果输出效率。

（三）强化高价值用户黏度，确保"数据即金钱"的市场价值

金融信息终端通过即时通信服务，构建内部社群互动机制，让来自全球企业、银行、政府、投资、债券、媒体、法律、税务、财会等领域精英用户实现实时信息分享和交流，提升用户黏度。例如，重要交易所的交易员通过彭博即时通信（Bloomberg IM）与终端内部人员分享和交流报价信息，有效

---

① "Comparison of the Costs and Features of the 4 Leading Financial Data Providers"，https：//www.wallstreetprep.com/knowledge/bloomberg－vs－capital－iq－vs－factset－vs－thomson－reuters－eikon/.

提升用户凝聚力。路透社和彭博社的金融信息终端给这些高价值用户在金融行业所带来的高利润和工作便利远胜于数十万美元的终端购买费和每年数万美元的使用费，因此，"数据即金钱"的市场价值是留住高价值用户的核心竞争力。

二 坚持内容为王，打造融合化、垂直化、社群化财经新闻资讯产品体系

路透社和彭博社都拥有强大的财经新闻内容生产能力。作为老牌通讯社，路透社每年向全球数十亿受众提供超过280万条（次）图文新闻和近13万条（次）视频新闻。路透社2020年的财报显示，路透新闻收入占总收入的11%，而财经新闻是最重要贡献力量之一。彭博社2020年的非金融信息终端的收入约占23%，主要来自财经新闻资讯业务。

（一）坚持内容为王，构建专业财经资讯产品服务体系

1. 强化媒体融合，形成数字消费闭环

路透社和彭博社在打造财经资讯产品服务时十分注重深度融合，以数字化融媒体产品有效构建数字消费闭环。例如，路透社每月全球数字产品用户量达到近700万，彭博媒体（Bloomberg Media）订阅用户2020年达到25万左右，2021年预计超过40万。①

两家机构通过增强渠道融合，打通广播、电视、报纸、杂志、流媒体、客户端、社交媒体、IPTV、互联网电视等传播媒介，实现财经新闻资讯的无障碍流通和获取。两家机构还通过强化内容融合，强化文稿、图片、音频、视频、图表等融合报道形式，介绍全球经济、商业、科技、投资、政治、行业、能源等全球财经信息。例如，路透社"Reuters Connect"

---

① "Bloomberg Media Expects 9 - figure Consumer Subscription Biz", https://www.axios.com/bloomberg - media - consumer - subscription - revenue - 34489fa9 - cb19 - 4b17 - a1fe - 1ebee8d6d846.html.

平台运用可视化交互图表以及音频、视频、图文等，让受众切身感受"全球排放交易系统（ETS）和碳税倡议下全球温室气体排放份额年度变化趋势""大型炼油厂项目破坏区域生物多样性""欧洲气候规划让德国工业面临挑战""Uber大力推动电动汽车发展应对气候危机""瑞士政府拒绝2050年禁止化石燃料呼吁""新加坡开拓大型浮动太阳能电池板农场"等，展现全球应对气候变化的举措与未来走向。彭博社"Bloomberg Green"版块在报道气候变化与经济相关内容时通过带有环境和能源指标的可视化动态数据界面，让用户实时观看植被流失、空气污染、无碳能源等最新情况。

2. 深挖垂类产品，满足分众化、差异化用户需求

路透社和彭博社的财经产品服务架构深入金融、财经、数据管理、新闻资讯、会议直播、广告、法律、新能源、税务等多个垂直领域。这种垂直化产品服务布局能够有效满足用户对市场动态、交易实况、财经数据、行业趋势、专家点评、论坛交流以及法律、税收、新能源、政府政策等专业资讯服务等的分众化、差异化需求。

3. 突出社群属性，打造社群化财经产品服务

路透社和彭博社针对金融领域用户，打造社群化财经资讯产品服务。例如，路透社推出Refinitiv新闻服务（Refinitiv news service）、视频财经新闻服务（Refinitiv Newscasts）以及机读新闻（Machine Readable News）等一系列社群化新闻产品。Refinitiv新闻服务针对金融领域用户提供涵盖上万家全球新闻服务机构的独家财经新闻资讯。视频财经新闻服务为金融社群量身打造了专有视频和音频财经内容聚合平台。机读新闻则通过技术加持让海量新闻大数据转化为机器可识别的财经资讯。具体而言，路透社和彭博社主要采取以下策略不断强化其财经新闻产品的社群属性。

智能标签提升内容推送精准度。路透社和彭博社的金融社群产品通过智能标签对定制新闻内容与用户在门户网站上的业务信息进行最佳关联性匹配，实现点对点的精准化内容推送。

聚焦金融社群核心专业需求。路透社和彭博社通过先进技术将包括中央银

行、投资银行、全球和新兴市场、固定收益和外汇、能源、农产品等图文、音视频内容精准嵌入金融专业人士和个人投资者的股市动态、期货交易、市场投资等工作流程中，满足金融社群信息整合、分析、研判、信息对比等核心专业需求。另外，路透社 Refinitiv 的视频财经新闻服务还支持自主视频定制服务，用户可以使用路透社独家视频新闻素材剪辑制作满足自身需求的个性化商业视频。

注重海量新闻数据的市场价值转化。路透社 Refinitiv 的机读新闻产品通过大数据、人工智能等技术加持，将来自社交媒体上的市场情绪数据、超过75个国家和地区的近2000个经济指标、近5万家公司的实时商业新闻等海量新闻数据通过算法实现快速提取、整合、分析并转化成具有市场价值的机器可识别新闻资讯并推送给用户。之后，用户可以充分利用这些海量信息抓住商机、做好决策、管理风险，真正实现新闻资讯的市场价值转化。

（二）注重用户分层化设计，抢占年轻化财经用户存量

1. 突出"视频+直播"打法，抢占财经流媒体市场

最新研究显示，全球 OTT 流媒体市场规模预计将从2020年的1211亿美元增长到2021年的1412亿美元，到2025年市场规模将达到近2600亿美元，全球 OTT 消费用户呈现快速增长趋势。① 彭博社通过强化直播流服务，推出 OTT 流媒体新闻频道 Quick Take。Quick Take 承继了其前身 TicToc 的社交优先特点，将 TicToc 的短视频业务与中长格式的数字视频业务有效整合，推送财经突发新闻和评论等视频内容，并依托流媒体传输技术，实现实时化、交互化的直播流服务。由此彭博社成功渗透进入大量年轻商业精英用户层，目前 Quick Take 的视频播放量超过1亿次，坐拥近百万 Twitter 粉丝，受众观看时长从之前的30~60秒延长至1~2小时。

2. 打造泛财经化产品，提升数字原住民留存率

当前全球泛财经化内容产品订阅呈上升趋势。包括 Z 世代在内的数字

---

① "OTT Streaming Global Market to Reach Value of About ＄257 Billion in 2025"，https：//www.thebusinessresearchcompany.com/press-release/global-ott-streaming-market-2021.

原住民对于财经新闻的购买需求不再仅仅局限于股票基金分析、财经热点讲解、企业动态等聚焦化、专业化财经内容，而是倾向于普及化、大众化、泛娱乐化特点的泛财经产品订阅。彭博社的 Bloomberg TV + 打造一系列原创泛财经化内容，包括科学考察类节目《登陆月球》（Moon Shot）、关注小微科技公司的《你好世界》（Hello World）、聚焦未来职业发展的《下一代职业》（Next Jobs）、未来汽车产业发展节目《加速》（Accelerate）、用非传统的视角看待个人理财的节目《生财有道》（Good Money）等泛财经内容产品，吸引大量数字原住民，特别是 18~35 岁的年轻群体。Bloomberg TV + 用户平均每天会花 4~5 个小时收看平台节目，而强大的泛财经内容吸引力也强化了其市场渗透力，为广告合作伙伴提供新机遇。

三 中国财经故事关注度增强，凸显固有意识形态偏见及负面化情感引导

涉华新闻报道是包括路透社、彭博社在内的全球财经媒体关注重点。本文从路透社 Reuters Connect 平台"商业与金融"（Business&Finance）版块和彭博社网站分别选取 2021 年 7 月包含"China"关键字的 367 篇和 570 篇文字类涉华新闻报道以及彭博社 Quick Take 平台上专注涉华深度视频报道的"China +"版块 7 月的内容作样本研究。

（一）多样化呈现中国经济资讯，重点聚焦市场和政治新闻

总体而言，从路透社和彭博社涉华财经文本类新闻报道的分类情况可以发现（见表 1），两家媒体在向全球受众报道中国财经新闻时呈现多方位、多样化、立体式特点，内容涉及中国市场动态及全球影响、中国的政治影响、疫情与经济复苏、环保、中国科技巨头发展、中国财富动态以及城市发展、社会平等、人口老龄化等。其中，中国市场动态及全球影响是两家媒体涉华财经新闻报道的重点，占比达 45%。政治类涉华新闻也是彭博社和路透社财经版块重点关注的内容，占比 21%，主要涉及建党百年、习近平国

内考察、中美关系、中欧关系、共建"一带一路"国家关系、网络安全、人权、涉港、涉台等相关内容。另外，疫情下中国和全球经济复苏情况、疫苗生产、病毒溯源等内容也报道较多（见图1）。

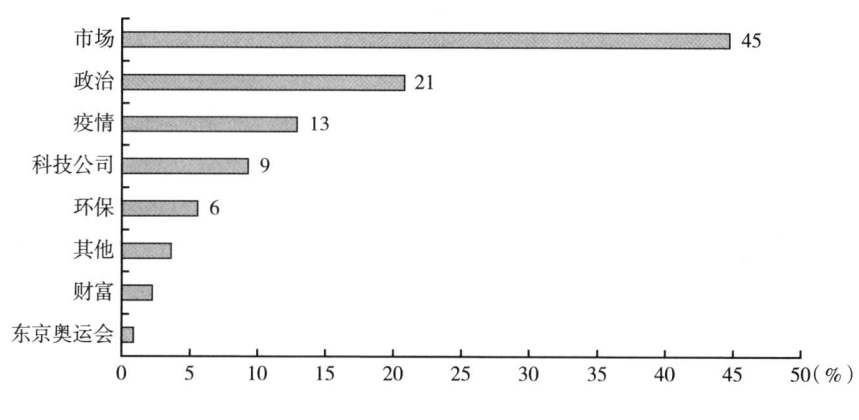

图1　路透社、彭博社7月涉华财经新闻报道分类情况

（二）涉华财经报道中特定议程设置呈现固有意识形态偏见

总体而言，在中国对全球经济发展影响力日益增强的框架下，两家媒体涉华财经报道主要关注中国股市与债券等对全球影响趋势、中国加大小企业经济扶植、疫情下中国和全球经济复苏、汽车业在中国市场发展前景、中国市场投资机遇等话题。

但是，对中国政府市场监管、网络安全、中国绿色低碳发展、数字人民币、涉疆、涉港、涉台问题等特定主题，路透社和彭博社的涉华财经报道呈现固有意识形态偏见。例如，路透社和彭博社声称中国政府加大市场监管力度是所谓"干涉市场自由""影响全球投资者信心"，妄言"国安法干涉香港自由营商环境""中国碳交易市场全球作用有限""中国共建'一带一路'以及在科技、数字经济、太空等领域的进展对美国和全球构成威胁"。

（三）涉华报道负面情感倾向明显，报道中国难以公允客观

在国际舆论场中，公众对于一个国家形象或者新闻事件的看法往往更容易受到情感左右,"情感市场"对于国家、组织和个人形象及声誉的影响往往大于"意见市场"。① 路透社和彭博社在涉华财经新闻报道中非常重视对受众的情感引导,通过大量情感性词语使用,显性或隐性地传递特定立场和情感倾向,难以做到公允客观。例如,彭博社网站 2021 年 7 月包含"China"的 570 篇涉华财经文字类报道中,对受众进行正面情感倾向引导的内容仅占 2%,而具有负面情绪倾向引导的报道占比达到 34%。彭博社有关中国市场报道标题关键词中充斥着"fear"(担忧)、"risk"(风险)、"pain"(痛苦)、"worry"(担忧)、"rocks"(打击)、"jolt"(震惊)、"spook"(吓坏)、"chilled"(恐惧)、"threat"(威胁)、"warns"(警告)、"blindsided"(手足无措)等词语,以偏概全,歪曲中国对滴滴、腾讯以及线上教育行业的市场监管目的,而对于中国加强市场监管助力经济社会健康发展、优化营商投资环境的主要事实避而不谈。路透社也通过负面情绪引导曲解、质疑中国在市场监管、涉疆涉港等方面的举措,从路透社 Reuters Connect 平台"商业与金融"版块 2021 年 7 月包含"China"的报道可以发现,具有负面情绪倾向的报道占总发稿量的近 1/4。

四 坚持融合传播,不断增强国际财经报道的中国话语权

(一)强化中国财经话语权建设,真实、客观、全面地展现中国经济全貌

话语即权力,话语对于社会现实具有形塑和构建作用,是意识形态的语义载体。因此,在中国财经话语权构建中,需要充分挖掘话语形塑价值,强化财经信息解读和阐释主导权,突破西方意识形态主导的国际财经话语霸权。中国主流媒体机构可以充分发挥自身专业渠道、专业手段、专业方式优势,主动出击,加强中国财经话语权建设。2021 年 1 月至 7 月中央广播电

---

① 史安斌:《尊重传播规律,开掘"情感市场"》,《河北教育》2021 年第 59 期。

视总台国际视频通讯社编发的财经报道中,"中国经济助力全球经济复苏""中国脱贫攻坚全面胜利惠及世界""中国加强国际合作促进合作共赢新局面""中国积极践行环保低碳承诺""中国加大自主科技创新""新疆繁荣发展社会和谐稳定""香港持续释放经济发展新活力""中美两国合则两利斗则俱伤"等大量视频内容被国际媒体用户采用,有效对冲西方媒体涉华财经资讯报道偏见和负面情感倾向,以视频通讯社专业内容服务,提升中国媒体在国际财经舆论场的影响力。

(二)注重财经资讯的情感引导,发挥社交平台情感传播优势

全球受众,特别是年轻受众对于国家形象认知往往容易受到情感左右,因此,中国财经资讯产品需要不断增强国际影响力和亲和力,强化正面情感引导。在涉华财经报道中有效平衡事实陈述与情感引导,重视培养中国专业财经信息全球传播的"关键意见领袖",用事实和数据说话,从专业视角主动发声,全面解读中国对世界的贡献。同时,充分发掘"李子柒""丁真""阿木爷爷"等"文化达人"对于中国经济社会等方面的"软解读",积累"情感资本",讲好生动活泼、充满活力和接地气的中国经济故事。

(三)提升中国财经数据聚合能力和精准化服务水平,打造中国金融信息服务核心竞争力

在云计算、大数据、人工智能和数字货币等新兴技术迅猛发展背景下,金融生态和服务模式正经历深刻变革,中国主流媒体需要积极抢占信息数据和信息服务竞争的制高点。坚持新技术赋能,不断强化一手、实时数据聚合能力和精准化信息分析服务。据统计,中国目前有4500多家银行业金融机构、130多家证券公司、230家保险公司,金融业总资产300万亿元,规模居全球第一,金融数据资源丰富。① 包括中国中央广播电视总台"央视财经

---

① 《央行:中国金融业总资产达300万亿元银行业268万亿》,中国新闻网,2019年9月24日,http://www.chinanews.com/cj/2019/09-24/8964011.shtml。

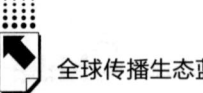

50指数"、新华社中国金融信息网、第一财经CBNData数据公司、界面·财联社在内的多个中国财经金融信息服务平台也纷纷投身中国金融数据服务建设，努力强化中国金融信息服务主导权。但是，目前中国的金融信息服务还主要集中在股票二级市场的服务，金融信息服务份额仅占全球市场的4%左右。① 中国主流媒体要持续强化技术赋能，扩大中国金融数据和信息服务范围，提高中国金融信息服务市场份额，建立与中国市场规模相匹配的国际金融信息话语权，积极打造中国自主的国际金融信息服务核心竞争力。

---

① 《中国金融信息服务市场有望迎来分界点》，经济观察网，2020年1月7日，http://www.eeo.com.cn/2020/0107/373506.Shtml。

B.9
社交媒体时代中国文化国际传播影响力研究报告

张 伦 邓依林[*]

摘 要: 本研究利用计算传播学研究范式,基于不同理论视角介绍了探究中国官方媒体在海外社交媒体平台对中国文化传播效果的研究方法,并结合相关研究案例对中国文化对外传播现状进行简要分析,提出了中国文化对外传播存在的问题以及可行策略,对中国官方媒体的中国文化全球传播实践具有一定的指导意义。此外,本研究经验性探究中国文化对外传播效果的研究路径对跨文化传播研究方法论层面具有借鉴意义,为更深层地探究现阶段媒体传播效果与海外公众的关切焦点提供了方法和可能。

关键词: 中国文化 社交媒体 对外传播

一 引言

中华文化"走出去"战略是我国 21 世纪之初提出的文化建设方针。党的十八大召开以来,宣传思想工作在全局工作中的重要性愈发明显,而文化

---

[*] 张伦,北京师范大学艺术与传媒学院副教授,主要研究方向为社会化媒体、新媒体信息传播;邓依林,北京师范大学艺术与传媒学院在读硕士研究生,主要研究方向为计算传播。

工作在宣传思想工作中的重要性亦愈发凸显。① 2013年全国宣传思想工作会议上习近平总书记指出："要精心做好对外宣传工作，创新对外宣传方式，着力打造融通中外的新概念新范畴新表述，讲好中国故事，传播好中国声音。"2013年12月，在十八届中共中央政治局第十二次集体学习讲话中，习近平总书记强调："提高国家文化软实力，要努力提高国际话语权。要加强国际传播能力建设，精心构建对外话语体系，发挥好新兴媒体作用，增强对外话语的创造力、感召力、公信力，讲好中国故事，传播好中国声音，阐释好中国特色。"在文化全球化和融媒体时代背景下，对外表达关乎国家形象和声誉，是国家软实力的重要组成部分。而中国在逐步适应文化全球化的进程中，对中华文化与国家文化软实力的关系有了更清晰的认识，对外文化工作布局愈发适应时代与国家发展需求。2021年5月31日，习近平总书记在十九届中共中央政治局第三十次集体学习时强调，讲好中国故事，传播好中国声音，展示真实、立体、全面的中国，是加强我国国际传播能力建设的重要任务。他指出，必须加强顶层设计和研究布局，构建具有鲜明中国特色的战略传播体系，着力提高国际传播影响力、中华文化感召力、中国形象亲和力、中国话语说服力、国际舆论引导力。② 习近平总书记的讲话内容体现了国家对于中国文化对外传播历史的总结思考、对于现实形势的判断以及对未来发展的期许盼望。

习近平总书记指出，讲中国故事是时代命题，讲好中国故事是时代使命。讲好中国故事是对新闻舆论工作的重要要求，也是国际传播的最佳方式。随着互联网技术与新媒体的兴起，融媒体时代下如何讲好中国故事成为既现实又重要的问题。近年来，海外社交媒体平台用户快速增长，聚集了大量的海外公众，成为最具活力的舆论场。社交媒体平台的出现一定程度上改变了国际舆论场中少数强势媒体垄断话语权的局面，③ 为我国提升国际话语

---

① 胡钰：《中华文化国际传播的战略性与创造性》，《新闻战线》2021年第13期。
② 《习近平在中共中央政治局第三十次集体学习时强调加强和改进国际传播工作展示真实立体全面的中国》，《人民日报》2021年6月1日。
③ 黄楚新、王珉：《借力新媒体，向世界讲好中国故事》，《中国广播电视学刊》2017年第1期。

权提供了新机遇。其中，中国主流官方媒体作为传播中国故事、塑造国家形象的重要力量，承载着国家对其传播中国文化，形成国际影响力、竞争力的期望。2016年，习近平总书记在致中国国际电视台开播贺信中指出："中国国际电视台要坚定文化自信，坚持新闻立台，全面贴近受众，实施融合传播，以丰富的信息资讯、鲜明的中国视角、广阔的世界眼光，讲好中国故事、传播好中国声音，让世界认识一个立体多彩的中国，展示中国作为世界和平的建设者、全球发展的贡献者、国际秩序的维护者良好形象，为推动建设人类命运共同体做出贡献。"早在2009年，中央电视台、中国国际广播电台和《环球时报》三家媒体率先在Twitter社交媒体平台开设账号，距今已逾十年。随后中国网（2010年）、《人民日报》（2011年）、中国新闻网（2011年）、《光明日报》（2012年）和中国环球电视网（2013年）也纷纷开设官方账号。以旗舰媒体和六大央媒为先导的"1+6+N"国际传播立体化格局已初步形成。① 中国官方媒体通过不断探索运营模式与外宣手段，已逐渐形成了一批具有国际影响力的中国声音。

本研究认为，目前中国从顶层设计到落地实施为讲好中国故事，传递中国声音，提升中国文化在全球影响力付出了扎实的努力。那么在国家政策、技术支持、渠道搭建的契机下，现阶段中国官方媒体在海外社交媒体平台的文化传播效果如何？本研究认为及时了解海外公众对中国文化传播内容的态度、观点能够为中国主流媒体的内容选择、制作、宣传方式提供决策依据，使其针对现阶段传播效果更精准、高效的投放内容，及时修改传播策略，贴合海外公众的兴趣偏好与关切焦点。

基于此，本研究认为，经验性探究现阶段中国官方媒体在海外社交媒体平台的中国文化对外传播效果，对中国官方媒体基于新媒体技术对外传播具有重要意义。因此，本研究试图基于不同理论视角探究中国文化对外传播效果并结合相关案例对中国文化对外传播现状进行简要分析，提出中国文化对外传播存在的问题，并针对相关问题提出中国文化对外传播的可能策略。

---

① 史安斌：《新时代国际传播能力建设的新思路新作为》，《国际传播》2018年第1期。

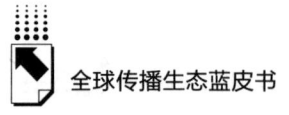

二 中国文化全球传播影响力研究路径与案例分析

（一）以中国文化新闻高频词共现网络探究中国文化全球传播话语体系

1. 利用网络分析法构建中国文化新闻高频词共现网络

中国文化对外传播并不是信息"生成—接受"的简单线性模式，而是深受制度环境、技术结构、文化传统、个人倾向等诸多方面因素影响。① 因此，研究需要了解目前中国官方媒体中国文化对外传播呈现何种话语体系，以及其发布的中国文化新闻中哪些内容受到海外公众的热议，并呈现何种态度。本研究认为，利用网络分析法构建中国文化新闻高频词共现网络以及用户评论高频词共现网络，有利于研究者发掘中国官方媒体与海外公众对中国文化的关注焦点，以及海外公众对不同文化内容的态度倾向。

网络分析法以图论的方式，利用节点（Nodes）和边（Edge）将某一系统特征和信息以网络可视化的形式呈现。② 研究者具体可以使用 Gephi、NetDraw 等社会网络分析工具刻画中国文化新闻高频词共现网络。如图 1 所示，网络中节点代表媒体新闻的高频词，节点间连线代表高频词之间的共现关系强度。高频词两两共现的频率越高，节点之间的连线越粗，即高频词之间的关系越强；节点的大小表示点度中心性（Degree Centrality），节点越大说明其代表关键词的点度中心性越高，该关键词越处于网络的中心位置。

2.《人民日报》中国文化对外传播话语体系案例分析

本研究以《人民日报》在海外社交媒体平台 Facebook 开设的官方账号

---

① 王义桅：《讲中国故事——从"以我为主表达"到"世界为我表达"》，《国际传播》2016 年第 2 期。
② 蔡玉清、董书阳、袁帅、胡传鹏：《变量间的网络分析模型及其应用》，《心理科学进展》2020 年第 1 期。

作为研究对象，基于网络分析法构建《人民日报》发布的中国文化新闻高频词共现网络以及用户评论高频词共现网络，以此作为探究中国文化全球传播话语体系的案例进行分析。

为探究中国官方媒体《人民日报》账号在海外社交媒体平台呈现的中国文化传播话语体系以及海外用户参与相关话题讨论涉及的内容，本研究采集了 2019 年下半年《人民日报》账号在 Facebook 平台发布的中国文化新闻以及用户评论内容。研究经过词干提取以及高频词频率统计分析，绘制了中国文化新闻以及文化新闻评论的共现网络图（见图 1、图 2），以更好地把握关键词之间的联系，更准确地描绘《人民日报》账号发布的中国文化新闻的内容特征以及海外用户对中国文化新闻的评论特征。

图 1 《人民日报》中国文化新闻高频词共现网络图

首先，从《人民日报》中国文化新闻高频词共现网络图可以看出，"province""Beijing""play""video" 4 个关键词，节点较大，连边较多，占据着共现网络的最中心位置。而 "pandas""enjoy""lantern""snow" 等较大

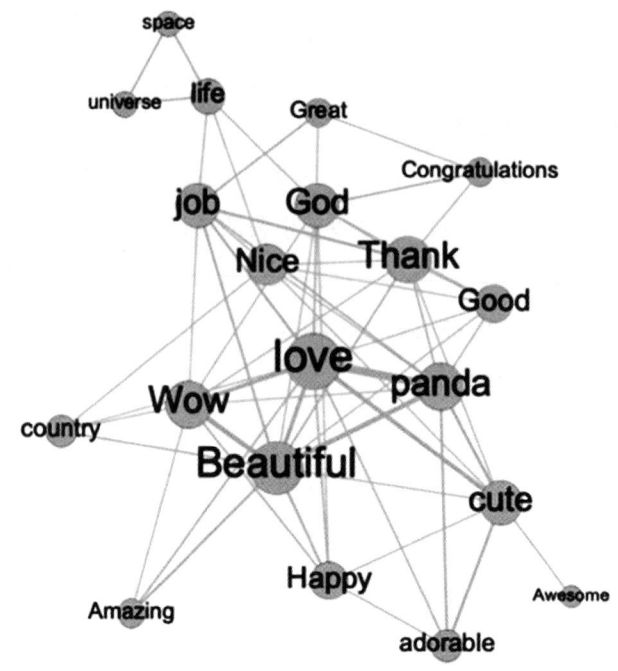

图 2　《人民日报》中国文化新闻海外
用户评论高频词共现网络图

节点则处于网络的次中心位置。因此这 8 个关键词与其他关键词之间的共现网络关系构成了 2019 年下半年《人民日报》中国文化新闻的主要传播话语内容。这些关键词内容说明《人民日报》对国宝熊猫、中国城市、首都北京以及中国古代建筑等相关内容发布频率较高，且新闻传播形式常以视频为主。而通过观察共现网络连边可以发现，"province"这一节点与其他关键词节点之间连边最多，这反映出以介绍各省市风土人情为主题的系列纪录片占据了《人民日报》发布中国文化新闻总量的较大比重，如《北京 24 小时》《辽宁 24 小时》等。系列纪录片视频内容中涵盖了中华历史文化、现代化科技、动植物以及自然风光，展现了我国各个省份的多样化面貌。而从"Beijing"这一关键词节点与其他节点间的连边可以发现，《人民日报》对北京的古建筑、宫灯、历史文化、美食以及北京的现代化、竞争性等方面关注较多，发布频率较高，倾向于将其更多元化的首都风采展现在海外社交媒体平台上。

其次，本研究对《人民日报》中国文化新闻海外用户评论高频词共现网络图进行分析发现，"love""beautiful"作为海外用户参与话题讨论内容的关键词，其节点最大，连边较多，占据着共现网络的最中心位置。除此之外，"wow""panda""thank""god""nice"等关键词被提及的频率也相对较高，节点较大。因此这 7 个关键词与其他关键词之间的共现网络构成了《人民日报》中国文化新闻海外用户评论的主要内容。这些关键词内容说明海外用户在接收到中华文化相关新闻时，对中国各省市文化、国宝熊猫、古代历史均表现出较为积极的正向态度，以及惊讶与赞叹的强烈情感。而《人民日报》发布新闻内容中"pandas"的频繁出现也影响着海外用户，使"pandas"成为海外用户经常讨论的内容话题，并深受海外用户喜爱。

（二）以传播广度、用户态度视角探究中国文化全球传播效果

随着新媒体传播技术的发展，互联网、移动通信以及智能终端被广泛运用于传播领域。媒介技术的变革打破了由报刊、广播、电视构成的大众媒体传播格局，使信息传播由单向传播转变为信息获取与上传的双向互动。而以web2.0 为技术架构基础的社交媒体，既是人类已有交流方式的有益补充，亦是承载了一种新的超越性的传播媒介，其互动性、实时性、"去中心化"等技术特征改变了个体信息传播行为，① 超越了传统媒体时代跨文化传播中存有的森严等级和秩序以及单向度的互动方式，建构了一种新的公共领域，为跨文化融入提供了新的可能性。② 基于上述背景，研究者对于传播领域信息传播效果测量进行了诸多探讨。如公众的注意程度可以通过页面访问量、点击率、转发量等指标进行衡量，公众态度的变化可以通过网络的各种意见表达渠道内容进行分析。

本研究认为，探究中国官方媒体在海外社交媒体平台的中国文化对外传播效果，需要确定研究的传播效果测量视角与传播效果测量指标。具体而言，

---

① 张伦、胥琳佳、易妍：《在线社交媒体信息传播效果的结构性扩散度》，《现代传播（中国传媒大学学报）》2016 年第 8 期。
② 于洋、姜飞：《国际跨文化传播研究新特征和新趋势》，《国际新闻界》2021 年第 1 期。

首先，本研究需要确定中国文化对外传播效果的测量视角，具体包括但不限于，跨议题，测量中国文化新闻与非文化新闻（如政治、经济、军事、社会、自然等新闻）传播效果差异；跨媒体，测量多家中国官方媒体在海外社交媒体平台传播效果差异；跨平台，测量官方媒体在Facebook、Twitter、YouTube等海外社交媒体平台的传播效果差异。其次，研究需要将中国文化传播效果进行操作化定义以确定传播效果测量指标，如将测量指标分为传播广度与用户态度。信息的传播广度被认为是最重要的传播效果测量指标，可以利用信息被转发次数进行衡量。[①] 而用户在新闻下方发表的评论情感倾向则可以被看作用户态度。情感倾向性包括"负面""中性""正面"三种态度，研究者可以采用自然语言处理库对文本内容进行情感分析，即通过语法规则解析、情感褒贬判断、程度判断、表情符号修正等步骤判别评论的情感值；通过累加新闻报道用户评论的情感值得到每条新闻报道的情感值。本研究认为，使用情感分析方法处理新闻评论文本内容能够测量海外用户对新闻报道的态度倾向，判断中国官方媒体发布的文化新闻内容是否起到了积极正向的传播效果。

综上所述，本研究可以对中国文化对外传播效果进行跨议题、跨媒体、跨平台的量化分析，通过采集中国官方媒体在海外社交媒体平台发布的新闻信息以及海外用户参与数据，建立回归模型并引入情感分析算法，从内容、媒体、平台三个不同角度探究中国官方媒体在海外社交媒体平台的中国文化对外传播效果。

（三）以中国文化议程设置视角探究中国文化全球传播效果

1972年麦库姆斯和肖发表《大众传播的议程设置功能》一文，提出客体议程设置理论，[②] 该理论指出新闻媒体强调议题的显要性可以转移给公众，从而影响公众的关注点。随后相关学者在客体议程设置的基础上提出属

---

① 张伦、胥琳佳、易妍：《在线社交媒体信息传播效果的结构性扩散度》，《现代传播（中国传媒大学学报）》2016年第8期。
② McCombs, M. E., Shaw, D. L., "The Agenda-Setting Function of Mass Media", *Public Opinion Quarterly* 2（1972）：176-187.

性议程设置[1]与网络议程设置（Network Agenda Setting）。[2] 学者发现媒体不仅能够影响公众"思考什么""如何思考"，还能够影响公众"如何建立议题与属性之间的联系"。自网络议程设置理论提出至今，既往研究主要将其应用于政治竞选、公共政策等议题背景下。而随着理论的不断发展与完善，学者逐渐将研究视野拓展至政治竞选以外的领域，如国际传播、科学传播、文化产业等方向，促使网络议程设置理论的研究议题愈发多样化。因此本研究认为研究者可以将网络议程设置理论与研究方法应用于中国文化背景下，对中国文化的海外传播效果进行探究。即探究现阶段中国官方媒体对中国文化的议程设置能否影响海外公众议程，以及海外公众对中国文化信息的价值偏好与讨论热点能否对中国官方媒体议程产生影响。本研究认为，对中国文化议程涵盖的客体以及议程网络结构进行经验性探究是了解中国文化议程在海外社交媒体平台传播现状的基础，有利于明晰现阶段中国官方媒体与海外受众的中国文化议程网络中存在哪些议题，以及议题之间构建了何种联系，对中国官方媒体基于新媒体技术对外传播具有重要意义。

1. 网络相似性分析方法

研究基于网络议程设置研究方法、社会网络分析法探究中国官方媒体在海外社交媒体的中国文化对外传播效果。首先，研究者需要分别采集媒体议程数据与公众议程数据。其中媒体议程数据为媒体发布新闻文本内容，而公众议程数据通常可以采用传统问卷调查[3]、思维导图调查（Mind Mapping）[4]以及抓取社交媒体用户推文评论三种方法进行采集。

其次，构建共现矩阵。研究者在构建共现矩阵前需要观察媒体与公众围

---

[1] McCombs, M. E., et al., "Candidate Images in Spanish Elections: Second-Level Agenda-Setting Effects", *Journalism & Mass Communication Quarterly* 4 (1997): 703–717.

[2] Guo, L., McCombs, M. E., "Toward the Third Level of Agenda Setting Theory: A Network Agenda Setting Model", Paper presented at the AEJMC, 2011.

[3] Guo, L., "The Application of Social Network Analysis in Agenda Setting Research: A Methodological Exploration", *Journal of Broadcasting & Electronic Media* 4 (2012): 616–631.

[4] Guo, L., McCombs, M. E., "Toward the Third Level of Agenda Setting theory: A Network Agenda Setting Model." Paper presented at the AEJMC, 2011.

绕研究问题展开的话题讨论内容，制定议程编码表。以中国文化议程为例，研究者基于中国官方媒体与海外公众讨论的文本进行内容分析，提取若干较为具体的关键词，编码员将相关性较强的关键词归并到同一议题中，归纳出一定数量的议题类别作为中国文化议程的议题编码条目，如建筑文化、饮食文化、服饰文化、传统工艺、传统习俗等。随后，为分析媒体新闻中议题和/或属性间的相关关系，研究者需要针对所收集的数据特征确定合适的编码单元，如一个自然段、一篇新闻报道或一篇推文。随后，研究者根据确定的议程编码条目与编码单元对媒体议程数据与公众议程数据进行语义分析。具体而言，研究将出现在同一编码单元中的两个议题计作一次共现，分别统计媒体与公众文本数据中议题两两共现的频次，根据共现频次分别生成 N 行 × N 列的媒体共现矩阵与公众共现矩阵。

最后，研究进行相关与回归检验。QAP（Quadratic Assignment Procedure，二次指派程序）常被作为网络议程设置研究的主要数据分析方法测量媒体议程网络与公众议程网络之间的关系。[①] 除测量网络之间的相关性外，在此基础上，研究还可以利用 MR - QAP（Multiply Regression Quadratic Assignment Procedure）回归分析对自变量矩阵与因变量矩阵的因果关系进行进一步检验。

2. 中国文化对外传播网络议程设置案例分析

本研究选择 2019 年 9 月 Twitter 社交媒体平台的 8 家中国官方媒体发布的中国文化相关新闻与海外公众发表的中国文化相关推文作为媒体议程数据与公众议程数据来源，将收集的数据分为 9 月上半月与下半月两个时间段进行相关与回归检验。[②] 研究结果表明，9 月上半月媒体议程与公众议程间存在显著相关关系（$r = 0.47$，$p < 0.01$），9 月下半月媒体议程与公众议程间亦存在显著相关关系（$r = 0.62$，$p < 0.01$）。而 QAP 回归分析结果显示，9 月上半月的媒体议程关系网络尚未能影响 9 月下半月的公众议程关系网络。

[①] 刘军：《社会网络分析导论》，社会科学文献出版社，2004。
[②] 张伦、邓依林：《网络议程设置理论与方法：计算传播学视角》，《中国传媒大学学报》（自然科学版）2021 年第 1 期。

从案例分析结果来看，2019 年 9 月中国官方媒体对中国文化的议程设置未能影响海外公众议程。

三　中国文化全球传播存在的问题与制约因素

（一）媒体间、平台间传播效果差距较大

现阶段中国官方媒体在海外社交媒体平台的传播效果差距较大，其主要表现在媒体间，即中国官方媒体之间传播效果存在差距，以及平台间，即中国官方媒体在不同海外社交媒体平台的传播效果存在差距。首先，研究通过对中国官方媒体在同一海外社交媒体平台推文数据流量进行对比分析发现，中国官方媒体账号间存在传播力、引导力、影响力等传播效果不均衡的问题。部分官方媒体粉丝量少，推文覆盖率低，其账户在海外社交媒体平台的影响力亟待提升。而部分官方媒体粉丝基数大、影响力高，其发布的中国文化新闻传播广度大，吸引了较多海外公众参与新闻的互动交流。但用户触达率高则意味着更多意见不同的海外公众参与到新闻讨论中，而部分公众由于对信息的理解偏差以及自身对中国文化的刻板印象，其言论导致新闻评论区成为反华言论或错误信息的聚集地，加之中国官方媒体未及时回应与澄清，一定程度上误导了其他用户的言论，导致高影响力的官方媒体的用户态度相对消极。其次，跨平台比较研究发现，与 Twitter 社交媒体平台相比，Facebook 社交媒体平台的中国文化新闻传播的广度更大，其主要表现在用户对文化新闻的更多转发、点赞以及评论等行为上。

此外，除中国官方媒体之间传播效果存在差距外，中国官方媒体与国际媒体之间传播效果同样存在较大差距，其主要表现在传播范围、媒体受众、账号流量等方面。Alexa 发布的数据显示，中国官方媒体在海外社交媒体平台发布新闻的受众群体大多为中国用户，其他国家用户占比相对较少。而国际主流媒体账号的受众在世界范围内占比相对均衡。受众人群占比极大程度地影响着新闻的传播范围，而传播范围则带动着新闻的传播效果。除此之

外，对比中国官方媒体与国际媒体的世界流量排名可以发现，西方国家的主流媒体流量排名在世界范围内处于靠前位置，而中国主流媒体排名相比之下则相差甚远。媒体账号浏览量作为影响传播效果的一项重要指标，反映了媒体账号发布的新闻能否被更多用户接收到。因此，与国际主流媒体相比，现阶段中国官方媒体仍存在传播效果相对较弱的问题。

（二）传播广度与话题讨论度相对较弱

中国官方媒体在海外社交媒体平台的整体运营能力、互动指数以及传播范围相比西方成熟媒体水平相对较低，对重大议题反应速度较慢，在新媒体舆论阵地上的影响力仍然有限。研究通过对中国官方媒体发布中国文化相关推文抽样发现，虽然中国官方媒体账号的粉丝量级较大，从几十万到上千万不等，但从推文数据指标来看，常规推文的点赞、评论以及转发量仅维持在数百次，仅有少数"爆款"推文能够获得上万点赞、近百次转发与评论。此外，2020年8月，Facebook、Twitter社交媒体平台官方宣布将针对国家附属账户添加标签（China State-Affiliated Media），并不再推广标签媒体发布的推文。这一政策的实施限制了中国官方媒体的内容推广与分发，进一步削弱了主流媒体的传播力和影响力。相关学者针对推特标签政策对中国官方媒体传播效果影响进行了实证探究，其结果表明，账号名称中凸显了国家名称的官方媒体（如《中国日报》）未受标签标记的干扰，而部分不易识别国家归属的官方媒体（如CGTN），在标签政策实施后，用户参与度呈现明显的下降趋势，说明该政策的实施对中国官方媒体在海外社交媒体平台对中国文化乃至整体对外传播效果产生消极的负面影响。

（三）议程设置效果较弱，媒体与海外用户关注焦点"脱靶"

目前中国官方媒体发布的内容未能影响海外用户的话题讨论内容，主流媒体和用户之间呈相互区隔、相互孤立的态势，各说各话，缺乏互动交流，用户黏性低。首先，中国官方媒体在海外社交媒体平台传播中国文化过程中，有意识地将"传统工艺""传统习俗"等话题作为传播的重点，将传播内容聚焦于剪纸、皮影等常出现于海外受众视野且能够代表中国形象的传统工艺。发布时间节点常为固定传统节日,发布内容大多是国内文化新闻内容的翻译版本,传播形式单一,缺乏规划与设计。而与中国官方媒体相反,海外受众在讨论中国文化时则更愿意分享关于"价值观念""宗教信仰"等具有个人化、生活化的话题内容。由此可以看出,目前中国官方媒体在海外社交媒体平台传播的中国文化内容与海外受众的关注焦点二者并不吻合,甚至是"脱靶"的。中国官方媒体仍以先验性标准判断海外受众的喜好倾向,以较为抽象且宏大的国家叙事视角讲述中国文化内容。

其次,中国官方媒体的传播模式以单向传播为主导,以"以我为主"的姿态发布新闻内容,没有充分发挥社交媒体平台的互动性优势,未与海外受众形成有效的互动沟通,未能及时调整传播内容,忽视了海外受众作为信息接收者以及信息供给者的作用价值。长此以往,媒体传递的信息内容与受众的喜好倾向相背离,则会导致海外受众对媒体的兴趣与关注程度降低,强化受众对中国文化的刻板偏见,使中国官方媒体丧失了这一低成本传播中国声音的国际舞台。

(四)缺乏强有力的传播渠道

传播中国文化需要一个甚至多个拥有庞大用户群体的有效传播渠道。然而目前中国文化对全球播尚未形成丰富多元、协同发展的全球传播渠道。首先,中国自建全球传播渠道如海外频道、外文网站、客户端等,因发行周期短,用户下载量有限,缺乏足够的影响力与竞争力。而抖音短视频国际版 TikTok 的成功出海却遭到部分国家以威胁国家安全为缘由被迫封禁,使中国对外传播信息与文化产品的极佳出口大打折扣。其次,中国利用海外成熟社交媒体平台融入国际舆论场过程中亦存在诸多困境。在中国官方媒体获得一定用户基础,以及与海外公众沟通交流的红利的同时,也受到海外社交媒体平台政策的诸多限制,制约中国官方媒体传播内容与影响规模的扩展。

四 "文化杂糅"：中国文化对外传播的可能策略

跨文化传播理论认为，人类共同价值构成了不同文化间相互理解的关键纽带，为促进不同国家与群体之间文化的互动交流以及各国文化的对外传播提供可能。文化杂糅是中国文化对外传播的可能策略，即将中国文化植入流行文化与人类共同价值中，有效弥补在"以我为主"的国家主导下依赖官方渠道的对外传播模式，以更为柔软温和"去政治化"的方式传播中国文化。具体来看，可以从传播主体、传播内容、传播对象和传播渠道等方面展开工作。

（一）宣传组织：聚集力量，依托主流媒体、借力社会组织与普通民众

客观认识到中国官方媒体的中国文化全球传播的不足，特别是当前几大主流社交媒体平台对中国官方媒体的限制性措施，必然会进一步削弱媒体影响力。因此充分发掘社会力量，改善中国对外传播依赖中国主流官方媒体的不平衡、高风险、易被政治化解读的现状极为重要。任何单一主体都不可能完成中国形象建构任务，但任何单一主体都可能或大或小地影响中国形象，因此国家形象建设需要全民参与。[①]

拓宽视野，将"传播主体"更多地让位于普通民众，用普通人的平凡生活和独特视角来展示"平凡"中国，往往更容易与海外公众产生情感共鸣。个人作为跨文化交流的主体，能够为海外信息传播赋予情感与温度，拉近文化距离。近年来，李子柒、"阿木爷爷"王德文以及六岁南京吉他女孩周昭妍（Miumiu Guitargirl）相继在海外社交媒体走红，海外用户反响强烈。例如，在李子柒的短视频中，她展示了与自然和谐相处的共同价值，传达出

---

① 范红、张毓强：《系统重构与形象再塑：中国国际传播新形势、新任务、新战略》，《对外传播》2021年第7期。

回归"小家"、归隐田园的文化意境。借助于"家"这一人类共同情感纽带，李子柒的视频成功彰显出独特的中国美学特征，并深谙中国哲学理念。李子柒等普通民众的成功，很大程度上显现了自媒体在当前国际传播中的独特优势，为提升中国文化软实力探索了一条与主流媒体相互补充的新路径。因此，中国官方媒体应当借力上述优质自媒体，在早期阶段，利用自身粉丝量大的优势进行推广引荐。同时，重点遴选部分在华外国人，通过转发他们的内容，借助他们的视角，以"他述"的方式讲述中国故事。

针对中国官方媒体讲故事能力弱的问题，应积极协同社会组织和专家团体，利用他们的专业技术优势为中国文化全球传播提供帮助，如动画内容制作、短视频创意等。学习上述成功自媒体的内容生产方式，讲"小故事"，即"小切口大格局"。

（二）宣传符号：质量优先，以优质外宣产品带动中国文化传播

既往研究经验表明，优质内容对传播效果起着决定性作用。因此，首先，中国官方媒体需要在传播内容上转换视角，讲"别人想听的故事"，而不是讲"我想讲的故事"。中国官方媒体应摒弃传统以泛政治化口吻，利用刻板的文化符号传递中国文化内容。而应有意识地尝试模仿海外公众相对个人化、生活化的叙事内容与叙事方式，以海外受众感兴趣的"小话题"作为切入点，以个人为叙事主体，通过不同的文化生产机制，不断挖掘"集体记忆"，进而塑造特定的文化认同观，讲述有真实情感的中国故事，从而构建"经典中国"、"当代中国"以及"平凡中国"形象，保持中国与周边国家文化认同的凝聚性。[①]

目前中国英文类新闻媒体数量仍相对较少，难以匹配中国现阶段的国际影响力和受关注程度，为中国在国际媒体环境中赢得更多话语权。此外，由于海外公众在利用英文检索涉及中国文化内容时往往优先展现的是海外网

---

① 李凤萍、文常莹：《基于扎根理论的中国国际传播力提升路径研究——以中国对缅传播为例》，《新闻与写作》2021年第10期。

站，因此存在巨大的"信息洼地"。针对这一问题，中国应借助于新闻媒体网站的高搜索权重（PR），使用户在搜索引擎（如 Google）中检索中国文化相关内容时，获得更多来自中国官方新闻媒体的信息内容。因此，在加强以 CGTN 为代表的英语电视媒体建设之外，还应重点加强中央和省级媒体（报纸、电视为主）的多语种内容建设（英语为主，兼顾若干其他语种），改变目前媒体新闻报道国际内容严重不平衡的局面，以适应中国作为一个具有全球影响力国家的国际地位。

其次，加大短视频内容建设。针对宏大、刻板的中国文化内容难以"深入人心"的问题，中国外宣媒体可以先从"映入眼帘"做起，利用短视频平台、社交媒体平台开展传播，先进行"表层"的文化内容传播，再试图进行"深层"的文化价值传递。作为网络文化的新形态，短视频平台已经成为流行文化的策源地，在社会文化中扮演着重要角色。而短视频等视觉媒介，具有低语境化的特点，因此其有益于海外公众对内容的理解与接受。

最后，相比于新闻报道、信息资讯等官方严肃、热衷于宏大叙事的"硬新闻"，展现中国风土人情、历史地理的音乐影视、纪录片、娱乐综艺等软文化更易于融入海外公众的日常生活。① 从近年来中国电影产业相关政策来看，中国政府已逐渐意识到影视在跨文化传播和公共外交中的重要作用。在中国影视跨文化传播过程中，无论是考虑到电影输出国的文化传播还是电影进口国的文化接受，都离不开对跨文化传播受众主体性的关注。因此研究者在推进中国文化对外传播过程中，除了要关注电影内容本身外，还应当关注受众的中国文化认知背景。② 针对这一问题，开设优质文化项目，推动影视作品中外合资是推动海外受众理解认同中国影视文化的出口之一。因此，中国影视相关机构应开设优质文化项目积极邀请海外电影人、影视公司

---

① 陶建杰、尹子伊：《中国文化软实力：国际评价、传播影响与提升策略》，《现代传播（中国传媒大学学报）》2020 年第 7 期。
② 黄会林、黄偲迪、黄宇晟：《中国文化认知对观看中国电影期望与行为的影响研究——2020 年度中国电影东南亚地区传播调研报告》，《现代传播（中国传媒大学学报）》2021 年第 1 期。

与国内影视公司合作。一方面可以实现优质资源互换,另一方面能够顺利打入海外市场,扩大电影国际化格局。① 从而使中国文化借助国际力量,以"他者"视角认知、塑造、传播中国形象,以他国媒体作为中国文化的传播出口。

(三)宣传对象:打破黑箱,加强对海外受众群体的研究

客观来说,目前中国外宣媒体对海外公众的研究相对较少,开展对外传播往往是在一种"黑箱"中展开,对传播对象到底有什么样的特征还缺乏了解,没有充分利用社交媒体的互动性技术特征了解海外公众兴趣偏好。中国官方媒体传递的传统节日、京剧、长城、美食等文化内容未必是海外公众所感兴趣的,而像官方媒体尚未注意的综艺节目、网络文化、网络小说、影视剧、硬核知识类等文化产品在海外拥有大量受众群体。对外传播是一项理论与实践兼具的工作。因此,中国官方媒体需要利用大规模深度调查与大数据分析等相关检测与分析方法,精准考察海外受众的信息需求与喜好倾向,结合社交媒体平台所建立的互动反馈机制,及时调整媒介话语内容传播策略,有针对性地提供相应内容,塑造对话性。从经验事实出发,通过对这些成功出海的传播内容进行分析,深入探究哪些内容奏效了,哪些内容失败了,以了解海外公众的文化与心理特征。

本研究注意到国内部分歌曲演唱类、达人技能类节目在海外社交媒体平台的播放量非常可观。2020年6月,歌曲《一剪梅》突然在欧美爆红,登上挪威、瑞典、新西兰等国家的音乐热榜。其中一个重要原因就是歌词"雪花飘飘,北风萧萧"(海外网民将其翻译为"The snow falls and the wind blows",暗含一种风雪交加的凄凉感)迎合了欧美年轻人群体"丧文化"的潮流。大意是人生遭遇困境低谷,却束手无策,暗合了2020年这个特殊年份海外公众的心境。歌曲类文化产品的出圈凸显了加强海外受众群体特征研究的重要性。

---

① 相德宝、王静君:《跨文化传播视角下〈流浪地球〉国际媒体传播效果及策略研究》,《全球传媒学刊》2020年第4期。

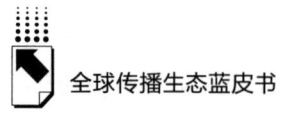

（四）宣传渠道：尊重差异化，发掘新的传播平台

据《2018年中国国家形象全球调查分析报告》统计，海外公众了解中国信息的主要渠道包括当地传统媒体、中国产品以及新媒体，其中海外公众越年轻，越容易接触到中国在当地推出的新媒体。[①] 我们应该意识到，尽管当地传统媒体仍然是海外公众了解中国文化的主要途径，但随着媒体融合、新媒体尤其是社交媒体的发展，拓展信息传播渠道向多元化方向发展，成为中国外宣媒体进一步传播中国文化的重要方向。开展对外传播，一方面，中国外宣媒体需要在Twitter、Facebook、YouTube等全球性社交媒体平台继续发力；另一方面，随着用户需求细分以及地区差异，TikTok、Pinterest、Instagram等新兴社交媒体平台快速发展，俄罗斯社交媒体VK、日本、韩国等东南亚地区社交媒体LINE等区域性社交媒体平台影响力也在逐步提升。因此，中国外宣媒体应保持敏锐的洞察力与前瞻性，紧跟时代发展，发掘并抢先入驻具有发展价值的传播渠道。除抢占新兴海外传播平台外，中国外宣媒体还可以根据不同海外传播平台特征与用户画像投放相适应的内容，如海外最大的游戏直播平台Twitch。中国外宣媒体应意识到Twitch等海外游戏直播平台其庞大的用户基础价值。中国外宣媒体可以基于平台极强的互动传播形式以及用户数据，选取以中国文化元素为背景的优质国产游戏，以游戏直播与游戏推荐的形式推广至该平台中。以游戏为外壳、中国文化为内置元素的方式能够使海外玩家降低心理抵触情绪，沉浸到游戏故事情节中从而潜移默化地理解中国文化。

[①] 当代中国与世界研究院课题组、于运全、王丹等：《2018年中国国家形象全球调查分析报告》，《对外传播》2019年第11期。

B.10
中国县级融媒体发展报告

郭全中*

摘　要： 我国县级融媒体中心在覆盖范围、体制机制改革、人才队伍建设、新闻内容生产等方面都取得了一定进展，但是在体制机制改革、人才密度、市场化运营等方面依然存在较为突出的问题，尤其是中西部地区的县级融媒体中心。用好县级融媒体中心是推进媒体深度融合的重要内容，结合我国县级融媒体中心的建设和发展实践，要真正建强用好县级融媒体中心，需要坚持"分好类、定准位、选好人、找对路、集资源、活体制"的原则。

关键词： 县级融媒体中心　媒体融合　治理能力　体制机制改革　全媒体人才

自2018年提出县级融媒体中心建设以来，我国县级融媒体中心建设取得了长足进展，已经于2020年底在全国范围内实现了全覆盖。整体来说，我国县级融媒体中心虽然从机构上实现了全覆盖，但离真正用好还有很大差距。

一　县级融媒体中心是我国融媒体中心建设的重要内容

县级媒体作为我国四级媒体体制的基层媒体，在新闻宣传事业中起着

---

* 郭全中，中央民族大学新闻与传播学院高级经济师。

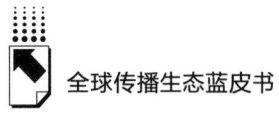

"最后一公里"的作用，在媒体融合、治理能力和治理体系现代化的大背景下，县级融媒体中心的功能和作用得到进一步拓展。

（一）县级融媒体中心是媒体融合的基层实践

虽然我国传统媒体早在21世纪初就开始媒体转型的实践与探索，但是大规模的媒体融合实践则是从2014年开始，先是《人民日报》、新华社、央视等中央级媒体的先行先试，然后是省级媒体和地市级媒体大规模的推进。在中央级、省级和地市级媒体的媒体融合实践中，探索出了一系列成功的经验和成果，也暴露出了诸多难点和问题，尤其是服务能力不足、技术实力薄弱、体制机制不顺等痼疾。2018年，在深刻总结中央级、省级、地市级媒体经验教训和重难点问题的基础上，国家提出了"县级融媒体中心建设"这一重大政治任务。并针对此前媒体融合服务能力不足的问题，提出要引导群众和服务群众；针对技术能力薄弱的问题，提出构建省级融媒体技术平台。

我国县级媒体作为四级媒体体制的神经末梢，长期以来没有得到足够的重视，而且由于市场空间小、体制机制不顺、人才素质偏低、创新能力不足等原因，县级媒体尤其是中西部地区的县级媒体相比于中央级、省级、地市级媒体有着很大差距。数量众多的县级融媒体中心建设作为基层媒体的媒体融合实践，既是我国媒体融合实践的重要组成部分，又能丰富我国媒体融合实践的内容和形式。

（二）服务群众大大拓展了县级融媒体中心的功能定位

引导群众、服务群众是县级融媒体中心的核心功能定位，其具体表现为主流舆论阵地、综合服务平台、社区信息枢纽三大功能，而这一切都需要以强大的服务能力为基础。

第一，服务好群众是引导群众的基础和前提。从理论上讲引导群众很容易，但是要把引导群众有效落实到实地需要做很多系统而细致的工作，而通过各种有效方式和措施服务好群众就能得到群众的理解和信任，并使其从灵魂深处相信媒体宣传和传播的内容，也才真正能够发挥自身的舆论引导功能。

第二，服务能力是县级融媒体必须具备的能力。县级融媒体中心不同于中央级、省级和地市级媒体，由于其人才、实力等能力制约，自身的新闻生产能力极为有限，尤其是互联网端和移动端新闻生产能力严重不足，单独依靠新闻难以获得足够的用户和影响力，更不可能重构商业模式和盈利模式。县级融媒体中心要想具备现代传播能力、重构商业模式与盈利模式，就需要搭建起面向本地的综合服务平台，充分借助社会力量来为当地群众提供各式各样的服务，进而在本地吸引足够多的用户。要打造好面向本地的综合服务平台，就必须具备强大的本地化服务能力。

（三）可以作为地方治理能力提升的核心抓手

党的十八届三中全会将推进国家治理体系和治理能力现代化作为全面深化改革的总目标，县级行政区划的治理体系和治理能力现代化是其中的重要内容。至于县级行政区域的治理体系和治理能力现代化，关键在于智慧媒体、智慧政务与智慧城市运营，其中通过智慧媒体能够构建现代传播能力和舆论引导能力，通过智慧政务可以构建数字化政务能力，通过智慧城市运营可以构建全方位数字化服务与治理能力。

对于县级融媒体中心来说，无论是智慧媒体，智慧政务，还是智慧城市运营，其前提都是要拥有数量巨大的政府数据等各类数据。目前，很多县级区域都设置了大数据局，有的甚至在大数据局下设立了大数据公司。从理论上来说，县级区域应该精简部门和机构，不应该设置过多的部门和公司，但是智慧城市运营又需要专门的机构和人才队伍，目前各个地方的县级融媒体中心都有足够的能力运营大数据公司，因此，各地的县级政府不应该再设立新机构而应该把大数据公司和智慧城市运营交给当地的县级融媒体中心，当然为了更好地平衡各方面利益，可以由当地的县级融媒体中心旗下的公司与相关部门组建大数据公司，而由县级融媒体中心控股。

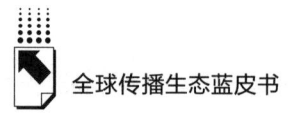

二 我国县级融媒体中心发展现状与存在的突出问题

毋庸置疑，我国县级融媒体中心在机构设置、资源整合、新闻内容生产、体制机制改革、经营能力等方面都取得了一定进展，且各省基本上搭建了省级融媒体技术平台，但是整体来说，其在体制机制改革、全媒体人才队伍建设、技术平台搭建、经营能力提升等方面还存在较为突出的问题，尤其是中西部地区的县级融媒体中心在较大程度上存在"形融而实不融"的突出问题。

（一）机构已经全部挂牌但不少尚未实现实质性运营

截至2020年底，我国的县级融媒体中心已经实现了全覆盖，即所有的县级融媒体中心都已经挂牌并开始运营。从实地调研来看，目前绝大多数东部沿海发达地区的县级融媒体中心不仅实现了挂牌而且已经实质性运营，但中西部地区仍有不少县级融媒体中心只是实现了形式上的挂牌，而并未实现实质性运营，即只是把之前的县级媒体更名为县级融媒体中心，但是运营方式并没有本质性变化，仍然采取旧有方式运营。

（二）资源形式上实现了整合但并未实现实质性融合

各地的县级融媒体中心成立之后，基本上把当地的广播、电视、报刊等新闻媒体资源整合在一起，划拨到新成立的县级融媒体中心并实现了合署办公。但中西部地区尚有一定数量的县级融媒体中心仅是形式上融合而不是实质性融合，在机构设置、人员配置、采编流程、薪酬分配等方面并没有实现彻底的融合，这也导致新成立的县级融媒体中心运作中存在"两张皮"现象，甚至存在严重的推诿、扯皮现象。

（三）省级融媒体技术平台基本上已经建成但实际效果一般

目前，基本上每个省份都搭建了省级融媒体技术平台，有的省份甚至搭建了不止一个省级融媒体技术平台，且各地的县级融媒体中心基本上已经入驻。其中，浙江省的天目云、湖北省的长江云、新疆维吾尔自治区的石榴云是其中的佼佼者。但在实际运行中，不少省份的省级融媒体技术平台的技术能力弱、服务能力差等问题比较突出，虽然各个县级融媒体中心名义上都已入驻但实际上并没有实质化运营。问题主要体现在如下几点：一是有的省级融媒体技术平台技术落后，难以充分支撑全省的融媒体发展；二是有的省级融媒体技术平台自身为了平衡，由不同的技术公司共同搭建平台，导致省级融媒体技术平台内部运作不够顺畅；三是有的省份搭建了两个甚至多个省级融媒体技术平台，各地的县级融媒体中心哪个都不敢得罪，加重了当地县级融媒体中心的负担；四是有的省级融媒体技术平台重利益而轻服务，收技术服务费时很积极而到了需要提供服务时则消极怠工；五是省级融媒体技术平台采取的是标准化、模块化组装而很少考虑到各地的个性化需求，有实力的县级融媒体中心则纷纷搭建自身的技术平台，而只是名义上入驻省级技术平台。

（四）新闻内容生产上仍然重传统形式而互联网端投入不够

各地的县级融媒体中心基本上脱胎于当地的县级电视台，在传统新闻尤其是广电新闻生产上相对擅长而互联网新闻特别是移动端新闻生产上相对生疏，因此，较大比例的县级融媒体中心在新闻内容生产上仍然存在严重的路径依赖，高度重视传统广电新闻内容的生产，而只是把传统内容拷贝到互联网端尤其是移动端，没有按照互联网和移动端的规律要求来生产和传播内容，导致传播效果不佳。在实地调研中，有些地方县级融媒体中心仍然以电视台为主要平台，而电视台只有当地的主要党政领导关注，难以真正发挥引导群众、服务群众的功能。

（五）体制机制改革有进展但整体仍然严重滞后

各地的县级融媒体中心在体制机制上都进行了一定的改革，整体来说，东部沿海发达地区的体制机制改革相对彻底和到位，而中西部地区一些地方则浮于形式并没有触及体制机制改革的痛点和实质，为下一步的市场化运作埋下了不少隐患。体制机制改革主要体现在如下方面：一是县级融媒体中心的定位上，很多地方把县级融媒体中心定位为公益一类事业单位，导致县级融媒体中心缺乏市场化运作的动力和活力；二是采编流程依然是旧有业务流程，没有构建起适应互联网的新业务流程，导致县级融媒体中心难以发挥实质性作用；三是存在明显的"同工不同酬"现象，不少县级融媒体中心存在事业身份人员、企业身份人员等多种身份人员，在同一岗位上事业身份人员的薪酬待遇远远高于企业身份人员；四是缺乏有效的激励约束机制，难以激活员工的创新力和活力；五是县级融媒体中心作为事业法人，旗下没有设立与市场对接的企业法人，导致市场化能力严重不足。

（六）人才得到补充但全媒体人才队伍建设仍任重道远

县级融媒体中心成立之后，绝大多数通过各种方式补充和完善了人才队伍，尤其是招聘了一定数量的年轻人才，人才结构得到了明显改善，但是整体来说，全媒体人才队伍建设仍处于初级阶段，未来仍有很长的路要走。全媒体人才队伍建设存在如下显著问题。一是优秀的"一把手"缺乏。用好县级融媒体中心的关键在于要有一个懂互联网、懂战略、懂运营，有魄力、愿干事、能干事、能承担风险的一把手。而实践中，绝大多数县级融媒体中心主任的年龄偏大、知识结构老化、承担风险的意识弱，导致县级融媒体中心的创新能力和创新意愿严重不足。二是人才密度低。县级融媒体中心作为基层媒体，尤其是中西部地区的优秀人才极为匮乏，且知识结构老化，难以适应基于互联网的媒体融合转型。三是人才多是传统业务人才，缺乏适应互联网的全媒体人才和复合型人才。传统媒体不仅人才密度低而且少有的人才多是从事传统采编业务的人才，缺乏懂互联网思维、互联网产品和互联网运营的全媒体人才，更缺乏既懂采编，又懂运营，更懂技术的复合型人才。

（七）经营能力整体较弱导致自我造血能力不够

目前，不少县级融媒体中心成立了与市场对接的公司，通过各种市场化运营来打造自我造血功能，但是整体上仍然处于之前长期依靠财政拨款的路径依赖中，经营能力普遍偏弱。主要体现在如下方面。一是"等靠要"思想严重，缺乏经营观念和意识。长期以来的财政补贴使大家不重视自身经营，更缺乏创新性经营的思路和能力。二是缺乏有能力、善创新的经营人才。我国传统媒体长期以来存在"重采编、轻经营"现象，经营人才得不到足够重视，也导致经营人才相对匮乏。三是缺乏激励经营创新的体制机制。经营面向市场，尤其是在传统媒体业务断崖式下滑的当下，需要付出巨大的精力和努力，而县级融媒体中心在经营方面普遍缺乏有效的激励机制。

（八）整体实力较弱需要多方面支持

虽然我国县级融媒体中心获得了较多的政策、资金和资源支持，但是整体来说规模小、实力弱，抗风险能力严重不足，仍需要当地党委和政府给予更多的支持。尤其是对于中西部地区的县级融媒体中心来说，一是自有资产少，抵御风险的能力弱，更不能与东部沿海地区一些拥有庞大规模不动产的县级融媒体中心相提并论。二是经营收入低，中西部地区主要依靠财政拨款和补贴，一旦财政拨款降低则会陷入困境。三是自身能力弱，不善于利用制度性优势获得资源。四是重硬不重软，导致稀缺的资源投入无效工作中。目前，有些县级融媒体中心尤其是中西部地区的县级融媒体中心获得了一定数量的稀缺资金扶持，但是多用来购买用于传统业务的重型设备，实质上造成了资源的严重浪费。

（九）东、中、西部地区的县级融媒体中心差距很大

目前，虽然东、中、西部地区都建立了县级融媒体中心，但是东部沿海地区与中西部地区在资产、营收规模，体制机制改革，人才密度，市场化能力等方面都存在巨大差距。一是东部沿海地区多有规模巨大的不动产，而中西部地区则很少有固定资产。例如，江苏省无锡市江阴融媒体中心的总资产高达20多亿元，比很多中西部地区的地市级媒体甚至省级媒体的总资产还高。二是东部沿海地区的营收规模、财政补贴规模大，远远超过中西部地

区。根据浙江省记协的数据，2020年浙江省县域传媒营业收入超38亿元，同比增长明显，其中11家县级融媒体中心营收规模过亿元，萧山日报社（包括下属子公司）营业收入过4亿元，居于第一位。三是东部沿海地区的体制机制改革更为彻底。东部沿海地区的县级融媒体中心多采取二类公益事业单位的体制，并成立相应的公司负责运营。例如，江阴融媒体中心就成立了江阴传媒集团负责资产的运营。四是东部沿海地区的人才密度更高。由于东部沿海地区经济社会发展程度高，本地的人才密度更高，且激励约束机制更为合理，更容易吸引到优秀人才，人才密度远超过中西部地区。五是市场化能力更强。一方面东部沿海地区的市场化程度更高，另一方面东部沿海地区的县级媒体很早就开始了市场化运营，具备了较强的市场化能力和自我造血能力。

（十）部分县级融媒体中心存在流量造假现象

建设县级融媒体中心的重要目标是打造现代传播能力，目前县级融媒体中心的现代传播能力得到了明显改善。但也存在一些县级融媒体中心为了追求所谓的"流量政绩"而大肆造假。在实地调研中，个别县级融媒体中心的点击率居然普遍比所在省级媒体高很多，很明显是其更改了后台数据。这种流量造假数据不仅扰乱了市场，也会对客观评价县级融媒体中心的效果带来严重干扰。

三 进一步用好县级融媒体中心的对策建议

《中共中央关于制定国民经济和社会发展第十四个五年规划和二〇三五年远景目标的建议》发布，明确提出"推进媒体深度融合，实施全媒体传播工程，做强新型主流媒体，建强用好县级融媒体中心"。可以看出，建强用好县级融媒体中心是推进媒体深度融合的重要内容，结合我国县级融媒体中心的建设和发展实践，要真正建强用好县级融媒体中心，需要坚持"分好类、定准位、选好人、找对路、集资源、活体制"的原则。

（一）分好类：按照当地传媒业市场规模进行分类

我国幅员辽阔、各地经济社会发展程度不均衡，不同县域的传媒业市场规模存在巨大差别，一些沿海发达地区的县级传媒业市场规模是欠发达地区同样面积的县域的几倍甚至十几倍，正是由于外部环境、基础和条件的千差万别，就要求县级融媒体中心根据当地的传媒业市场情况来选择适合自身的发展路径。

在具体实践中可以把我国的县级融媒体中心分为三大类。其中，第一类是当地传媒市场发达的县级融媒体中心，采取公益三类事业单位的运作体制，充分发挥市场机制，并利用好政府扶持的各类资源。第二类是当地传媒市场较为发达的县级融媒体中心，采取公益二类事业单位的运作体制，共同发挥政策扶持和市场机制的协同效应。第三类是当地传媒市场欠发达的县级融媒体中心，采取公益一类事业单位的运作体制，当地政府要给予足够的财政资金、政策和资源支持，并适当引入市场化机制。

（二）定准位：成为当地治理能力提升的核心抓手

国家对县级融媒体中心有三方面的定位，即主流舆论阵地、综合服务平台和社区信息枢纽，而结合十九届四中全会提出的"到2035年，国家治理体系和治理能力现代化基本实现"的目标，所有的县级融媒体中心的核心定位都应是"当地治理能力提升的核心抓手"。

对于发达地区的实力强大的县级融媒体中心来说，应定位为"当地新时代治国理政的新平台"，大力打造"智慧媒体、智慧政务、智慧城市运营"的"三智"平台，如浙江长兴县、江苏江阴市等地的县级融媒体中心都在积极进行这方面的布局和探索，并取得了一定的进展；对于较为发达地区的实力较强的县级融媒体中心来说，应定位为"当地治理体系和治理能力现代化的核心抓手"，重点打造"智慧媒体和智慧政务"的双服务平台，显著提升当地的治理能力；对于欠发达地区的实力一般的县级融媒体中心来说，应定位为"当地治理能力提升的核心抓手"，重点打造智能传播服务和产品，显著提升当地的舆论引导能力和服务能力。

（三）选好人：构建起精干高效的全媒体人才队伍

人才队伍是一切事业发展的关键和保障，建强用好县级融媒体中心的核心和关键是领导有力、结构合理、能力和素质领先的全媒体人才队伍。俗话说得好，"火车跑得快，全靠车头带"，综合能力优秀的一把手在县级融媒体中心的运行中至关重要，这就要求当地党委和政府选择一位理念新、能力和素质出众、实操能力强的年轻干部来担任，并且在条件允许的情况下，给予高配的级别和待遇。例如，河南项城市融媒体中心主任由项城市副市长王艳兼任。

在选择好优秀的一把手之后，还需要构建起科学合理的全媒体人才队伍，一要在精简冗员的基础上，实现融媒体中心人才队伍的精干高效，避免冗员过多而导致过度内耗；二要优化人才队伍年龄结构，重点引进和培养年轻人，年轻人是互联网的原住民，能够更容易地理解互联网；三要重点引进技术人才和新媒体人才，构建起能力和素质复合的全媒体人才队伍；四要进行系统化的、有针对性的培训，切实转变全体员工的理念和提升全体员工的能力与素质。

（四）找对路：找对适合自身的发展路径

县级融媒体中心要真正运转好，既需要遵循互联网传播规律和融媒体中心建设的共同规律，又需要结合自身的实践来找到自身的发展路径。不同类型的县级融媒体中心需要遵循的共同规律如下：一是以互联网端和移动端渠道为主，以适应互联网尤其是移动互联网已经成为核心主阵地的新形势，而不能再以传统媒体渠道为主；二是要引入市场化机制，切实提升县级融媒体中心的服务能力，缺乏市场化机制不可能有效提升服务能力；三是要重视技术的核心驱动作用，无论是借助省级融媒体技术平台，还是自身搭建技术平台，都要高度重视技术的关键支撑作用，实现内容与技术的有机融合。

对于不同地区的县级融媒体中心，在具体发展路径上又要有所不同。一是对于发达地区的县级融媒体中心来说，要采取大文化传媒的发展思路，统筹当地的所有文化、传媒、旅游资源以及政府数据资源和城市运营资源，搭建"智慧媒体+智慧政务+智慧城市运营"的"三智"平台，并成立相应的文化传媒公司，负责当地相应资源的统一公司化运营。二是对于较为发达地区的县级融媒体中心来说，要采取大传媒的发展思路，统筹当地的所有传媒资源和政务资源，搭建"智慧媒体+智慧政务"的"两智"平台，并成立相应的传媒公司，负责当地传媒资源的统一公司化运营。三是对于欠发达地区的县级融媒体中心来说，要采取小传媒的发展思路，统筹当地的传媒资源，并成立相应的传媒公司，引入一定的市场化机制，负责对接和运营当地的相应资源，同时激活县级融媒体中心的活力和创新力。

（五）集资源：尽可能汇集当地的相关资源

对于县级融媒体中心来说，相关资源的汇集是建强用好的前提和基础。当地相关资源的汇集可以分为如下几个层次。一是最基本的资源汇集是把当地的广播、电视、报纸等传媒机构和资源汇集起来，而且绝不仅仅是机构和资源的简单汇集，既要实现资源的汇集又要实现机构的彻底改革和融合，真正实现相关资源的集约化融合。二是进一步的资源汇集则需要整合当地的文化、旅游、会展等资源，例如，北京亦庄融媒体中心整合了当地的传媒、文化、会展等资源，2020年8月成立运营公司之后，到12月营业收入已经超过7000万元；此外，浙江省青田县除了整合传媒、文化资源之外，还把当地的旅游资源交由青田传媒集团运营。三是更进一步的资源汇集则是把当地的智慧政务尤其是政府数据公开与智慧媒体有机结合，给予县级融媒体中心更广范围内的资源支持。四是最高层次的资源汇集可以把智慧城市运营资源给予当地的县级融媒体中心，为县级融媒体中心的可持续发展提供强大的造血机制，长兴、江阴等地的县级融媒体中心已经处于最高层次。

（六）活体制：为发展改革营造良好的体制机制保障

县级融媒体中心要实现高效率运转，就必须啃体制机制改革的硬骨头，真正激活全体员工的积极性、主动性与创造性。一是营造鼓励创新和容错的干事氛围。互联网思维的精髓是不断试错、快速迭代创新，县级融媒体中心的发展实践也是不断试错的过程。二是启动以薪酬改革为抓手的激励约束机制改革。一方面，彻底打破编内人员和编外人员的身份差别，让所有员工都在同一起跑线上竞争，避免身份上的不平等；另一方面，在薪酬分配上做到"同岗同责、同工同酬、优劳优酬"，打破大锅饭式的平均主义，真正实现奖优罚劣，避免实践上的不平等。三是在编制上给予大力支持。县级融媒体中心需要引进技术人才、新媒体人才等，这需要一定的编制支持。四是对于经营性业务采取公司化运营。

参考文献

黄楚新、刘美忆：《2020年县级融媒体中心建设现状、问题及趋势》，《新闻与写作》2021年第1期。

郭全中：《县级融媒体中心完善的关键点与三种路径》，《新闻与写作》2020年第10期。

郭全中：《"十四五"时期的县级融媒体怎么干》，《城市党报研究》2021年第1期。

结构—国别篇

Reports on Structure and Country

B.11
俄罗斯新闻传播业发展报告*

赵 鑫**

摘　要： 本文探索俄罗斯新闻传播业现阶段的总体情况与运营结构，研究发现，在信息市场竞争愈演愈烈的今天，俄罗斯的新兴媒体市场正经历着多样化发展。为适应新时代读者的需求，传统媒体也在探索新的运营模式。

关键词： 俄罗斯　新闻传播业　中国驻俄媒体

俄罗斯作为世界上有着重要影响的大国，其传统媒体的发展曾有过辉

---

* 本文系教育部哲学社会科学研究重大课题攻关项目"'一带一路'沿线国家新闻传播业历史与现状研究"阶段性成果，项目编号为17JZD042。

** 赵鑫，博士，北京外国语大学俄语学院讲师，主要研究方向为俄罗斯经济、对外经贸合作。北京外国语大学俄语学院2020级硕士研究生郑睿琪、卢艺璇、曾子益，2018级本科生徐海跃参与了课题研究，对本文亦有贡献，特此致谢。

煌的历史。1991年苏联解体后，俄罗斯政治与经济体制的转变极大地影响着传媒领域，使其在推动社会变革的同时，自身迅速地发生变化，成为俄社会中率先实现变革的领域。同时，新媒体也随着互联网的发展快速兴起。俄罗斯新闻传播业在其独特的社会、经济、文化环境中逐步发展起来。因此，它不但具有世界新闻传播业发展的共性，更具有自己的特色和个性。

一　俄罗斯新闻传播业的基本结构

（一）主流媒体的发展

1. 通讯社

20世纪末，一篇题为《我们将成为路透社的奴隶吗？》文章揭开了当代俄罗斯大众传媒业争论的序幕。文章的作者是俄罗斯最大的新闻通讯社塔斯社的社长，他这一问的背后是20世纪90年代中期路透社、法新社、美联社这些世界级通讯社涌入俄罗斯后所引起的担忧。昔日的国家垄断者担心经济实力更雄厚的西方通讯社将不仅扮演俄罗斯与本国的信息交互者的角色，而是通过新闻俄语化占领俄罗斯的信息市场，甚至左右社会舆论和思想。事实表明，这种担忧是多余的，大多数传媒公司无法接受西方新闻产品的高昂价格。竞争的战线从国际退回国内，而等待着它们的仍然是不可避免的竞争。俄罗斯新闻通讯社市场驳杂，它们的发展带有显著的时代烙印，不仅反映了世纪之交全球化的趋势和新技术的发展，也蕴含着苏联解体后社会结构变化的线索。

今天，在俄罗斯有1000多家自称为新闻通讯社的机构。它们的划分有不同的方法。按地区划分，专门聚焦某个地区信息的地区通讯社南有"中亚新闻"通讯社，重点报道中亚、高加索和中东事件，北有"俄罗斯波罗的海"通讯社，定位北欧国家；国内既有专门服务于地区报刊的"地球仪"通讯社，也有散布于各州中心的地方通讯社。按照主题划分，在20世纪90

年代市场关系变化时期如雨后春笋般出现的经济通讯社中，较早找准定位的"俄罗斯商业咨询"和"AK&M"为银行、投资公司和代理机构提供独家分析和数据支持；商业利润较为逊色的社会文化通讯社，如"人权新闻通讯社""社会信息通讯社"更具人文情怀，它们涵盖人权、社会保护、慈善、教育、生态等话题，服务于大众、政府和社会组织，具有重要的社会意义。按照信息传播方式划分，网络时代应运而生的网络通讯社，如"通稿线路网"访问量位列榜首，不过随着传统新闻通讯社建立自己的网站、服务器，朝着多终端化的方向发展，两者之间已经没有实质性的差别。然而，在多样化的新闻通信市场中，有三家大型的全俄通讯社有着举足轻重的地位：塔斯社、今日俄罗斯通讯社和国际文传电讯社。这三家几乎决定了俄罗斯的新闻信息流，掌握着大众传媒市场的绝对份额。其创立和演变的历史也勾勒出20世纪以来俄罗斯的政治和社会变迁。

（1）塔斯社

塔斯社是最大的世界通讯社之一，也是俄罗斯最早的一家独立通讯社。它诞生于1904年，1917年十月革命后被布尔什维克夺取，与其他新闻机构合并为俄罗斯电讯社，简称罗斯塔。1925年7月10日改名塔斯社，总社设在莫斯科。对外用俄、英、法、西、葡、德、意、阿拉伯8种文字发稿，向115个国家和地区的新闻机构或商务代表处提供新闻或经济资讯。1992年塔斯社与俄罗斯新闻社合并组成俄通社—塔斯社，即俄罗斯通讯社，1994年重新独立。

目前，塔斯社在全球60个国家设有63个分社，在国内各个地区也设有分社，员工将近2万名。每天发布约2000条消息和数百张照片与视频，向其用户提供广泛的信息服务。塔斯社的主要信息产品涵盖政治、军事、经济、科技、体育等各个领域，覆盖世界不同地区，可以为订户提供单一或组合信息产品服务。塔斯社主要产品有官方网站tass.ru、手机应用程序以及新兴的特殊项目和媒体资源，比如"俄罗斯未来——国家项目""这里是高加索""Newm"等，面向不同地区或年龄层的受众群体。近些年，除了信息产品项目的创新外，塔斯社还在其他领域扩展自己的业务，组织会议、摄影比赛等。如2020年9月塔斯社举办了国际摄影比赛"克服新冠肺炎疫情新闻照片奖",鼓励疫情期间奔赴一线的新闻工作者。

(2) 今日俄罗斯通讯社

今日俄罗斯通讯社的前身是1961年创立的俄新社,2013年12月9日普京签署总统令,将俄新社与俄罗斯之声广播电视台合并重组为今日俄罗斯国际新闻通讯社。现在,"今日俄罗斯"媒体集团内设以下俄语信息机构:俄罗斯新闻社(简称"俄新社")、体育新闻社、房地产网站、Prime经济新闻社、评级机构RIA排行、外媒报道译文门户网站Inosmi.ru、社会导航等。俄罗斯卫星通讯社与广播电台是该集团在俄罗斯境外的代表机构。俄新社每天发布50多条新闻专线,全天候报道社会、政治、经济、科技和体育信息。俄新社的记者遍布俄罗斯69个城市和世界49个国家和地区。

今日俄罗斯通讯社与中国在新闻领域的合作也值得一提。2006年"中国俄罗斯年"启动之际,俄新社中文网站"俄新网"正式开通,这是俄罗斯媒体界第一家中文俄罗斯电子媒体。2017年7月今日俄罗斯通讯社与中国国际广播电台合作共同打造移动融媒体客户端"中俄头条",提供中俄双边资讯,其生产的内容被两国媒体广泛转载。今日俄罗斯通讯社、俄罗斯政府机关报《俄罗斯报》等媒体还特别开设了"中俄头条"专栏,专栏中采写的独家新闻经常登上俄罗斯最大的搜索引擎Yandex"中国新闻榜"榜首。

(3) 国际文传电讯社

国际文传电讯社是俄罗斯第一家非国有新闻通讯社,1989年由几位莫斯科广播电台的记者创办,它第一个在塔斯社构筑的信息堡垒打开豁口,提供关于苏联事件的客观消息。国际文传电讯社的"时效性、简洁性、叙述客观性"的理念一直延续至今,它在俄罗斯新闻的引用排行榜上稳居第一。苏联解体后,在新的新闻模式探索过程中,国际文传电讯社不仅通过了传送技术创新这一关口,最先通过传真传送新闻,而且较早地找到了独特的发展策略和创收方式——向公司和银行销售经济财经信息。如今,除了社会政治信息外,国际文传电讯社还向客户提供专门的电讯稿,包括石油、天然气、冶金、财经等关键产业的新闻。除了新闻资讯外,国际文传电讯社还提供各种商业信息服务，如"斯帕克""扫描""俄罗斯数据""国际文传电讯社D&B"等。

2. 报纸

自苏联解体后的 30 年间，俄罗斯印刷传媒市场已经发展成一个完整而多层的群体，根据联邦通信、信息技术与大众传媒监管部门 2020 年的数据，目前注册的大众传媒共 65000 种，其中杂志占 36%，报纸占 26%。可见，俄罗斯大众传媒的主要途径依然是纸质传媒，不过从 2010 年开始，这一数据存在减少的趋势。俄罗斯的报纸类型有多种界定方式，作为一个多民族、多主体的幅员辽阔的国家，"中央—地方"是判断的一贯参照标准。俄罗斯印刷局的资料显示，在俄罗斯的所有报纸中，城市报占 32%，其次是地区报、边疆和周报，全俄报纸仅占 4%。这一特点与俄罗斯近 30 年的社会结构变化和国内区域民族关系有很大联系。苏联解体后，民族自觉意识的增长和俄罗斯的多民族性催生了许多民族地区的报纸，如《摩尔多瓦消息报》《北高加索报》；在经济发展以农业为主的地区，比如克拉斯诺达尔边疆区，出版了提供专业农业信息的《叶民塞的地与人》《西伯利亚农业》；为商业服务的融合性跨区域报纸，包括车里雅宾斯克的《商业乌拉尔报》、新西伯利亚的《俄罗斯亚洲报》等；多党制的背景下，一些左翼党派的党报也积极活跃着，尤其是在总统和杜马选举期间。

不过，发行量最大的仍然是全俄报纸或首都报纸。它们种类繁多，既有受众最为广泛的社会政治类报纸，如《论据与事实》《共青团真理报》《消息报》，也有专门主题的《体育快报》《生意人报》等。发行量首屈一指的是《论据与事实》，2020 年第一季度其发行量达到了 1309373 份，俄罗斯境内发行 1020974 份，覆盖独联体国家 245838 份。

俄罗斯报纸市场的大部分主体是私营企业，从属于大型工业或能源组织（如《消息报》，从属于"俄气传媒"）或综合性传媒公司（如《论据与事实》出版集团、《莫斯科共青团报》出版集团等），它们在一定程度上坚持开放多元的自由立场。俄罗斯联邦政府的《俄罗斯报》反映官方的政策导向，利用行政资源和国家补贴，也有可观的发行量。

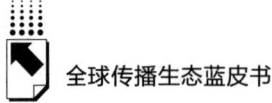

在信息市场竞争愈演愈烈的今天，传统媒体的地位受到新兴平台的冲击，许多无法适应新时代读者需求的报纸杂志纷纷倒闭，仍然屹立在主流媒体行列的"名牌"报纸在艰难维持着广告收入和订阅购买收入的同时，也在探索多终端、电子版付费订阅的新模式。比如《公报》推出的手机应用程序和网站，允许读者每月免费阅读13篇文章，超出部分需要付费订阅；此外，作为赠品，读者可以获得《哈佛商业评论》的6折优惠等。

3. 广播及电视

俄罗斯独立调查机构Levada中心2020年的一项研究报告显示，虽然近几年占比有所下降，但电视仍然是俄罗斯人获取信息最主要的途径。广播和电视在俄罗斯大众传媒体制中发挥着重要的、关键性的作用。

俄罗斯观众最常观看的电视频道有"第一频道""俄罗斯1台""比赛TV""俄罗斯独立电视台（HTB）""第5频道""俄罗斯-文化""俄罗斯-24"等。

"第一频道"是苏联国有电视公司"奥斯塔基诺"（Останкино）的继承者，1994年后者进行股份制改革后成立俄罗斯公共电视台，2002年改名为"第一频道"。作为俄罗斯最著名的综合性电视台，第一频道有着种类丰富、广受欢迎的电视产品。全天不同时段插播的15分钟"新闻"，以及每晚9点准时播放的常青新闻节目"时间"，都是观众获取新闻的重要途径。电视台还有各种社会生活类节目，如"健康生活""我们结婚吧""时间证明一切"，文娱类节目"俄罗斯好声音""音乐会"等，电视台还推出了一系列电视剧和纪录片。

"俄罗斯1台"和"俄罗斯—文化""俄罗斯-24"等都属于全俄国家电视广播公司。"俄罗斯1台"也是一个内容丰富的综合频道，主要电视产品包括：每周日晚八点的"一周新闻"、社会政治节目"莫斯科、克里姆林、普京"以及电视剧和电影。"俄罗斯—文化"中的许多节目是著名文艺工作人员的访谈和关于文化艺术的纪录片。除此之外，全俄国家电视广播公司还拥有多个广播台——"灯塔""新闻FM""俄罗斯广播""文化广播"等。根据2020年俄罗斯各大媒体引用率的排名，在广播中排名前列的是"卫星"

（Sputnik）、"莫斯科在说话"（Говорит Москва）、"莫斯科回声"（Эхо Москвы）、"共青团真理"（Радио Комсомольская правда）、"自由台"（Радио Свобода）、"新闻FM"、"俄罗斯广播电台"（Радио России）等。

（二）新兴媒体的发展

信息时代，传统媒体受到新兴媒体的冲击，这一点已经能从传统纸媒趋之若鹜的电子化改革上看出。社交媒体和网络出版物越来越多地成为人们，尤其是年轻人获取新闻的主要来源。列瓦达中心2020年4月发布的俄罗斯媒体行业调查报告显示，过去三年内，人们使用网络阅读新闻的频率在增加，每天都通过网络了解新闻的比例从2018年的10%增加到了2020年的31%。在这些网民中，18~24岁年龄层的人数最多，对网络信息的信任度也有略微增长的趋势。至于社交媒体，使用率更是不断提高，2020年超过一半的受访者每日都会使用社交媒体。[①]

俄罗斯的新兴媒体市场也经历着"百花齐放"的多样化发展。俄罗斯本土的社交媒体VK仍然保持着绝对的领先地位，覆盖率达67%；而同样是本土社交媒体，"同班同学"的受欢迎程度却略有下降。同时，已经进入俄罗斯市场的各类国外社交网络乘胜追击，如众所周知的Facebook、Instagram、WhatsApp也广受欢迎。其中，WhatsApp已经成为俄罗斯人网络交流的主要媒介，其地位堪比中国的微信。值得一提的是，中国的TikTok正在萌芽，从2019年入驻俄罗斯社交媒体市场以来，它已经凭借着趣味创新的短视频功能俘获了大批俄罗斯年轻网民的青睐。调查结果还显示，社交媒体的功能已经不仅仅局限于从前的聊天、电话，更多的人通过这些平台来获取信息、娱乐休闲，分享自己的生活。几乎所有网络出版物都有互动对话、论坛讨论功能，用户可以按照兴趣组织聊天室，就某一话题或文章展开讨论、投票等。

---

① https：//www.levada.ru/2020/04/28/rossijskij-medialandshaft-2020/print/.

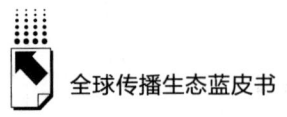

二 俄罗斯新闻传播业的政策及从业人员现状

（一）俄罗斯新闻传播业的政策

当代俄罗斯新闻传播业的政策由法律政策和非法律政策两部分构成。法律政策主要指俄罗斯政府在传媒领域的立法或法规政策。非法律政策一是指俄罗斯联邦安全局对国内新闻传播业的监督，二是指俄罗斯新闻工作者联盟及其出台的成文道德规范对行业的管理和约束。

1. 法律政策

当代俄罗斯传媒法并没有形成单独的法律体系，而传媒产业跨领域的特征决定了与其相关的法律体系涵盖几乎俄罗斯所有法律部门的规范。[①]

1993年12月12日，俄罗斯进行了新宪法草案的全民公决，通过了《俄罗斯联邦宪法》（简称《宪法》）。2020年7月4日生效的《宪法》修正案第二章第29条第5款规定："保障新闻自由，禁止言论审查。"[②] "保障新闻自由"是指保障大众传媒所有制形式的多元化，禁止国家或个体对其进行垄断，同时保障新闻传播过程中意识形态和政治主张的多元化。"禁止言论审查"则是指国家机关及其公职人员不允许对用于传播的信息和材料进行预先审查。

以大众传媒为调控对象的专门法则是1991年出台的《俄罗斯联邦大众传媒法》（简称《大众传媒法》）。它处于《俄罗斯联邦法律文件分类表》三级结构中的第二级，位于信息与信息化法律部门和教育、科学、文化法律部门之下。[③] 虽然《大众传媒法》的问世已经宣告了俄罗斯新闻审查制度的终结，但事实上20世纪90年代中后期国家的"政治审查"转变为寡头用

---

① Бендюрина С. В. Правовые основы деятельности СМИ. Учебно-методический комплекс. Екатеринбург，2006. С. 4.
② http：//www.constitution.ru/10003000/10003000-4.htm.
③ http：//base.garant.ru/181840/.

资本决定的"金钱审查"。2000年普京当选俄罗斯总统后，致力于在上任总统叶利钦的政策基础上继续削弱寡头传媒的力量，构建以国家传媒为主、社会组织和私有商业传媒（包括外国传媒）为辅的行业格局，并提出了"媒体是国家服务者"的理念，[1] 由此强化了政府对大众媒体的指导作用。

此外，《俄罗斯联邦劳动法》《刑事诉讼法》《税法》《仲裁法》等法律在与《宪法》和《大众传媒法》保持一致的前提下，从不同的角度对信息媒介进行了限制和约定。

2. 非法律政策

俄罗斯联邦安全局是由国家管理并在职权范围内保障俄联邦安全的统一集中体系。当今俄罗斯联邦安全局中负责监督新闻传播业的是联邦安全局第二局，其前身是苏联时期的克格勃第五局。它们可以在没有任何法律依据的情况下向记者或媒体部门直接或间接施加压力，威胁可能破坏国家利益的新闻人，暗示要采取严厉的惩罚措施。[2] 这种监管模式可以被视作苏联时期"国家新闻审查制度"在当代俄罗斯的一种变体。

俄罗斯新闻工作者联盟于1994年通过的《俄罗斯新闻工作者宪章》和《俄罗斯新闻工作者职业道德规范》对记者的职业道德做出了规定，但两者都不具有法律效应。俄罗斯的各级各类媒介机构还制定了各种职业道德规范文件。例如，有针对广播电视从业者的《广播电视从业者宪章》（1999年），有针对法律报道者的《法律报道员同业公会宣言》（1997年）；在个别地区有当地的职业道德规范文件，如新西伯利亚州的《新西伯利亚州地区传媒新闻记者与创办人（出版人）宪章》（2000年）；至于个别媒体也有自己的规范文件，如《消息报》的《消息报人伦理法典》（1995年）以及《〈消息报〉编辑部与出版物股东关系宪章》（1997年）等。[3]

---

[1] 顾钢：《论当代俄罗斯新闻业的审查制度》，《辽宁行政学院学报》2009年第10期。
[2] 顾钢：《论当代俄罗斯新闻业的审查制度》，《辽宁行政学院学报》2009年第10期。
[3] Кумылганова И. Развитие современных механизмов саморегулирования прессы в России. Журналистика на перепутье: опыт России и США. М.: МедиаМир, 2006. С. 116 – 117.

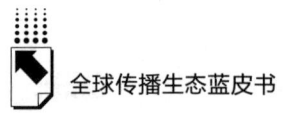

（二）俄罗斯新闻从业人员现状

当代俄罗斯新闻工作者的权利受到法律保护，同时其必须履行相关义务。根据《大众传媒法》第五章第47条和第49条规定，记者拥有"寻找、询问、获取和传播信息""走访国家机关和组织、企业和机构、社会团体机关及其新闻部门"等12项权利，同时也应履行"遵守与本人建立劳动关系的编辑部相关条例""确保所获信息的可靠性"等9项义务。①

2020年6月，俄罗斯新闻工作者联盟主席弗拉基米尔·索洛维约夫对外公布，目前有50万名记者在官方注册的大众传媒工作。② 俄罗斯"猎头"公司与俄罗斯新闻工作者联盟于2019年联合开展的抽样调查显示，在记者群体中女性约占71%，男性约占29%，男女记者中均是18~24岁这一年龄群体占比最大。记者群体中受过高等教育的比例达89%，有8%的记者接受过不完整的高等教育，有2%的记者未接受高等教育，有27%的记者在毕业后接受过继续教育，且多为语言课程或专业技能提高课程。此外，根据雇佣单位提供的薪资数据，2018~2019年俄罗斯记者的平均薪资为38500卢布，薪资位列全国前三的联邦主体分别是莫斯科（50000卢布）、滨海边疆区（40500卢布）、莫斯科州（40000卢布），薪酬最低的三个联邦主体是沃洛格达州、萨拉托夫州和楚瓦什共和国，薪酬均为20000卢布。③

三 从多元文化看外国媒体的发展
——以中国媒体对俄传播为例

（一）中国媒体在俄落地情况及传播实践

目前，中国驻俄媒体共有13家，分别是人民日报社、新华社、中国中

---

① http://www.consultant.ru/document/cons_doc_LAW_1511/.
② https://ria.ru/20200619/1573183459.html.
③ https://spb.ruj.ru/news/ruj-news/analiz-professii-zhurnalist-na-rossiiskom-rynke-truda-15933.

央电视台、中国国际广播电台、中国新闻社、中国日报社、光明日报社、经济日报社、文汇报社、法制日报社、科技日报社、中国青年报社、人民画报社（《中国》杂志）。① 在互联网时代背景下，中国媒体在俄罗斯的传播形式呈现多样化特征。以《人民日报》为例，《人民日报》欧亚中心分社设于莫斯科，同时兼为俄罗斯分社，主要负责俄罗斯及独联体国家和波罗的海三国的报道。中心分社实行首席记者负责制，目前在位人员4人。《人民日报》主要以人民网俄罗斯频道、《人民日报》VK账号、《人民日报》Facebook账号、《人民日报》Twitter账号为平台开展新闻传播实践。

人民网是《人民日报》建设的互联网新闻发布平台，人民网俄罗斯频道设有"中国""世界""俄罗斯和独联体""经济""评论""科学和教育""社会和文化""体育""视频""照片"等十个专栏，每日更新中国国内的要闻以及与中国相关的国际要闻，报道体裁既包括反映动态事实的消息，又包括围绕不同新闻事件和时间节点发布的专家评论、新闻特写等深度报道。

VK作为俄罗斯本土影响力最大的社交媒体平台也成为《人民日报》对外传播的重要渠道之一。2013年8月，《人民日报》在VK上注册了以"Жэньминь жибао онлайн | Новости Китая"命名的官方账号并开始正式发布信息。截至2021年3月，已经有超过34万用户关注该账号。在VK主页上，《人民日报》每天主要通过文字加图片或文字加短视频的方式进行信息发布，其内容涉及政治、外交、文化、社会、经济等多个主题，VK注册用户可以对每条信息进行点赞、评论、转发，由此形成了一种媒体与受众的双向交流。

此外，《人民日报》于2012年在Facebook平台和Twitter平台上分别开通了以"Газета'Жэньминь Жибао'Онлайн"和"renminwang@yandex.ru"命名的个人主页，截至2021年3月，其在Facebook平台的粉丝数已超过31万，但在Twitter平台的粉丝数仅超过2万。在这两个平台发布的信息

---

① http：//ru.china-embassy.org/rus/fwzn/xwfw/zgzmmtxx/.

内容在一定程度上有所重合，但与在 VK 平台上发布的信息有所区别。

在社交媒体时代背景下，《人民日报》社交平台账号的开通和运营扩大了自身的新闻传播范围，是打造中国主流媒体对俄传播平台的良好实践，但其传播效果仍有提升空间。而在与俄方媒体合作方面，人民日报社与俄罗斯塔斯社在 2017 年签署了协议，双方以平等互利为基础，在相互报道、联合采访、媒体融合发展、代表团互访、人员交流和培训等方面开展广泛合作，共同增进两国人民的相知互信，为中俄全面战略协作伙伴关系发展营造良好舆论氛围。①

（二）中国媒体对俄传播采取的主要策略

对俄传播是塑造中国形象、传递中国声音的重要渠道。通过分析中国媒体对俄传播实践活动，可以发现其主要采取了以下传播策略。

在议题设置方面，中国媒体在对俄传播时关注国际热点议题，主动参与表达，及时表达中国立场，发出中国声音。一方面，针对发生在中国国内的大事和中国在国际社会中的作为，中国媒体在第一时间进行编译和报道。另一方面，针对他国媒体的歪曲报道和舆论攻击，中国媒体积极收集和研判涉华舆情，以坚定的姿态亮明中国态度。

在报道方式方面，中国媒体在对俄传播时，将消息、评论、特写等新闻报道体裁相结合，将传统媒体和新媒体相结合，拓展了传播的深度和广度。大多数中国驻俄媒体采取网页端和社交平台相结合、实时消息与深度报道相结合的形式发布信息。此外，在社交平台上开通个人主页的中国媒体会充分考虑俄罗斯用户的偏好，在发布新闻之外推送一些趣味性、文化类的文字、图片和短视频，从而优化传播效果。

在合作机制方面，中国媒体与俄罗斯的国家、地方媒体协作配合，在活动、内容、产业等方面开展多层次合作。合作传播作为国际传播的一种方式

---

① 《人民日报社和塔斯社签署全面合作协议》，人民网，http：//politics.people.com.cn/big5/n1/2017/0705/c1001－29383157.html。

和路径，有效促进了信息流通、增进了相互了解，并助力合作国家在传媒领域以及其他领域的共同发展。

（三）中国媒体在俄发展面临的机遇和挑战

当前，中国媒体在进行对俄传播实践时，机遇与挑战并存。中俄关系呈良好发展态势为中国媒体在俄发展提供了机遇。一方面，新时代中俄全面战略协作伙伴关系的推动需要中国媒体在对俄新闻报道中发挥更大作用，服务大局；另一方面，中俄两国共同出台了系列政策，助力两国媒体合作，进一步促进了中国驻俄媒体的发展。2006年以来，中俄连续举办国家级"主题年"活动，推动两国的人文交流，尤其是在2016～2017年举办的"中俄媒体交流年"期间，两国媒体的合作力度再次得到加强。此外，自2015年举办的"中俄媒体论坛"也为两国媒体的交流合作提供了一个重要的机制性对话平台。在政府的支持和推动下，双方媒体在互利互信、共赢原则的基础上开展了一系列多元务实的合作，中国媒体得以借鉴俄方在国际传播领域取得的成功经验，并不断增强自身的话语权，为构建多元、平衡的世界传播格局贡献力量。

近年来，随着传播生态的急剧变化，新媒体对传统媒体发出挑战，其速度快、自由度高、互动性强等传播优势逐渐凸显，而且正以其强劲的发展势头影响和改变着对外传播模式和效果。① 在新形势下，两国政府对网络平台的监管政策都正处于完善阶段，中国驻俄媒体仍处在对新型传播生态的适应期和磨合期。比如《人民日报》在VK平台上的传播正面临文字来源不丰富，图片视频数量不足，话题链接不开放、不延伸的问题，② 同时，用户的浏览、分享、点赞、评论数量不多，传播范围较小且互动性较差。如何充分利用网络平台的优势提高传播效益、做出适应性调整，是中国驻俄媒体亟须思考和解决的问题。

---

① 李璁：《新时代对俄传播与国家形象塑造——以CGTN俄语频道为例》，《对外传播》2020年第9期。
② 周美芝：《"一带一路"背景下人民日报VK的传播现状分析》，《今传媒》2017年第7期。

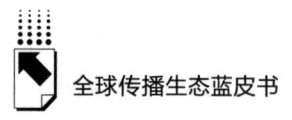

四 俄罗斯新闻传播业的成因分析与未来发展趋势

现代俄罗斯新闻行业发端于苏联解体的社会动荡时期。1990 年 6 月，苏联通过了《印刷媒体与其他大众传媒法》，取消了审查制度，实现了媒体自由。1991 年 12 月苏联解体以后，俄罗斯联邦通过了《大众传媒法》，进一步巩固了媒体的言论自由，带来了全新的媒体运营模式，新型媒体如雨后春笋般激增。① 然而，在经过近 30 年的探索与实践后，现代俄罗斯新闻传播业的发展也不可避免地产生了一些问题。

（一）俄罗斯新闻传播业的成因分析

1. 国家层面——从多样，到垄断，再到可控传播

在市场化的体制下，信息如同商品一样，具有价值、需求、生命周期等与商品相似的属性，同样也可以形成自己的市场。而"信息资本"的全部特征在于它可以使资本最有效率地实施信息垄断，以获取在任何传统产业领域都难以实现的高额垄断利润。如上文所提到的，当代俄罗斯的新闻行业在苏联解体时期开始逐步转轨至市场化运作。据统计，20 世纪 90 年代初在俄罗斯涌现近 1200 种报纸、杂志与公报，每种刊物均拥有一定的政治倾向，传统的主流官方媒体开始失去自己的读者。这一时期国家对信息的垄断被打破，被称为"90 年代初的信息爆炸"。90 年代末，随着媒体市场的固化，出现了以古辛斯基与别列佐夫斯基为代表的媒体寡头。② 这些寡头往往拥有很深的政府背景，在重大事件的报道中可以获得普通媒体难以获得的资源。以别列佐夫斯基为例，其曾担任叶利钦时期的国安会秘书长，这使其旗下的社会电视台（后来的俄罗斯第一频道）手眼通天。在第二次车臣战争时的

---

① Овсепян Р П. История новейшей отечественной журналистики （Февраль 1917 – начало 90 – х годов） Учебное пособие. Московский государственный университет печати. 1999.

② 吴非：《俄罗斯媒体外宣：寡头媒体的调整及延伸》，《人民论坛·学术前沿》2019 年第 6 期。

报道中，别列佐夫斯基社会电视台的资讯相当丰富，其节目常常能获得正常媒体难以获得的资讯。

自2000年普京开始执政后，其对寡头们的媒体帝国采取了一系列打击措施，其后续影响持续至今。2000年，俄罗斯政府对古辛斯基开展刑事检查，与此同时俄气公司对其旗下的"桥传媒"提起民事诉讼。2000~2002年，俄气传媒集团全面掌握了古辛斯基的社会政治类媒体帝国，包括独立电视台、《今日报》（于2001年停刊）、总结评论和莫斯科之声电台。类似地，别列佐夫斯基的商业帝国在俄罗斯政府的打击下逐渐解体，旗下的《独立报》与《生意人报》分别出售，2013年别列佐夫斯基在英国确认死亡。

俄罗斯传媒在经过别列佐夫斯基与古辛斯基事件之后，形成了以国家媒体为主导、其他媒体为控股公司的结构。目前俄罗斯对媒体采用直接管理、间接控制和利用特殊机构三种方式实行控制，使优秀的媒体人才与雄厚的资本相结合。Levada中心调查显示，2020年超过70%的俄罗斯人将电视作为主要信息来源，50%的俄罗斯人更愿意相信电视媒体。这也意味着，电视在俄罗斯媒体中占据最主要的地位。而在电视媒体领域，国家拥有着绝对的控制权。根据俄罗斯联邦总统2009年6月24日颁布的《关于全俄强制性公共电视频道和广播频道》第715号法令，俄罗斯成立了一系列在全国范围内放送的全类型电视广播频道，包括3个广播频道与10个电视频道。值得注意的是，这10家电视媒体中，有6家直属于国家，其余4家均间接受国家控制。俄罗斯独立电视台与比赛TV同属俄罗斯最大的天然气开采公司俄气控股；圣彼得堡第5频道受俄罗斯国家媒体集团控制，该集团1/3的股权属于圣彼得堡政府；俄罗斯公共电视台名义上是一家自治的非商业组织，实际上却完全受国家资助而建立。

一言以蔽之，在新思维的思潮下，俄罗斯曾出现过媒体的"大爆发"，拥有丰富资源的寡头们在残酷的市场淘汰机制下曾一度垄断国家媒体。如今，俄罗斯联邦利用财政、法律和行政资源打破寡头的垄断，以建立其成熟的信息政策。

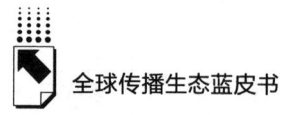

2. 媒体层面——政治正确与经济效益并重

俄罗斯宪法规定："保障新闻自由，禁止言论审查。"然而事实上，根据俄罗斯2020年修订的《信息法》第15章第3条，俄罗斯的"言论自由"同样存在各种话题限制，联邦机关有权对危害公共秩序的信息进行封锁。依据该法，俄罗斯建立了监督媒体与信息的联邦级组织——俄罗斯联邦通信传媒监督局，依法处理有害信息。2003年，普京在与美国哥伦比亚大学的学生和教授座谈时讲道："媒体应当是自由的，但是媒体只有在独立的经济发展基础上才能实现媒体自由。如果新闻受'两三个'钱袋子控制，那么，这不是媒体自由，媒体反而会成为利益集团的保护者。"普京认为俄罗斯媒体有维护国家利益的义务，媒体在国有公共服务体制下才能建立媒介权利与利益的正常管理秩序。在这一思想的引导之下，为了保障新闻自由，俄罗斯当局开始打压媒体寡头。俄罗斯媒体在完成政治正确的基本要求之外，开始寻求利益最大化的方式。

近十年来，随着信息技术的发展与互联网的普及，印刷媒体行业的发展空间变得越来越小，俄罗斯印刷媒体的数量出现了明显的下降。俄罗斯联邦通信传媒监督局的统计数据表示，已注册登记的俄罗斯印刷媒体的数量从2009年的72498家下降至2020年的42861家，下降了约40%。① 小型纸媒在行业不景气的大环境下生存困难，而拥有国家背景支撑的老牌媒体拥有顶端优势，在纸媒行业中占据主导地位。

然而，即使是处于顶端地位的印刷媒体，目前也面临市场化的压力。如《生意人报》，其同名母公司于2017年停止发行旗下另外两份纸质刊物《权力》与《金钱》的印刷版，其主营业务基本转移至线上。《生意人报》出版社的总经理解释道："周刊这种媒体形式正在消亡。广告收入没有增长，然而印刷成本不断升高，其正在'吃光'所有利润。②"根据俄罗斯通讯社协会2019年发布的数据，广告市场在传统媒体行业的体量均有不同程度的下

---

① https：//www.interfax.ru/russia/691033.
② https：//www.gazeta.ru/business/news/2017/01/09/n_9539771.shtml.

降,在总市场上升5%的背景下,印刷媒体中的广告市场依然有着16%的降幅。此外,电视市场下降了6%,广播市场下降了5%;而相对应地,互联网市场上涨了20%。[①]原来流向传统媒体行业的广告收入流向了互联网巨头。在重重压力之下,纸质媒体的衰落已成必然,电子媒体是所有俄罗斯媒体在经济规律指导下的共同选择。

(二)俄罗斯新闻传播业的未来发展趋势

加拿大物理学家与传播学家罗伯特·洛根(Robert K. Logan)在《理解新媒介:延伸麦克卢汉》一书中,把人类传播媒介发展历程划分为"非语言的模拟式传播"、"口语传播"、"书面传播"、"大众电力传播"和"互动式数字媒介或新媒介"等五个时代。其中"非语言的模拟式传播""口语传播"在印刷术发明之后逐渐退出大众传媒的视野;"书面传播"在互联网时代里日渐式微。俄罗斯的新闻传播业同世界上其他地区的传播行业一样,处在"书面传播"日益衰落、"大众电力传播"如日中天、"互动式数字媒介或新媒介"冉冉升起的时代变局之中。毋庸置疑,新媒体将是新闻传播行业的未来。

有别于传统媒体,新媒体最大的特点在于其交互性。新闻媒体已经不仅仅是一个信息的来源地,媒体的价值在于更加合理科学地整合已有信息,向读者做出一定反馈。在当今社会,新媒体发展迅猛,其在用户和形式上均呈现多样化趋势。从用户角度看,新媒体依托互联网平台,使更多人能够通过便捷手段随时随地获取信息,因而吸引了较传统媒体更广的受众;从形式角度看,新媒体打破了之前纸质媒体的"条条框框","流媒体""融媒体"等新概念如雨后春笋般冒出,形式上的创新为新媒体报道内容提供了更多可能性。更重要的是,新媒体凭借其灵活性、互动性与现代性,为多样化提供了温床。

互联网开启了人类的信息时代,人们可以更加轻松地获取全球各地的信

---

① https://www.akarussia.ru/knowledge/market_size/id9112.

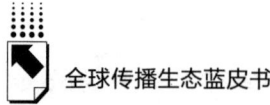

息，语言的交流也比此前任何时代更加频繁。英语作为一种全球化的语言，对俄语新闻语言的影响是巨大的。英语的影响力早已超过了俄语新闻，在某种程度上，英语补充了俄语的词汇，扩充了俄语的表达方式。随着世界的交流不断深入，语言间的影响也将持续作用于新闻的语言形式，丰富新闻的思想内核。

五 结语

综观整个俄罗斯新闻传播业发展历史可以看出，其具有鲜明的时代特征，与当时社会中重要的历史事件、变革等息息相关。走过数百年的发展史，21世纪俄罗斯新闻传播业更是国家软实力的体现。所谓国家软实力，也就是一种政治影响力，通过国际社会对国家文化、电影、电视、大众文学、当代可视化艺术及新媒体等的认可实现本国目标。因此，在新闻传播领域深耕比动用武装力量或传统外交手段更能塑造国际舞台上的国家形象。

俄罗斯的新闻传播业同世界上其他地区的传播行业一样，处在"书面传播"日益衰落、"电力传播"如日中天、"互动式数字媒介或新媒介"冉冉升起的时代变局之中。毋庸置疑，新媒体将是新闻传播行业的未来。

俄罗斯新闻行业，尤其是现代新闻业的发展，与中国该产业的发展具有高度相似性。两国均曾经历过国家垄断时期，也同样进行过市场化发展，在互联网媒体的时代浪潮下，两国也同样面临读者流失、收入减少和成本增加等困境；面对流量与质量的抉择，两国都有着同质化与标题党的问题。可以预见的是，新媒体转型是两国新闻传播行业发展的共同道路。

B.12
白俄罗斯新闻传播业发展报告[*]

劳华夏[**]

摘　要： 白俄罗斯是欧亚大陆交通运输枢纽，在"一带一路"建设中拥有地缘优势，被称为支点国家。中国与白俄罗斯建交以来，两国关系不断提升，保持高水平运行。白俄罗斯新闻传播业的确立以白俄罗斯独立为标志，在苏联加盟共和国时期的基础上发展而来，既带有苏联时期的痕迹，又有其独特之处。

关键词： 白俄罗斯　新闻传播　媒体

白俄罗斯是欧亚大陆交通运输枢纽，在"一带一路"建设中拥有地缘优势，被称为支点国家。中国是最早承认白俄罗斯独立的国家之一。1992年1月20日，中白两国建交。此后，两国关系不断提升，目前处于历史最好时期，保持高水平运行。中白互为可信赖的全面战略合作伙伴，双边关系拥有稳固的政治基础、强劲的经济合作势头和广阔的人文合作前景。

白俄罗斯新闻传播业的历史可以追溯到14世纪上半叶立陶宛大公国统治时期。其现代新闻传播业的确立以白俄罗斯独立为标志，在苏联加盟共和

---

[*] 本文系教育部哲学社会科学研究重大课题攻关项目"'一带一路'沿线国家新闻传播业历史与现状研究"阶段性成果，项目编号为17JZD042。

[**] 劳华夏，博士，北京外国语大学乌克兰研究中心主任、副教授，主要研究方向为区域学、俄罗斯对外关系、乌克兰国别研究。北京外国语大学俄语学院2019级硕士研究生陈永红、2020级硕士研究生马权政、李既肖参与了课题研究，对本文亦有贡献，特此致谢。

国时期的基础上发展而来，既带有苏联时期的痕迹，又有与独联体其他国家不同之处。本文以白俄罗斯新闻传播业的现状、特点和发展趋势为研究对象，介绍了白俄罗斯传统媒体和新兴媒体的发展情况、传媒领域的法规和监管政策以及外国媒体在白俄罗斯的落地情况，分析了影响白俄罗斯新闻传播业发展的主要因素及其未来发展趋势，有利于我们进一步深刻了解白俄罗斯社会，增进两国人民之间的友谊。同时也有助于中国媒体"走出去"，增强中白两国媒体之间的合作。

一 白俄罗斯新闻传播业的基本结构

1990年7月，白俄罗斯最高苏维埃发布主权宣言宣布独立。1991年9月，白俄罗斯最高苏维埃确立新国名为"白俄罗斯共和国"并引入了新的国旗和国徽。1991年12月，俄罗斯、乌克兰和白俄罗斯三国共同签署了《别洛韦日协议》，正式宣告苏联解体。白俄罗斯新闻传播业自此进入了独立发展的时期。伴随着信息网络技术的快速发展，白俄罗斯现已形成以传统纸质媒体、广播电视媒体为代表的主流媒体和网络新兴媒体并存的现代新闻传播格局。

（一）主流媒体的发展

根据白俄罗斯共和国信息部官方网站统计数据，截至2021年5月1日，白俄罗斯通讯社共9家，登记在册的各类纸质媒体（含报纸、杂志、年鉴等）共1615家，电子媒体（广播电视节目）共262个，网络出版物共36种。

1. 通讯社

白俄罗斯通讯社（Белорусское телеграфное агентство，БЕЛТА）是白俄罗斯规模最大的新闻通讯社，也是白俄罗斯国家官方新闻通讯社，成立于1921年，旗下运营包括《七日》周刊、《白俄罗斯经济》杂志、《白俄罗斯思想库》杂志、白俄罗斯共和国官网（www.belarus.by）在内的多家媒体。提供包括中文在内的8种语言新闻服务。

2. 报纸

白俄罗斯最具影响力的报纸是《今日白俄罗斯》和《共和国》。《今日白俄罗斯》（«СБ. Беларусь сегодня»）是白俄罗斯的一家社会政治报纸，每周发行5期，创办于1927年8月，隶属于白俄罗斯总统办公厅，是白俄罗斯境内规模最大的报纸。截至2019年4月，该报发行量达到19万份。《共和国》（«Республика»）与《今日白俄罗斯》同属白俄罗斯总统办公厅设立的"今日白俄罗斯"出版集团，创办于1991年，由白俄罗斯部长会议管理，每周发行5期。

3. 广播与电视

截至2021年6月1日，白俄罗斯境内共有164个广播电台和98个电视频道。其中有27个广播电台和54个电视频道为私人创办。

在公共广播中，大部分是由地方政府机构创办的地区电台。白俄罗斯FM波段共有30家电台，其中包括FM—半径电台（Радиус‐FM）、UNISTAR电台（Радио "Юнистар"）（白俄罗斯和德国媒体项目）、"欧洲＋"电台（Европа плюс）等。FM—半径电台为白俄罗斯国家电视广播公司旗下广播电台，于2003年6月在明斯克市开播。根据白俄罗斯社会科学院2020年4~5月的研究数据，FM—半径电台目前覆盖率达到98.19%，在白俄罗斯收听率达到3.2%。主要节目有："大清早理论"（ТЕОРИЯ БОЛЬШОГО УТРА），分享生活技巧、娱乐新闻、提供闲置物品交易平台等；"汽车驾驶"（АВТОДРАЙВ），分享汽车实用知识及有奖竞猜等。UNISTAR电台由白俄罗斯国立大学和德国媒体投资有限公司（MediaInvest Gesellschaft mit beschränkter Haftung）共同创办，2000年12月开播，目前在明斯克、莫吉廖夫、布列斯特等9个城市分频段播出。2020年秋，UNISTAR电台在明斯克收听率达到每周34.11万人，15分钟间隔内有3.3万人收听，平均收听时间为每天135分钟。最受欢迎的节目有：早间节目"大城市的早晨"，播出时间为工作日7点至10点；"每日办公室"游戏，播出时间为工作日12点20分；独立节目瓦迪姆·萨文"Unistar Top 20"，时间为周五的19点至21点（周六12点至14点重播）。

在电视方面，白俄罗斯主要的电视频道有白俄罗斯1台、白俄罗斯2台（青年频道）、白俄罗斯3台（社会文化频道）、白俄罗斯5台（体育频道）、国家电视台（OHT）和首都电视台（CTB）等。白俄罗斯1台创立于1956年1月，隶属于白俄罗斯国家广播电视公司，以白俄罗斯语和俄语双语播出。在2021年第一季度中，白俄罗斯1台收视率接近50%。主要节目有早间新闻、"早上好，白俄罗斯！"（Доброе утро, Беларусь!）等。白俄罗斯2台为青年频道，主要针对14~35岁的观众群体，以白俄罗斯语和俄语双语播出，于2003年10月开播，收视率达到30%以上，该频道主要播放各类电视剧集、纪录片等。白俄罗斯3台是白俄罗斯的第一个数字电视频道，于2013年2月开播，主要节目包括文化新闻、电影时间、烹饪等。

（二）新兴媒体的发展

近年来，白俄罗斯政府大力发展数字经济，不断完善网络基础设施建设，其境内的网络覆盖率与网民的数量不断攀升，社交媒体网络兴起，并成为民众日常生活的一部分。

白俄罗斯电信公司（Белтелеком）是白俄罗斯共和国的主要电信运营商和互联网服务供应商，提供60余种电信服务。国家互联网交换中心（Национальный центр обмена трафиком）成立之前，白俄罗斯电信公司在组织国内互联网服务供应商的互连以及为互联网服务供应商提供国际电信线路的接入领域长期占据垄断地位。2010年白俄罗斯总统卢卡申科颁布第515号总统令，即《关于在白俄罗斯共和国发展数据传输网络的相关措施》，旨在引进新的通信信息技术，发展数据传输网络的基础设施，吸引外国企业在该领域投资，提高数据传输服务的质量并降低其成本。

白俄罗斯共和国通讯与信息化部的数据显示，截至2021年第一季度，白俄罗斯蜂窝式移动通信网络的用户总数为1167万，其中使用互联网数据传输服务的用户总数为730万，其中513万用户使用LTE技术服务。白俄罗斯境内基站总数为34272个，其中采用UMTS标准的基站有16529个，另有4405个基站采用LTE标准。采用GSM标准的地区网络覆盖率达98.7%，采用UMTS标准的地区网络覆盖率为98.4%，采用LTE标准的地区网络覆盖率为42.8%。

互联网服务广泛覆盖了白俄罗斯境内的各类机构。根据白俄罗斯共和国国家数据委员会的数据，2020年全年白俄罗斯境内使用信息通信技术的组织机构有8617家，其中机构总数中的89.3%采用固定宽带，36.1%的机构采用移动宽带，使用国际互联网服务的有8506家，占总数的98.7%，有2375家组织机构使用内部网，占总数的27.6%。

值得注意的是，近年来白俄罗斯数字经济发展迅速，网民占总人口的比例大幅增长。根据白俄罗斯共和国国家数据委员会的数据，白俄罗斯每100人中固定宽带的用户数，由2011年的22人提高至2019年的34人，移动宽带的用户数则由2011年的19人提升至2019年的90人。年龄段在6～72岁的人口使用网络的比例由2013年的58.4%，提高至2019年的82.8%。其中每日上网的人数比例由2013年的37.7%，提高至2019年的68.5%。

根据卡巴斯基实验室的调查数据，2020年白俄罗斯最常用的通信工具为Viber、Telegram、WhatsApp，其中87%的受访者常用Viber与家人、同事联系，56%的受访者经常使用Telegram，而WhatsApp用户占比为46%。白俄罗斯社交网络受欢迎程度情况如下：俄罗斯社交软件VK位列榜首，用户占受访者总数的77%，其余社交软件的情况如下：Instagram（65%）、Одноклассник（57%）和Facebook（47%）。排名靠后的是TikTok（22%）、Twitter（17%）、Linkedin（11%）和Snapchat（8%）。除此之外，受新冠肺炎疫情的影响，一方面民间线下交流活动受阻，另一方面又极大地促进了线上交流活动的开展。2020年视频会议软件Zoom的使用频率大幅增加，其全年使用人数约占白俄罗斯网民总数的1/5。视频网站YouTube最受白俄罗斯网民青睐，83%的受访者是该网站的活跃用户。

二 白俄罗斯新闻传播业的政策及从业人员现状

（一）新闻传播业的政策

1. 新闻法规

宪法是国家的根本大法，是其他一切法律的基础。1994年版白俄罗斯宪法第二条第三十三款规定："宪法保障公民的言论自由、信仰自由与自由表达的权利。禁止国家、公共团体或公民个人垄断媒体，不实行书刊检查制度。"2008年颁布的《白俄罗斯共和国新闻法》（«Закон о средствах массовой информации»，简称《新闻法》）以宪法为法律依据，于2014年、2018年、2021年进行了修改。《新闻法》全篇共计十章五十五条，详细规定了媒体从业人员的资质、媒体登记注册的流程、媒体产品传播的要求、外国媒体在白俄罗斯落地的条件等内容。《新闻法》确定了新闻活动的基本原则，其中包括信息的可靠性、合法性；平等、尊重人权和自由、意见的多样性；发展民族文化、保护道德、遵守记者的职业道德和公认的道德标准。秉承宪法的精神，《新闻法》明确规定禁止垄断和非法限制大众媒体的活动。此外，《新闻法》还对媒体的资金来源做了详细而严格的规定，大众媒体不得接受不明来源的资金支持，不得接受外国法人、外国公民或长期不在白俄罗斯境内居住的无国籍人士提供的资助，白俄罗斯共和国法律规定的其他情况除外。针对违反《新闻法》的行为，应根据违法行为的情节轻重，依次予以书面警告、暂停发行、终止发行等惩戒措施。

2. 媒体国家管理机构

白俄罗斯共和国外交部负责外国媒体在其境内落地的资格认证工作。白俄罗斯共和国信息部是该国传媒领域的国家管理机构，隶属于白俄罗斯共和国部长委员会。媒体机构在白俄罗斯境内开展专业活动，需要向白俄罗斯共和国信息部提交申请，信息部有权决定是否将该媒体纳入国家登记范围，并负责国家媒体登记的日常事务。

为了贯彻落实《新闻法》的要求，白俄罗斯于2008年建立了传媒协调委员会（Общественный координационный совет в сфере массовой информации），该委员会由国家机构、公共协会、大众传媒等组织的代表组成，章程由白俄罗斯共和国部长会议批准。该委员会是一个公共咨询与协调机构，其决定是建议性的。经过白俄罗斯部长委员会授权，委员会可评估媒体产品是否包含违反《新闻法》的内容，并解释媒体产品产出过程中出现的问题，向信息部提出改进媒体立法工作的建议。

3. 国家媒体登记与相关制度

2008年10月6日由白俄罗斯共和国信息部颁布的《关于颁发大众传媒机构国家注册证书的程序说明》（«Инструкция о порядке выдачи свидетельства о государственной регистрации средства массовой информации»）规定：白俄罗斯实行媒体登记制度，大众媒体需要向白俄罗斯共和国信息部提交登记申请，申请获批后，该部向媒体机构颁发国家登记证书，至此媒体才获权在白俄罗斯共和国境内开展合法活动。媒体国家登记证书包括如下信息：大众信息领域国家行政管理机构的名称；大众媒体的类型、名称、创办人信息、登记号；负责大众媒体编辑职能的法律实体及其地址；大众媒体的语言、主题、发行周期；最大广播量（针对广电媒体）；大众媒体传播的预期范围；大众媒体的资金来源。大众传媒机构的国家注册证书应一式两份，第一份由申请人保留，第二份存档于颁发证书的机构。

白俄罗斯共和国信息部官网发布的《关于大众媒体的备忘录》（«Памятка о средствах массовой информации»），对2018年12月1日后媒体的登记、重新登记、国家登记信息的变动、发放媒体登记证书副本等事宜做了详细规定，即在白俄罗斯共和国境内活动的合法媒体必须在信息部进行登记，以下情况除外：由国家机关或国家其他组织专门设立，只用于传播其官方声明与正式出版法律文件的大众传媒；在一家机构内部场所和网络上播放的广播和电视节目，或有不超过10个用户的广电节目；发行量不超过299份的纸质媒体。网络出版物被视为大众媒体的新形式，从2018年12月1日起，互联网资源可以在自愿基础上按此类媒体注册。

自2018年12月1日起，若负责媒体编辑的媒体法人，其注册资本的20%及以上由外国政府、他国法人或国际法人（非法人组织）、外国公民、无国籍人士，或外资在注册资本中占比超过20%及以上的法人，以单独或合计的方式直接或间接（通过其他组织或法人）持有，则该媒体法人向信息部提交媒体登记申请时，必须在申请文件中提供其注册资本中股权份额的全部信息。广播与电视媒体,自收到发行许可证之日起,便有权在白俄罗斯境内开展媒体活动。除此之外的其他媒体,只有在正式完成国家注册后,才能被认定为完成登记,并获权在白俄罗斯境内开展媒体活动。

国家注册信息发布于信息部官网,对民众公开。针对广播电视媒体的发行方、印刷出版物的制作者、出版者、发行者、网络出版物均建立了相应的国家注册制度。未被纳入国家注册的媒体,其在白俄罗斯境内的媒体活动为非法。信息部需要在媒体发行方提交申请及附件之日起三十日内,决定是否通过其登记申请并将其纳入国家注册。为了方便注册信息的维护,针对纸质媒体、广播电视媒体、网络出版物都规定了申报主题,如广电媒体就包括信息类、音乐类、教育类、广告类、文化启蒙类等主题。

根据《新闻法》第十四条规定,大众媒体的重新登记是强制性的。若出现大众媒体机构破产重组、其名称与主题发生改变、网络出版物的域名发生改变等情况,媒体机构均需要重新登记。

在白俄罗斯境内发行的纸质媒体需要副本存档。所有纸质媒体的刊物出版后,其副本应立即发送给媒体的创办方、传媒领域的国家行政机构、白俄罗斯国家图书馆、白俄罗斯共和国总统图书馆、白俄罗斯国家科学院雅库布—科拉斯中央科学图书馆以及白俄罗斯共和国部长会议确定的其他机构。

(二)媒体从业人员资质要求

《新闻法》对媒体从业人员的资质做出了严格要求,该法第二章第十条规定,以下人员不可以创办大众媒体。

(1)未满18岁的个人,但根据白俄罗斯共和国民事立法,未成年人在年满18岁之前获得完全法律行为能力的情况除外。

(2)正在服刑或被法院判决确认为无法律行为能力的人。

(3)曾创办媒体的个人,其创办媒体因违反《新闻法》第五十一条第二款①被关停,在法院关于终止媒体机构发行的决定生效之日起的三年期限内。

(4)按照既定程序被剥夺从事与大众传媒的制作和出版有关的活动的自然人。

(5)外国法律实体、外国公民及无国籍人士。

(6)由外国政府、他国或国际法人、外国公民或无国籍人士,通过直接或间接手段在注册资本中的持股比例达20%及以上的法律实体(由白俄罗斯共和国与其他国家联合创办的法律实体除外)。

三 外国媒体在白俄罗斯的落地及中白媒体合作

(一)外国媒体在白俄罗斯的落地情况

根据2020年10月2日颁布的《白俄罗斯共和国部长会议第578号法令》(简称《部长会议法令》)规定,外媒记者在白俄罗斯共和国境内从事专业活动的认证流程由白俄罗斯共和国部长会议确定,由白俄罗斯外交部负责实施认证。

根据《部长会议法令》第5条,外媒记者应由其登记所在国的公民担任。下述人员及其家属不得担任外媒记者:他国外交机构工作人员、军事机构人员、外国驻白俄罗斯商务代表处工作人员、根据白俄罗斯法律可在白俄罗斯享有特权的国际组织代表处工作人员。外媒记者在白俄罗斯共和国境内从事专业活动必须获得白俄罗斯外交部颁发的长期许可证或临时许可证。

外媒记者可获得长期运营许可证与临时运营许可证。长期许可证的有效

---

① 《白俄罗斯共和国新闻法》第五十一条第二款规定:传媒领域的国家行政机构可以向法院提起诉讼,在以下情况下终止大众媒体的出版:①单次违反本法规定的外国大众媒体产品、官方信息和(或)资料的传播程序,以及电视或广播节目的播放程序;②在提交大众传媒机构国家注册的文件中故意输入虚假信息,从而违法获得大众传媒机构的国家注册证书。

期最长为一年，可延长至三年。临时许可证的有效期为外媒记者在白俄罗斯共和国境内履职的时间，不超过14天。

经认证的外国媒体记者在白俄罗斯共和国境内从事专业活动时，享有在白俄罗斯共和国注册的媒体记者的所有权利和特权，但法律规定的对外国公民和无国籍人士的限制除外。

《部长会议法令》第11条规定，根据对等原则，若一国对在其境内的白俄罗斯媒体工作者采取限制措施，则该国在白俄罗斯共和国境内从事专业活动的记者可能会失去许可证。第9条还规定，若外媒记者在许可证有效期内没有针对白俄罗斯的媒体报道，则其延长许可证的申请可能被驳回。

外媒在白俄罗斯开设通讯社，首先需要向白俄罗斯共和国部长会议和白俄罗斯外交部递交正式书面申请。书面申请通过白俄罗斯外交部或白俄罗斯在该国的外交使团和领事机构提交，申请中需注明外媒的名称、承担外媒编辑职能的法律实体的信息、外媒的国家注册日期、外媒的主题、发行量及发行周期。如果外国媒体机构在白俄罗斯共和国部长会议决定开设通讯社之日起6个月内没有行使开设通讯社的权利，其许可证书就会失效。截至2021年6月21日，白俄罗斯国家正式登记在册的外国媒体已达255家。近年来白俄罗斯共和国与中国、俄罗斯、塔吉克斯塔、乌兹别克斯坦、乌克兰等国广泛开展媒体合作。白俄罗斯国际媒体合作受国际局势和外交关系走向的影响，与西欧、美国的媒体机构合作较少，而与俄罗斯、中国、东欧、中亚等国家和地区的媒体合作密切。

（二）中白媒体合作

2005年12月5日，中国国务院新闻办公室与白俄罗斯新闻部签署关于新闻、出版领域合作的协议。该协议规定中白双方将定期开展媒体交流活动，并通过通讯社、出版物、电视广播及其他形式的大众传媒，交流政治、经济、文化领域的信息。双方将促进两国新闻机构、出版部门、新闻网站之间的合作，为各自国家的新闻、编辑、出版、网络人员的交流与访问提供便利,促进信息交流。协议的签署为中白两国的媒体合作注入了活力,双方定期出版关于落实两国经贸、科技、教育、体育旅游等领域合作方案的联合汇编。

2018年6月1日,上合组织首届媒体峰会在北京举行。新华社与白俄罗斯通讯社签订新的合作协议,双方同意交换中俄英三语的文字新闻材料,联合报道大型国际活动,联合举办摄影展。

2018年8月22~26日,白俄罗斯代表团参加了在北京外国语大学举行的中东欧图书出版商论坛。为了进一步发展白俄罗斯与中国在图书出版方面的合作,在会议期间,中国外语教学与研究出版社与白俄罗斯文艺出版社(Мастацкая літаратура)签署了在互利条件下出版《中国文化的概念问题》系列图书的协议。此外,白俄罗斯图书公司(Белкнига)与中国图书进出口公司也密切合作,为了切实实施"中国书架"项目(«Полки китайских книг»)及在白俄罗斯贝科尼亚公司位于明斯克的书店开设中国文学部,双方签署了关于从北京供应图书的合同。

2018年9月,由中国新闻出版署、中国图书进出口公司负责的"中国书架"项目在白俄罗斯正式落地,首批展示图书包括《习近平谈治国理政》等200余册俄文版中国图书,内容涵盖文学、历史、汉语语言等多个方面,促进了两国的印刷品刊物交流与民心相通。

2018年9月11日,新华社与今日白俄罗斯出版社(Беларусь сегодня)签订合作协议,双方同意交换信息、多媒体材料,并在己方网站上设立专门介绍白俄罗斯和中国的专栏。今日白俄罗斯出版社在其官网开设"中国之窗"专栏(Окно в Китай),向白俄罗斯民众介绍中国的风土人情。

新华社在白俄罗斯首都明斯克设有分支机构,该机构于1998年成立。主要负责报道白俄罗斯相关新闻,积极配合中白两国的外事活动。

中白关系稳步发展,两国媒体在"一带一路"框架下密切配合,为国家元首互访、大型国际活动联合报道保驾护航。

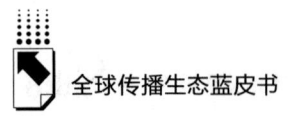

四 白俄罗斯新闻传播业的成因分析与未来发展趋势

（一）白俄罗斯新闻传播业的成因分析

1. 政治因素

白俄罗斯现代新闻传播业在20世纪90年代初国家独立后开始形成，受苏联时期发展模式影响，政府对媒体的管控依然比较严格，同时逐渐扩大到对互联网的控制。白俄罗斯政府将官方媒体作为其喉舌，以维护其政治统治。这一模式要追溯到苏联时期。苏联时期的媒介系统长期发挥单一的政治宣传功能，政治作用很突出，而作为原苏联加盟共和国成员，白俄罗斯的新闻传播业深受苏联时期的影响，政治作用依然很明显。正如白俄罗斯总统卢卡申科所言："成功发展新闻传播业是实现信息主权的一个最重要的因素。"即大众传媒首先要为国民和国家福祉服务，维护社会和谐，捍卫民族统一。

国有媒体仍是白俄罗斯国家领导层意识和行为的舆论宣传平台，可以得到可观的国家财政支持，更加有利的传播和获得广告的条件，促使在传媒领域占有优势地位，其他媒体难以与其竞争。同时，由于白俄罗斯在言论自由方面立法严格，在传媒经济领域管控严格，非国有媒体处于较弱势的地位，发展较慢。

2. 经济因素

随着白俄罗斯传媒领域市场化和商业化的推行，媒体的所有制形式发生了深刻的变化，经济因素对新闻传播业发展的作用明显增强。目前，白俄罗斯实行多元化的媒体所有制，包括政府经营、政党经营、集体经营和私人经营等。在管理方面采取多样化的调控管理方式，包括行政、经济、法律等多种手段并用。传统媒体行业营利共有两种渠道，即出售受众信息或出售受众注意力给广告商。对于传媒市场来说，广告收入是其主要的收入来源。而信息爆炸使受众的注意力成为稀缺资源，新闻的标准逐渐倒向受众，而受众的注意力又成了卖给广告商的商品。媒体在发行量、收视份额、点击率的竞争中，千方百计地取悦受众，娱乐化成为许多媒体的共同选择，因而新闻传播内容出现了商业化的趋势。

3. 科教人文因素

白俄罗斯是独联体国家中科技实力较强的国家之一。随着世界信息空间的变化和信息传播技术、形式和手段的蓬勃发展，白俄罗斯信息产业的数字化进程正持续进行。截至2015年6月，白俄罗斯地面电视实现了由模拟向数字化的转换。数字广播（由8个电视节目和1个广播节目组成的第一个多路传输）几乎100%覆盖白俄罗斯全境。根据《2020版白俄罗斯对外投资合作指南》，全白俄罗斯在".BY"下共注册约134510个域名，有9万余个网站，固定宽带（ADSL）用户324万，手机互联网用户695万，网民约740万（占总人口79.1%）。在白俄罗斯，新的通信技术迅速发展，网速越来越快，价格越来越低。近年来白俄罗斯网络媒体发展迅速，手机应用和通信软件的使用越来越普及。网络越来越成为白俄罗斯人民的信息源。电视在媒体使用中占的比重在下降，纸媒的发行量也在减少，广播电台也在逐渐失去听众。

社会教育水平决定了人们获取信息和使用媒体表达意见的能力。白俄罗斯教育在独联体各国中较为发达。根据2011年1月13日颁布的《白俄罗斯共和国教育法》，国家实行11年制免费义务教育。

此外，语言因素对白俄罗斯的新闻传播业也有一定影响。白俄罗斯语和俄语是白俄罗斯的官方语言，英语是白俄罗斯的主要外语。白俄罗斯的出版物以白俄罗斯语、俄语为主，仅有少量英语等外语出版物。白俄罗斯的主要机关报纸基本是用俄、白两种文字出版。目前，白俄罗斯出现了去俄语化的趋势，在各个文化领域强调白俄罗斯语的地位，这势必深刻影响到白俄罗斯的新闻传播业未来。

4. 组织推动因素

白俄罗斯新闻传播业现状的形成与相关组织和团体的推动是分不开的，如白俄罗斯记者协会（Белорусская ассоциация журналистов）。这是一个自愿的、非国有的、非党派的公民团体，致力于推动本国新闻事业的发展。该

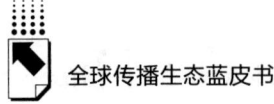

组织是白俄罗斯最有名的非政府组织之一,成员超过 1200 人,均为来自报刊、广播、电视、出版等行业的专业人员。在 2004 年至 2020 年的历次选举活动中,该组织都对白俄罗斯媒体关于选举的报道进行了监督。白俄罗斯记者协会是了解该国大众传媒领域发展最新情况的重要来源。其出版的杂志《灯罩》(«Абажур»)自 2000 年开始发行,内容是大众传媒对社会的作用等。同时,该组织的亲西方倾向十分明显。

5. 外部因素

俄罗斯大众传媒对白俄罗斯新闻传播业的影响依然强大。这一联系可以追溯到苏联时期。尤其是俄白之间在苏联解体后,一直保持着兄弟般的同盟关系,两国在传媒领域的交流频繁。俄罗斯的一些大型社交网站在白俄罗斯很受欢迎,如社交网站 VK。而且,俄罗斯相关舆论信息在白俄罗斯的传播依靠的并不主要是俄罗斯的电视频道,而是由白俄罗斯政府批准的本国电视频道。

白俄罗斯媒体和民众在评价俄白关系时通常感情复杂——既有关于两国人民兄弟情谊、共同历史渊源、共同的语言等的正面评价,又有对俄政府对待白俄罗斯行为的指责和批评。自从 2014 年克里米亚脱离乌克兰入俄之后,白俄罗斯就十分关注信息安全问题。担心"混合战"技术也应用在白俄罗斯。随着俄白之间在经济领域不断出现各种摩擦和纠纷,白俄罗斯的主权意识越来越明显。但整体来讲,白俄罗斯政府采取的保护国家信息空间的措施仍旧与国家所面临的信息安全威胁不匹配。

(二)白俄罗斯新闻传播业的未来发展趋势

1. 多元化的媒体所有制继续发展

整体来说,白俄罗斯国家的传播体制介于市场化、商业化体制与公有化、国有化体制之间。根据白俄罗斯信息部官网截至 2021 年 4 月 1 日的媒体注册数据,非国有纸质媒体数量多于国有纸质媒体数量,国有广播电台明显多于非国有电台,国有电视台数量略低于非国有电视台,非国有通讯社多于国有通讯社,国有网络媒体数量明显多于非国有媒体(但是考虑到网络媒体的注册是自愿的,所以事实上非国有的网络媒体应该远远多于国有网络媒体）。

在世界经济全球化和信息全球化的大背景下，以及白俄罗斯国内传媒领域市场化不断发展的国内环境下，可以预测，白俄罗斯非国有媒体的数量会增多，商业化的趋势会增强，媒体的社会作用也趋于多样化。

2. 对媒体的法律约束不断完善

白俄罗斯宪法和2008年颁布的《大众传媒法》是白俄罗斯媒体活动的主要法律依据。白俄罗斯宪法保障公民思想自由、信仰自由、言论自由，禁止媒体和审查垄断。新闻媒体法巩固了白俄罗斯新闻媒体的基本原则：信任、平等、尊重人权和自由、舆论多元化、维护公共道德、遵守职业道德。《大众传媒法》出台后经过数次修订，修订内容反映出国家对媒体的调控越来越严，对网络空间的限制越来越强。

除此之外，白俄罗斯政府还通过媒体注册制度、传播活动许可制度、记者资格制度、《诽谤法》、《反极端主义法》、《国家机密法》等，加强和规范国家对新闻传播行业的管理。

国家通过立法加强对媒体行业的管控，在保留对传统媒体行业控制的同时，逐渐扩大到对互联网的控制。2010年白俄罗斯颁布了第一部涉及互联网管理的法案。同年在国家电信总公司下成立国家话务交换中心，对网络资源使用统一管理。随着信息技术发展，相关政策法规还在不断调整以适应新情况、新问题。

3. 网络媒体的作用愈加突出

由于互联网的发展和新媒体的冲击，白俄罗斯人民日常获取信息的主要来源出现了很大的变化。虽然最主要来源仍然是电视，但是比重有所下降。纸媒的发行量不断下降，最近几年严重衰落，只能维持生存。广播电视的发展也遭遇困境，收听率、收视率下滑，受众流失、老龄化成为趋势。与此同时，网络及新媒体的发展速度惊人，互联网的影响越来越大。手机及各种新媒体用户的数量持续上升，网络广告越来越随处可见，2019年互联网已经成为广告市场的领头羊。越来越多的人习惯从网络及新媒体中浏览新闻。

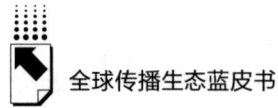

同时，网络受众显著增加，传播渠道更加多样化（包括社交网站、即时通信软件等）。随着智能手机的普及和移动网络技术的发展（尤其是4G网络的普及），越来越多的人主要使用手机上网获取信息。如今，白俄罗斯网民的活跃度主要集中在社交网络上，手机软件和即时聊天软件的使用越来越广泛，社交网站越来越受欢迎。

网络媒体在拥有许多独特的优点的同时，也存在一些问题，如权威性和可信度通常不如传统媒体、由于报道追求速度和数量导致质量不佳等。但是这些不足也在克服和改变之中，网络媒体在新闻传播中的作用将会越来越突出。互联网仍然是相对自由的言论表达和信息交换的空间，同时政府也努力对其进行更为严格和规范的管控。

4. 媒介融合趋势不断增强

数字化发展正在逐渐改变广播、电视、通信和互联网等各种媒体形态，媒体形态间的壁垒不断消融，内容、业务、服务、终端、用户需求等多领域、多业态、多渠道、多职岗的融合已成为必然趋势。当今，白俄罗斯新闻传播业发展的一个突出现象就是，传播方式不断丰富和改进、互相补充，传统媒体逐渐拥抱新媒体，媒介融合成为新的趋势。

例如，电视节目在各类数字平台上开设账号，吸引网络观众。纸媒也在逐渐向数字媒体转型，纷纷推出电子版本，同时使内容更加简洁，更富娱乐性，更加大众化，以适应社交平台的特点，吸引新的读者。

5. 传媒娱乐化和商业化趋势明显

随着市场经济的发展，"孤独的社会大众"需要娱乐化的传媒内容。在白俄罗斯，连续剧和娱乐节目是最受欢迎的电视节目。在发行量、收视份额、点击率的竞争中，媒体千方百计取悦受众，娱乐化成为许多媒体的共同选择。媒体之间争夺受众和影响力的竞争越来越激烈。媒体的内容越来越贴近受众，媒体根据受众的兴趣和关注重点的变化不断调整自己的节目或内容，创新成为媒体的生存法则，受众也可以享受更多的节目、更多的新闻和更好的服务。

媒体内容的娱乐化是媒体经济的重要表现和特征，在民众需要娱乐的口号下掩盖的是娱乐需要民众的真实目的。通过吸引受众的注意力,再把受众的注意力分类打包卖给广告商,构成了媒体经济的运行基础。

近年来,白俄罗斯传媒业逐渐走上了商业化的轨道,主要体现为刊登广告和某些内容仅付费可见。实行面向市场的改革和面向世界的开放。白俄罗斯媒体受到娱乐化和商业化的影响,争夺受众和影响力的竞争十分激烈。私有与股份制的公司逐渐壮大,商业化的管理成为主流,收入来源越来越向收视费和广告费倾斜。

五 结语

1991年白俄罗斯的独立和苏联的解体标志着白俄罗斯现代新闻传播业的建立。白俄罗斯的媒体类型齐全,包括通讯社、报纸、广播、电视在内的主流媒体在独立以来的30年间取得了长足的发展,同时新兴网络媒体发展迅速,近年来越来越受到当地民众特别是青年人的欢迎。

近年来,白俄罗斯政府不断完善新闻传播业立法,实行大众传媒机构国家注册制度,媒体需要获得政府颁发的登记证书后方可在白俄罗斯境内开展合法活动。同时,政府对媒体法人资格进行严格的审查,目的是防止他国势力控制该国媒体,扼制煽动颜色革命的可能性。外媒记者在白俄罗斯从事专业活动也需要获得由白俄罗斯外交部颁发的许可证。

白俄罗斯的国际媒体合作受地区局势和本国对外政策的影响较大,与俄罗斯、中国、东欧及中亚等国家和地区的媒体合作比较密切,与西方媒体合作较少。近年来,中国与白俄罗斯关系稳步上升,处于历史最好时期,两国媒体交流显著增多,合作日益深化,为两国民心互通和增进友谊创造了良好的条件。

白俄罗斯新闻传播业30年来的发展受到了政治、经济、科教人文、组织推动和外部等多方面因素的影响。作为对苏联时期发展模式的继承,白俄罗斯政府对媒体的管控依然严格,国有媒体作为政府喉舌在传媒领域占据优势地位。但随着传媒领域市场化和商业化的发展,媒体所有制逐渐多元化,对媒体的管理手段愈加多样。伴随着信息革命与数字革命的深入,白俄罗斯信息产业的数字化进程持续进行，网络媒体发展迅速。同时，在一些非政府组织的推动下，一些有亲西方倾向的独立媒体的影响力也在上升。未来，随着白俄罗斯政府对媒体法律约束的不断完善，该国多元化的媒体所有制将继续发展，网络媒体的作用将愈发突出，同时媒介融合、传媒领域的娱乐化和商业化趋势也将继续增强。

B.13
哈萨克斯坦新闻传播业发展报告[*]

孙 芳[**]

摘 要： 哈萨克斯坦的新闻传播业实际是在俄国和苏联时期发展起来的，在独立之后的一段时间内也保留了苏联的模式，后逐步开始进行市场化改革，并发展起本国的私有媒体，国家也颁布了各项法律规范新闻传播业。现在哈萨克斯坦的主流媒体发展颇具规模，新兴媒体的发展也初具雏形，新闻传播业呈现新媒体化、受众导向化、国际化等总态势，但也存在国家干预过多、法律法规不完善、从业人员职业素养不高等问题。

关键词： 哈萨克斯坦 新闻传播业 转型国家 传媒私有化

一 哈萨克斯坦新闻传播业的基本结构

大众传媒成为公民获取信息和表达社会观点最重要的工具之一。哈萨克斯坦境内以11种语言出版报纸和杂志、播放电视和广播节目，除主要语言俄语与哈萨克语外，媒体使用的语言还有乌克兰语、波兰语、德语、韩语、维吾尔语、土耳其语、回语等，少数族裔媒体获得政府财政支持。随着信息

---

[*] 本文系教育部哲学社会科学研究重大课题攻关项目"'一带一路'沿线国家新闻传播业历史与现状研究"阶段性成果，项目编号为17JZD042。
[**] 孙芳，北京外国语大学俄语学院副教授，博士，哈萨克斯坦研究中心主任，主要研究方向为区域学、俄罗斯社会与文化。北京外国语大学俄语学院2020级硕士研究生和娆、张韵迪、王凯、张森煜参与了课题研究，特此致谢。

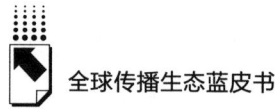

技术的不断升级和普及，哈萨克斯坦的互联网和有线电视也在蓬勃发展。国家电视台和广播通过国家卫星系统播放，英国、美国、德国、波兰、俄罗斯的电视频道和广播都可以通过有线和卫星频道在哈萨克斯坦播放。哈萨克斯坦还组建了新闻工作者大会、新闻工作者联盟、电视和广播电台协会等保护传媒业工作人员权利的公共组织，这是国家现代化发展的有力证明。

哈萨克斯坦独立以来，大众媒体蓬勃发展。截至2020年底，哈萨克斯坦登记在册的本土新闻媒体中共有78家广播电台、2135家报纸、1418家杂志、383家通讯社和179个电视频道等。①

（一）主流媒体的发展

1. 通讯社

哈萨克斯坦的三大通讯社是：哈萨克斯坦国际通讯社、今日哈萨克斯坦通讯社和哈巴尔通讯社，前两个是国有通讯社，哈巴尔通讯社是私营通讯社。

哈萨克斯坦国际通讯社（Международное информационное агентство «Казинформ»，简称为АО МИА «Казинформ»）创立于1920年，前身为俄罗斯电讯社（РОСТА）驻奥伦堡分社，是哈萨克斯坦重要的国家通讯社和世界性通讯社。哈通社通过其网站（www.inform.kz），用哈语、俄语、英语、中文和乌兹别克语传播新闻，同时用拉丁字母和阿拉伯文字向境外哈萨克族同胞传播哈语新闻。哈通社总部设在努尔苏丹市，在阿拉木图设有分社，在哈萨克斯坦全国各地共设有15个记者站。哈萨克斯坦国际通讯社股份公司旗下还设有BaigeNews通讯社、BAQ通讯社、"哈萨克斯坦–2050"战略信息门户网站、"哈萨克斯坦历史"电子图书馆等机构和门户网站。哈通社在俄罗斯、中国、土耳其、阿塞拜疆、乌兹别克斯坦、吉尔吉斯斯坦、

---

① Перечень периодических печатных изданий, информационных агентств и сетевых изданий. Комитет информации Министерства информации и общественного развития Республики Казахстан. https：//www.gov.kz/memleket/entities/inf/documents/details/42543?lang = ru.

约旦等国有常驻记者,并与新华社、俄通社—塔斯社、日本共同通讯社等近50家世界各国的通讯社展开密切合作。

除规模较大的哈巴尔通讯社之外,哈萨克斯坦境内还有一些其他的私营通讯社,如"努尔"通讯社、"斯坦"通讯社等。

2. 报纸

按照出版语言,哈萨克斯坦的报纸可以分为哈语报纸、俄语报纸、俄哈双语报纸、其他民族语言报纸及三语报纸,据粗略统计,哈语报纸约占36.9%,俄语报纸约占45%,俄哈双语报纸约占12.6%。[1]

按照地区范围,报纸可分为全国报纸和各地区报纸;还可以按照发行周期将其分为日报和周报,其中较有影响力的日报包括《哈萨克斯坦真理报》（«Казахстанская правда»）、《主权哈萨克斯坦报》（«Egemen Qazaqstan»）等,影响力较大的周报包括《驼队报》（«Караван»）、《时报》（«Время»）、《哈萨克斯坦共青团真理报》（«Комсомольская Правда»）等。哈萨克斯坦的报纸还可以按照报纸内容分为社会政治类、财经类、法治类、体育类等,如社会政治类报纸《母语报》（«Ана Тілі»）、《共和国报》（«Республика»）、《突厥斯坦报》（«Түркістан»）等,财经类报纸《实业周报》（«Деловая неделя»）、《全景报》（«Панорама»）等,体育类报纸《哈萨克体育报》（«qazaq Спорты»）,法治类报纸《法律报》（«Заң Газеті»）等（见表1）。

表1 哈萨克斯坦主要报纸

中文名称	外文名称	使用语言	发行频率（次/周）	发行量（万份）	新闻内容
《主权哈萨克斯坦报》	«Egemen Qazaqstan»	哈语	5	20	社会政治、信息
《领导者》	«Литер»	俄语	4	3.8	政治、社会、经济、体育、文化

---

[1] КАТОЛОГ Газеты и Журналы 2021 год. Агентства "Евразия пресс". https://polytech.kz/wp-content/uploads/2020/10/Katalog-Evraziya-Press-2021.pdf.

续表

中文名称	外文名称	使用语言	发行频率（次/周）	发行量（万份）	新闻内容
《时代报》	«Время»	俄语	3	13.1	社会、体育、天文等
《哈萨克斯坦真理报》	«Казахстанская правда»	俄语	5	10	政治、社会、国际、经济、文化、科学等
《年轻的阿拉什》	«Жас Алаш»	哈语	2	9	社会、政治、经济、文化、体育、科学等
《母语报》	«Ана тілі»	哈语	1	10	科学、社会、文化、历史、语言
《清晰报》	«Айқын»	哈语	4	3	经济、政治、社会、生活、文化、体育等

资料来源：Газеттер мен журналдар КАТАЛОГЫ 2020 жыл，ЕВРАЗИЯ ПРЕСС 及各报纸官网。

以受众较广的全国报纸《哈萨克斯坦真理报》为例，该报纸创办于1920年，其前身为《吉尔吉斯边疆区消息报》，1920年1月1日用俄文发行出版了第一份报纸，随后以周报形式每周四出版。1921年改名为《草原真理报》（«Степная правда»），1923年改版为日报并更名为《苏联草原报》（«Советская степь»），1932年改名为《哈萨克斯坦真理报》。现在该报每周发行5期，主要负责发布正式法律、政府决策和总统令，是政府主办的官方报纸。2020年，《哈萨克斯坦真理报》全年平均日发行量为10万份，报纸上共刊登了2504份政府文件和1657500份信息广告，信息门户网站浏览量达2016285人次，共有206315人关注《哈萨克斯坦真理报》的各类社交媒体账号。① 2020年，报社共收入约16.23亿坚戈（约合人民币2467万元），其中政府订单收入约占36.7%，报纸订购及零售收入约占30.4%，广告信息服务收入约占16.2%。②

---

① Годовой отчет Общества за 2020 год. Казахстанская правда. https：//www.kazpravda.kz：8443/page/view/korporativnoe－upravlenie.

② Годовой отчет Общества за 2020 год. Казахстанская правда. https：//www.kazpravda.kz：8443/page/view/korporativnoe－upravlenie.

3. 广播及电视

（1）广播媒体

哈萨克斯坦现有 78 家广播媒体，包括 6 家全国广播电台和 72 家各州广播电台，共有 7 家国有广播电台和 71 家私营广播电台①。2021 年 3 月每日平均收听率最高的 5 家广播电台分别为：俄罗斯亚洲电台（Русское Радио-Азия）、"乡村别墅"电台（Радио Дача）、汽车电台（Авторадио）、"盛大宴会"电台（Той Думан）和哈萨克斯坦欧洲 Plus 电台（Europa Plus Qazaqstan）。②

全国性的国有广播电台是"哈萨克斯坦电台"（Казахское Радио），其前身为成立于 1921 年 9 月 29 日的共和国无线电广播，同年 10 月开始在当时的哈萨克苏维埃社会主义自治共和国的首都奥伦堡市开播。现在，"哈萨克斯坦电台"在国内 89% 的领土范围内向哈国民众 24 小时不间断地播送哈语电台节目，电台共有 60 多档广播节目，节目内容包括哈萨克斯坦政治、文学、文化、宗教、语言等多元信息，经典节目有"民族之声"（Халық үні）、"童话"（Ертегі）、"瑰宝"（Інжу-маржан）、"艺术天地"（Өнер аланы）等。③ 自 1948 年以来，该电台的"黄金基金会"已经收集了超过 10 万张唱片，保存了不同年份的哈萨克民族之声。此外，该电台每个小时都会以俄语和哈萨克语两种语言广播新闻。2021 年 3 月该电台在哈萨克斯坦境内的日平均收听率约为 7.41%。④

俄罗斯亚洲电台成立于 1999 年 8 月，最开始的名字是"哈萨克斯坦俄罗斯电台"（Русское радио Казахстан），后迅速发展为全国性的广播电台，并更名为"俄罗斯亚洲电台"，现在在全国 23 个城市用俄语播送节目，其播送的节目主要集中在音乐和娱乐领域，经典节目有"俄罗斯小辣椒"

---

① Перечень отечественных радиоканалов. Комитет информации Министерства информации и общественного развития Республики Казахстан. https：//www. gov. kz/memleket/entities/inf/documents/details/42551？lang = ru.
② Охват аудитории на радио за месяц. TNS Central Asia. https：//kantar. kz/research/radio.
③ Радио туралы. қазақ Радиолары. https：//qazradio. fm/kz/about/.
④ Среднесуточная доля на радио за месяц. TNS Central Asia. https：//kantar. kz/research/radio.

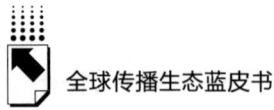

（Русские Перцы）、"金色留声机"（Золотой Граммофон）、"律动之夜"（Вечер в движении）、"午夜出租车"（TŪNGI TAXI）等。① 2021年3月该电台在哈萨克斯坦境内的日平均收听率约为17.31%②。

（2）电视媒体

哈萨克斯坦现有的179个电视频道中包括24个全国电视频道和155个地方频道③。哈萨克斯坦共有两家国有广播电视股份公司，分别为哈萨克斯坦国家广播电视股份公司和哈巴尔通讯社股份公司。

哈萨克斯坦国家广播电视股份公司旗下设有哈萨克斯坦国家频道（Qazaqstan）、儿童频道"萌芽"（Balapan）、哈萨克体育频道（QAZSPORT）、阿拜频道（Abai TV）和"塔玛莎"电视频道（Tamasha TV）。该公司电视台的覆盖率高达99%，甚至在哈萨克斯坦与周边国家接壤的边境地区也可以收到信号。④ 哈萨克斯坦国家频道100%用哈萨克语播放其自制的60余种节目，节目内容包括新闻、电视连续剧、电影和各类该频道自己制作的电视节目，如"哈萨克斯坦好声音"（Qazaqstan Дауысы）、"消息"新闻节目（Ақпарат）、"双声"音乐节目（Егіз лебіз）、"一周"新闻节目（Апта）等。⑤ 2021年3月，该电视频道在哈萨克斯坦境内的收视率约为8.92%。⑥

哈巴尔通讯社股份公司旗下设有"哈巴尔"频道（Хабар）、"哈巴尔24"电视频道（Хабар 24）、哈萨克电视频道（Kazakh TV）和"叶尔阿尔纳"电视频道（El arna）。哈巴尔频道于1995年在哈萨克斯坦国家电视台倍尔服务部的基础上成立，其在20多年的历史中出品了数十个自制俄语和哈萨克语电视节目。现在该频道有65%的节目用哈语播送，每日播放20小

---

① О радио. Русское радио Азия. https：//rusradio. kz/about/.
② Среднесуточная доля на радио за месяц. TNS Central Asia. https：//kantar. kz/research/radio.
③ Реестр отечественных телеканалов. Комитет информации Министерства информации и общественного развития Республики Казахстан. https：//www. gov. kz/memleket/entities/inf/documents/details/42556? lang＝ru.
④ Корпорация туралы. Qazaqstan. https：//rtrk. kz/kz/about/.
⑤ Корпорация туралы. Qazaqstan. https：//rtrk. kz/kz/about/.
⑥ Среднесуточная доля телеканалов за месяц. TNS Central Asia. https：//kantar. kz/research/television.

哈萨克斯坦新闻传播业发展报告

时，观众覆盖率达99%。① 其电视节目涵盖新闻、电视剧、电影、娱乐节目等多个方面，受到广泛欢迎的电视节目有"蒙面歌王"（Маска）、"清晨新鲜事"（Tańǵy fresh）、"马日利斯"（Мәжіліс.KZ）等。2021年3月，该电视频道在哈萨克斯坦境内的收视率约为2.37%。②

除上述国有电视频道外，哈萨克斯坦还有很多私有电视频道，如欧亚第一频道（Первый канал Евразия）、31频道、阿斯塔纳频道（Астана）、KTK频道、HTK频道等。根据2021年3月的数据，日平均收视率最高的频道是欧亚第一频道，约为19.59%。③ 成立于1997年的欧亚第一频道多年来在哈萨克斯坦国内电视频道中一直保持领先地位，其自制节目占播出节目的50%以上，主打节目包括："早安，哈萨克斯坦！"（Доброе утро, Казахстан！）、"重要新闻"（Басты Жаңалықтар）、"事实上"（На Самом Деле）、"112"、"线上议会"（Парламент ONLINE）等。④

（二）新兴媒体的发展

随着网络基础设施建设的不断完善和电脑普及率的提高，网上阅读逐渐成为哈萨克斯坦人获取信息的重要方式，而信息的全球化发展也激发了人们实时获取信息的需求，反过来推动移动互联网的快速发展。在新闻传播领域，由于网络的普及以及新媒体的冲击等多重因素的作用，报纸和杂志的读者市场占有率整体呈下降趋势，纸媒市场整体呈现萎缩趋势。为了适应数字化传播技术发展的需求，报刊媒体积极推进报刊数字化改革和业务转型，对受众的信息需求进行精细分析，推动专业化和分众化发展，以更好地吸引阅读习惯和口味日益多样化的读者群体。纸质出版物陆续推出电子版、网络版和面向移动终端的应用，并利用图像、视频等多媒体手段进行整合式传播。

---

① О нас. Телеканал «Хабар». https：//khabar. kz/ru/agency/o‐nas.
② Среднесуточная доля телеканалов за месяц. TNS Central Asia. https：//kantar. kz/research/television.
③ Среднесуточная доля телеканалов за месяц. TNS Central Asia. https：//kantar. kz/research/television.
④ Первый канал Евразия. https：//1tv. kz/.

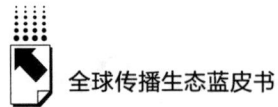

国际电信联盟（ITU）在《世界信息和通信技术发展年度报告2020》中提供的数据表明：在哈萨克斯坦，78.9%的哈萨克斯坦人使用互联网，哈国整体宽带普及率比全球平均水平高出35%。根据哈萨克斯坦本国最大经济数据检测网站 Ranking.kz 于2021年初公布的数据，截至2020年末，哈萨克斯坦国内约有1600万手机用户接入互联网，比上年同期增加6.8%。互联网用户占手机用户总数的66.2%，而就在五年前，这一比例仅为35%。哈国的固定互联网用户数量在2020年增长了5.1%，达到260万用户。因此，所有细分市场的互联网用户数量都有显著增长。截至2020年末，哈萨克斯坦移动互联网可接入率达到99%。超过1/3的高速宽带互联网用户来自三个地区，阿拉木图市领先：36.91万用户，全年增长0.7%，其次是努尔苏丹市（27.28万）和卡拉干达州（27.25万）。[①]

在如此高的互联网普及率下，哈萨克斯坦的移动互联网资费却相对较低。在世界排名中，哈萨克斯坦是互联网最便宜的前十个国家之一，在世界排名第六，超过了几乎所有发达国家，平均为1千兆字节的流量费用为0.46美元。在2020年，互联网已经成为主要的通信工具，对互联网服务和网络媒体访问的需求已经明显增加。哈萨克斯坦用户的年度增长率最高的几个地区分别是：曼吉斯套州（11.4%）、克孜勒奥尔达州（9.5%）和阿克纠宾（8.6%）地区。仅在两个地区——努尔苏丹市和东哈萨克斯坦州——用户数量有所减少。网络覆盖率的提高与光纤铺设和信号塔的搭建密不可分，2020年哈萨克斯坦信息科技领域投资额超1400亿坚戈（约3.3亿美元），与2019年相比增长了37.2%[②]。

手机作为现代社会极其重要的通信工具，以其便捷性、交互性、及时性、针对性推动互联网新媒体行业的蓬勃发展，在哈国境内拥有广阔的发展潜力

---

① Высокоскоростной интернет: в рейтинге стран мира по скорости мобильного интернета Казахстан поднялся на три позиции http://ranking.kz/ru/a/infopovody/vysokoskorostnoj - internet - v - rejtinge - stran - mira - po - skorosti - mobilnogo - interneta - kazahstan - podnyalsya - na - tri - pozicii.

② Доступный интернет: Казахстан вошёл в ТОП - 10 стран мира с самым дешёвым мобильным интернетом, http://ranking.kz/ru/a/infopovody/dostupnyj - internet - kazahstan - voshyol - v - top - 10 - stran - mira - s - samym - deshyovym - mobilnym - internetom.

和空间。根据国际数据公司 IDC 于 2020 年 3 月公布的《全球手机季度跟踪研究报告》,尽管经历了两轮漫长的疫情封锁隔离期,2020 年哈萨克斯坦手机市场仍增长 11%,手机出货量达 470 万部。其中,智能手机出货量 430 万部,与 2019 年相比增长 6.7%,按键式手机在总出货量中占比仅为 9.1%。[①]

全球数据分析平台 Statcounter 在对哈萨克斯坦国内社交媒体的用户注册数量、单日用户活跃量等数据进行分析后,对社交媒体进行排名,哈萨克斯坦互联网用户中最受欢迎的社交网络是图片分享社区 Pinterest(32.7%)、视频网站 YouTube(20.4%)、社交聊天平台 VKontakte(14.9%)、社交网站 Facebook(13.5%)和微博客社交平台 Twitter(11.3%)(见图 1)。[②] 这些社交媒体不仅可以了解新闻事实,还可以进行人际沟通,表达自我观点。可见,社交媒体已经变成哈萨克斯坦网民社会分享以及社会参与的重要媒介。

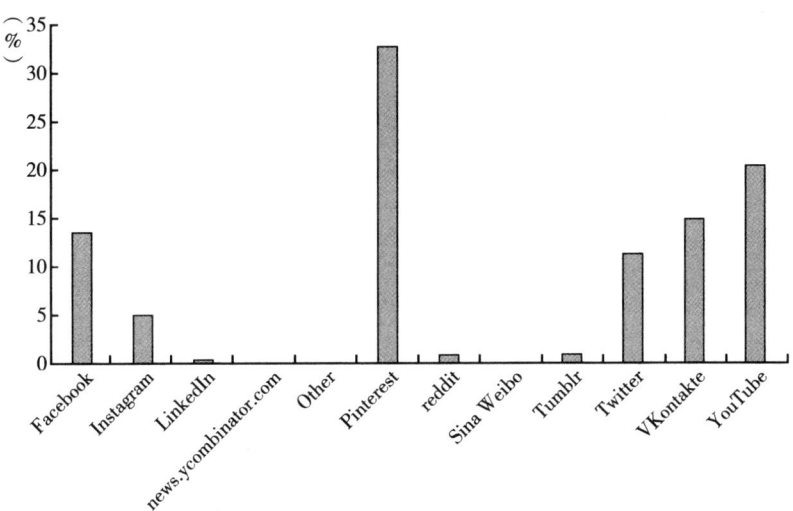

图 1 2020 年哈萨克斯坦社交媒体排名

---

① "Worldwide Quarterly Mobile Phone Tracker", https://www.idc.com/tracker/showproductinfo.jsp?containerId=IDC_P8397.

② "Social Media Stats Kazakhstan", https://gs.statcounter.com/social-media-stats/all/kazakhstan#monthly-202101-202101-bar.

二 哈萨克斯坦新闻传播业的政策及从业人员现状

（一）哈萨克斯坦新闻传播业的政策

在哈萨克斯坦，大众传媒的立法体系除了《宪法》、《民法》、《刑法》以及行政法规、总统令、法院决议等法律法规外，还包括一部专门的新闻法——《哈萨克斯坦共和国大众传媒法》（简称《大众传媒法》）。① 这部法律颁布于1999年，对大众传媒的性质与功能、组织与发行以及新闻工作者的权利、义务等都作出了明确的规定，保障言论自由和杜绝新闻审查是哈大众传媒立法的两个重要组成部分。

哈萨克斯坦《宪法》保障公民享有自由言论和获取信息的权利，《宪法》规定，国家机构、公共组织、政府官员以及大众传媒应该尽量使每一位公民都能获知与其自身权利和利益相关的文件、决策和其他信息。《大众传媒法》也规定，除了国家机密外，不论大众传媒的所有制形式和附属关系如何，政府机关都应平等地为其提供所需信息。但是由于法律条文中还存在概念界定模糊的现象，因此在现实法律实践中还有不完善的地方。

新闻媒介以传播事实和意见为本功能，往往涉及特定他人。因此毁誉或侵害名誉问题就成为新闻媒介的重大法律问题。2020年6月之前，在哈萨克斯坦诽谤他人名誉被定性为刑事犯罪，处以高额罚款及三年以下的监禁。哈《刑法》还对国家政府官员的声誉给予特殊保护，这损害了哈萨克斯坦国内的言论自由及公众参与公共事务的热情。2020年6月27日，哈萨克斯坦总统托卡耶夫签署法令，将诽谤定为非刑事犯罪，被告将面临罚款和最多30天的行政拘留。这是哈萨克斯坦当局促进新闻行业法律改革的重要举措。

哈萨克斯坦《大众传媒法》规定，哈萨克斯坦共和国境内的大众传媒，

---

① Закон Республики Казахстан от 23 июля 1999 года № 451 – I. О средствах массовой информации. https：//online.zakon.kz/document/? doc_ id = 1013966.

不论其所有制关系如何，都必须在国家指定（授权）机构登记，并需提前提出书面申请，包括媒体名称、使用语言、创办宗旨、所有制结构、预定发行周期、发行范围，并且还得附有营业证明和法人注册证书。创办广播电视媒体，除了需要到指定（授权）机构登记外，还得取得播放许可证和频率许可证。

（二）哈萨克斯坦新闻传播业从业人员现状

当今哈萨克斯坦国内新闻教育分为两种形式：全日制的高校新闻教育和专业的新闻培训课程。历史上，哈萨克斯坦传统的高校新闻教育形成于苏联时期，在过去的20年里，哈萨克斯坦国内的新闻教育改革进程较慢，新闻工作者接受的教育不能紧跟现实的发展，人才培养与市场需求不对接，新闻人才匮乏。现在哈萨克斯坦共和国共有19所大学开设新闻学专业，其中有两所开设了专门的新闻学院，其他学校则是在人文社会学科或语言学科下开设新闻系，其中历史最悠久的高等院校有哈萨克斯坦阿里—法拉比国立民族大学、古米廖夫国立欧亚大学、中亚大学、图兰大学等。

在哈萨克斯坦，新闻工作者必须在政府授权机构获得资格认证后才有权采访和报道国家机关、社会团体和组织举行的会议等活动。记者一旦违反有关认证条例、报道条例或是损害国家机关、社会团体和组织的名誉，将被剥夺认证资格。2017年哈萨克斯坦信息和社会发展部通过新的《大众传媒法》，对新闻活动和言论自由做出了更进一步的限制，只有对当局表现出忠诚的记者才能通过资格认证，并按照国家命令开展工作。

三　从多元文化看外国媒体的发展——以中国为例

（一）驻哈萨克斯坦外国媒体概况

自1991年哈萨克斯坦独立之后，不少国外媒体纷纷进驻哈萨克斯坦，成为国家之间相知相交的重要渠道，也促进了哈萨克斯坦多元文化的发展。

根据哈萨克斯坦外交部国际新闻委员会2020年6月5日发布的《驻哈萨克斯坦外国媒体记者名单》①，截至2020年6月，共有35家外国媒体的138位记者常驻哈萨克斯坦，向世界实时报道哈萨克斯坦的新闻事件。这些记者来自14个国家，包括阿塞拜疆、卡塔尔、德国、爱尔兰、意大利、中国、吉尔吉斯斯坦、阿联酋、俄罗斯、英国、美国、土耳其、法国、日本。

图2和图3分别是上述国家驻哈萨克斯坦的媒体数量和记者数量。值得注意的是，从中可以看出，无论是在媒体数量上，还是在记者数量上，俄罗斯、德国、中国、美国和吉尔吉斯斯坦这五个国家都较为领先。

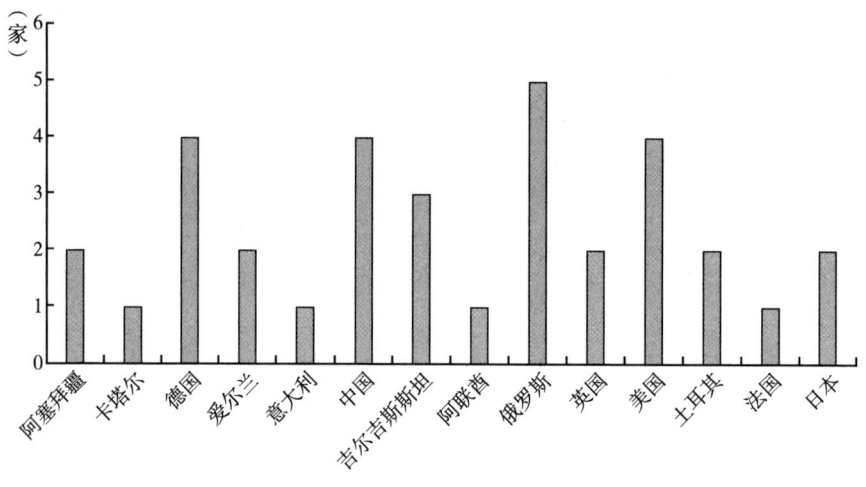

图2 驻哈媒体数量

（二）中国驻哈萨克斯坦媒体概况

1992年哈萨克斯坦独立之后，《人民日报》就在哈国设立了记者站。随后多家中国媒体记者站纷纷生根哈萨克斯坦。2007~2008年，这些中国媒

---

① Список корреспондентов иностранных сми, аккредитованных при министерстве иностранных дел республики казахстан. https://www.gov.kz/memleket/entities/intinf/documents/details/39948.

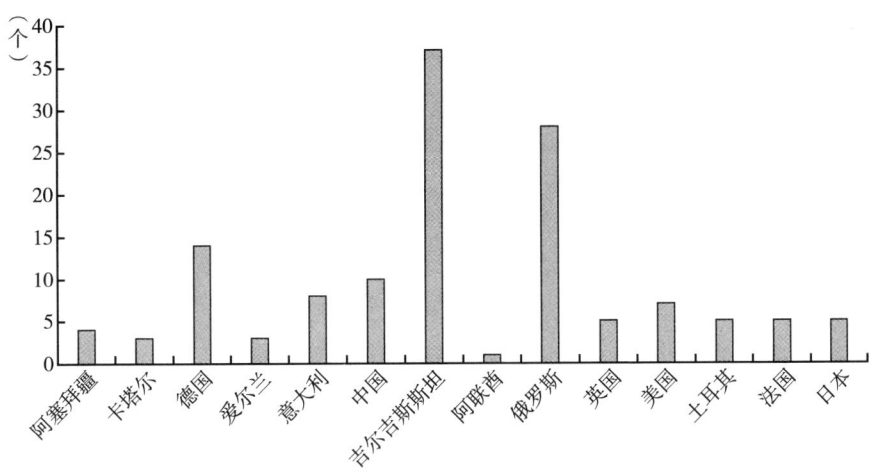

图 3　驻哈记者数量

资料来源：https：//www.gov.kz/memleket/entities/intinf/documents/details/39948。

体同时在哈萨克斯坦司法部注册，"记者站"身份转换为"分社"。每个分社都有一个税号，成为正式机构。这样一来，各个分社可以更好地承担除写稿和采访工作以外的任务，比如与当地媒体合作进行反面落地工作，以及接待专家学者访华、参加新闻媒体活动等。

随着近年来中哈关系的友好发展，中国国内主流媒体的海外记者站点数和驻哈记者数量逐渐增加。到2021年，中国驻哈萨克斯坦的媒体共有4家，分别是新华通讯社、《人民日报》、中央广播电视总台和中国新闻社。

1. 新华社

新华通讯社（简称新华社）是中国共产党早期创建的重要宣传舆论机构，成立于1931年11月7日，总部位于北京。2009年在莫斯科成立的亚欧总分社，是新华社在海外成立的第七个总分社，其下属11个分社，分别负责在欧亚大陆的12个国家进行多媒体新闻信息采集和用户服务工作，包括在哈萨克斯坦的努尔苏丹分社。

新华社驻哈萨克斯坦分社1992年建于阿拉木图。1997年哈萨克斯坦迁都努尔苏丹后，分社也随之迁往努尔苏丹。随着新闻报道工作的发展，

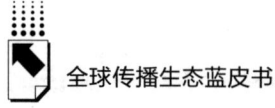

新华社还曾在阿什哈巴德、杜尚别、比什凯克、塔什干、阿斯塔纳设有记者站。

目前，考虑到国家封闭程度、新闻管制、体量大小及关注度等因素，新华社在中亚地区仅保留努尔苏丹分社、塔什干分社和比什凯克分社。上述三个分社的人员构成为：中国籍内派记者1人，外籍雇员2人左右。

现新华社驻努尔苏丹分社共2名中国记者，每个月发布20多篇报道，涵盖哈萨克斯坦的政治、经济、文化、社会、军事、科技、医疗卫生、体育等方方面面；一般按事件重要程度、国内关注度以及总社编辑部协调指示播发稿件，同时也在逐渐减少日常不重要、影响力小、只有少数受众关注的普通消息报道，加大领导人访问、中国在海外重大项目、重要国际会议等战役性重点报道。

新华社驻哈分社发布新闻报道的语种主要为中、英、俄三种；途径多种多样，包括新华社多语种文字、图片、视频通稿，新华网文字信息稿件，新华社客户端、微信公众号、微博公众号、百度百家号、抖音账号等新华社国内社交媒体官方账号，中国经济信息社稿件，《参考消息》报纸稿件，《瞭望周刊》稿件。一些适合外宣的题材在 Facebook、YouTube、Twitter、VK 等海外社交媒体发布。此外，在重大突发事件中，还会向上海东方卫视等地方卫视提供与记者连线等。

2.《人民日报》

《人民日报》(People's Daily) 是中国共产党中央委员会的机关报，于1948年6月15日在河北省平山县里庄创刊，由《晋察冀日报》和晋冀鲁豫《人民日报》合并而成，为华北中央局机关报，同时担负党中央机关报职能。该报对外交流的窗口主要为其下属的《人民日报海外版》。

据统计，《人民日报》在海外有46家分社，共111位记者。1992年哈萨克斯坦独立之后，《人民日报》就在哈萨克斯坦当时的首都阿拉木图设立了记者站，负责中亚五国的新闻报道。2008年，《人民日报》驻哈记者站在哈萨克斯坦司法部注册为"驻哈萨克斯坦分社"；2019年《人民日报》驻哈分社从阿拉木图迁到了努尔苏丹。分社隶属于《人民日报》国际部，社中有1位记者，每个月在人民网、《人民日报》和《环球时报》上平均发布3篇中文报道。这些报道以中哈两国政要、政局报道为主，平衡报道居多。

3. 中央广播电视总台

中央广播电视总台（China Media Group）由原中央电视台、中国国际电视台、原中央人民广播电台、原中国国际广播电台合并组建于2018年3月。合并之后，总台驻阿拉木图分社暂由原中国国际广播电台记者管理。目前有两位记者在此工作，每个月发布60篇左右报道。发布新闻涉及的国家除了哈萨克斯坦外，还包括中亚其他四国以及外高加索三国。

4. 中国新闻社

中国新闻社总社设在北京，有48个境内外分社和记者站，员工队伍2000余人。建立了24小时不间断的信息发布系统，拥有文字、图片、特稿、网络、期刊、供版、视频七大主干新闻产品体系，形成了覆盖海外大多数华文媒介的用户网络。目前中新社在哈萨克斯坦有两个常驻机构，分别是中新社总社的哈萨克斯坦分社（位于努尔苏丹）和中新社新疆分社哈萨克斯坦分部（位于阿拉木图）。前者还负责中亚其他四国、白俄罗斯和乌克兰的新闻报道。除中方记者外，中新社新疆分社哈分部有当地雇员3名左右负责撰稿，并开办了《今日丝路报》和照片墙（Instagram）账号。其中报纸为半月刊，每期用中文、哈文、俄文、东干文撰写，面向高校、科研机构、政府部门、宾馆等发放。Instagram账号上每日发布国内各领域、各地区要闻，侧重宣传和介绍新疆，总发稿数量为每日20条左右，目前平台粉丝突破7万人。

目前，在中国驻哈使领馆的推动下，新华社、《人民日报》、中央广播电视总台、中新社均与哈萨克斯坦相关主流媒体建立了友好合作关系。

其中，对哈合作开展最好的媒体为中新社，如中新社新疆分社哈分部与哈萨克斯坦的《实业报》（https：//dknews.kz/）、《共青团真理报》（https：//www.kp.kz/）、电讯社（https：//kaztag.kz/ru/）、今日哈通社（https：//www.kt.kz/）、法律网（https：//www.zakon.kz/）建立了有偿信息发布合作机制，并与哈萨克斯坦商业电视台（https：//www.ktk.kz/ru/）开展中国优秀电视剧展播合作。2020年4月以来，在合作框架内，哈萨克斯坦商业电视台已分别播出《鸡毛飞上天》《嘿，老头》等中国电视剧，并于2021年上半年播出中国电视剧《你是最棒的》。

其他几家官方媒体与哈萨克斯坦《实业报》、哈萨克斯坦国家通讯社等均有合作关系，具体合作深度有待进一步挖掘。

（三）中国驻哈萨克斯坦媒体与哈国内媒体的合作情况

中国驻哈媒体与哈国内的主流媒体有两种合作形式，一是在哈国内媒体的网站上进行新闻报道的推送，二是购买当地媒体的版面。《实业报》《时代报》和"今日哈萨克斯坦"通讯社对华态度友好，非常关注涉华新闻。其中《实业报》与中国媒体的合作关系较为紧密，在其官方网站显著位置设置了人民网、新华社、中央广播电视总台的链接。对三家媒体定期推送的文章，《实业报》基本上能够做到及时、全部落地。

但中国驻哈媒体在与哈国内媒体合作方面也存在一定的问题，例如，哈通社和《真理报》等主流媒体与中国媒体始终没有合作，中国媒体没有在当地税务局注册便无法进行商业活动，即购买当地媒体的版面等。这些问题的解决将是中国媒体在哈萨克斯坦发展的未来目标。

四 哈萨克斯坦新闻传播业的成因分析与未来发展趋势

（一）哈萨克斯坦新闻传播业的成因分析

新闻传播作为人类社会一项重要的活动，它的诞生和发展具有普遍的性质；同时，不同的国家环境和民族特点又决定了其不同的发展路线。以下将针对哈萨克斯坦政治制度转型、社会文化发展与国际交流的特点，对哈萨克斯坦新闻传播业的成因进行分析。

1. 政治转型的需要

哈萨克斯坦政治制度转型是其新闻传播业产生与变革的首要因素。苏联解体前，政府完全控制着大众传媒。在时任苏共总书记戈尔巴乔夫提出改革和公开性发展路线时期内，政府对大众传媒的控制较之前有所放松，大众传媒总体上朝民主方向发展，整个哈萨克斯坦传媒业在社会中所处的地位得到了空前的提升，媒体自主性也得到了增强。这也为解体后的哈萨克斯坦政府独自管理大众传媒的发展奠定了一定的基础。1991 年苏联解体后，哈萨克斯坦国内各媒体改革与解放思潮持续高涨，各类新闻传播媒介纷纷成立，苏维埃模式的倒塌及全新政治体制的建立为各类政治思潮的碰撞提供了时代发展的背景，新闻媒体则为它们碰撞交锋提供了发声的平台。大众传媒业内"言论自由"和"舆论多样化"两种流行概念与纳扎尔巴耶夫总统建立"自由"与"民主"国家的理念无缝契合，哈萨克斯坦新闻传播业的革新与转型开始萌芽。针对大众传媒行业的管理，独立后的哈萨克斯坦议会指定并通过了《新闻法》。该法的颁布不仅为哈国新闻界提供了前所未有的宽松环境与有利条件，同时也规定了新闻报道须遵守的基本原则与义务，界定了上层建筑所能接受的"言论及舆论自由"的范围。哈政府制定《新闻法》的目的是想将供各党派、各阶层及大众发声的平台即新闻界纳入政府所期望的"依法管理"轨道，以避免舆论失控、混淆视听，导致本已失去范式的国民思想意识更为混乱，加剧苏联解体带来的社会政治危机。现在哈萨克斯坦境内主流的报刊《哈萨克斯坦真理报》和《主权哈萨克斯坦报》的报道内容主要是反映官方的政见、观点，同时追踪总统、议会、政府的各类活动。总体来看，服务于政治需要是哈萨克斯坦新闻传播业发展的重要原因之一。

2. 社会文化的需要

苏联解体后，哈萨克斯坦国内基于自由、民主价值观的新政治体系逐步形成，经济建设中的市场化机制改革为国民生活增添了全新的活力。以发展、革新为执政理念的纳扎尔巴耶夫总统开始为哈萨克斯坦独立后的发展道路构想方案。国家独立使苏共长年以来对加盟国政治环境的垄断被完全颠覆，长期占据社会生活中统治地位的意识形态被彻底否定。随着"自由""民主""人权""法治""市场经济"被确立为立国之本，哈萨克斯坦国内上下关于大众传播工具的地位和作用的观念发生了根本变化。

新闻传播业的发展成为推动国内社会文化前进的重要一环。从哈萨克新闻传播业生态来看，目前哈国境内除了较有影响力的政治类新闻媒体外，一些面向大众、题材贴近社会生活的媒体丰富了哈国人民的生活。典型代表便是《商业周刊》（«Деловая неделя»）（发行量22.5万份，四开），该报每周五出版，由商队传媒股份有限公司于1991年7月创办，是一份独立的无政治倾向的大众化报纸，其办报风格灵活精致，版面丰富多彩，内容信息量大，包罗万象，有时版面可达上百版，极大地丰富了哈国人民的精神生活。

总的来说，科技的发展、互联网的普及、手机等便携式上网设备的应用为哈萨克斯坦大众传播高度发展开辟了全新时代。哈萨克斯坦国内现代社会文化的形成、国民精神生活层次的提高、生活及生产的发展需要是哈国内新闻传播业发展的推动因素。2020年3月13日哈萨克斯坦首例新冠病毒感染病例确诊后，新冠肺炎疫情发展态势不容乐观，有关疫情发展及疫情防控的网站"新冠病毒发展态势官方数据"（Ситуация с коронавирусом официально）迅速成立，加强了对社会舆论的引导，传递了国家的抗疫声音并及时对舆情进行了监督，体现了媒体的责任担当。

3. 国际交流的需要

全球化进程的加速为哈萨克斯坦国家形象建立了时代背景，现代国际秩序中一个国家的形象不仅取决于国家综合国力，国际事务参与度、本国文化的对外宣传等因素同样重要。自哈萨克斯坦独立以来，经过近30年的对内改革与对外开放，国内社会经济得到明显恢复与发展。但在西方主流媒体的报道中，哈萨克斯坦的形象大多以负面为主。"政治腐败""民主制度不够健全"的声音充斥西方媒体。对哈萨克斯坦而言，积极参与国际交流并在国际舞台上树立正面积极的国家形象会提升哈国同其他国家的双边关系并深化交流合作。

独立之初，国际社会对哈萨克斯坦的形象只停留在"未知""草原""波拉特的故乡"。2006年喜剧电影《波拉特》在美国上映，电影主要讲述了一个来美国旅行的哈萨克斯坦著名主持人，由于"没见过世面"而大出洋相的故事。这部电影无疑给哈萨克斯坦的国家形象带来重创，让国际公众对哈萨克民族的印象产生了偏差，错误引导观影人对哈萨克斯坦的认识。电影播出后，哈政府立刻采取行动，在国家主流媒体和外国媒体投放国家形象宣传片，并于2007年宣布成立哈萨克斯坦国际信息部（Департамент международных информации），主要负责国内媒体的国家形象宣传与国家形象的构建。

随着哈萨克斯坦在国际社会中扮演的角色越来越多，哈国内媒体对哈萨克斯坦在国际活动与国际性组织展开积极报道，媒体的语言也不仅限于哈萨克语与俄语，各主流媒体都开设了自己的英语门户网站，这为世界了解哈萨克斯坦搭建了桥头堡。

哈萨克斯坦综合国力的提升使其国家形象有了较大的提升，哈萨克斯坦的媒体在国家形象的塑造中有着不可估量的作用，媒体利用各种手段，传播关于哈萨克斯坦客观的信息，提升本土媒体在国际舆论中的话语权，提高哈萨克斯坦在国际上的影响力并参与国际交流。

（二）哈萨克斯坦新闻传播业的未来发展趋势

从研究分析中可以看出，通过政治、经济转型期的传媒变迁，哈萨克斯坦传媒业已经走出了苏联时期高压集权的"苏式"新闻模式，跟上了世界传媒业发展的步伐。然而，由于哈萨克斯坦政治、经济发展本身的不成熟性和特有的政治形态的影响，哈国的传媒业又将具有以下发展趋势。

（1）传媒类型更加多元化。转型期哈萨克斯坦传媒业在结构上向多类型、多层次转变，各种传媒类型构成系统的、完整的传媒网络体系，传播内容丰富多彩，传媒所有制形式与传媒类型多样化、传播功能多元化。传媒业的多元化发展将为信息的传播者与接收者提供更自由的空间与宽松的环境，更海量的信息选择与更大的传播权力，接收者与传播者的身份互换将使受众在传播过程中的地位得到显著提升。

（2）网络化发展更为迅速。网络已经成为哈国人们获得信息的主要渠道，哈萨克斯坦的传统媒体，包括平面媒体、广播电视媒体和通讯社，都纷纷开始提供在线信息服务。

（3）市场化、产业化特点日益明显。传媒作为文化产业，是当下大众精神文化消费的重要组成部分，传媒业的发展使其地位得到了显著提高，成为必不可少的经济增长点。

（4）由官僚型、精英型向大众型转变。私人媒体创办门槛的降低以及互联网产业的兴起，使传播者、传播形式、传播内容由曾经的精英型、官僚型日益大众化，倾向于更加简易的模式，更符合受众需求。

（5）越来越具国际视野。随着哈萨克斯坦与各国在政治、经贸、人文等方面的往来与合作日益密切，外国媒体将成为哈萨克斯坦国内传媒业不可分割的一部分，且与哈萨克斯坦国内媒体的合作逐渐加强。

哈萨克斯坦传媒业的上述发展趋势，体现了该国传媒业发展及传媒转型所带来的积极因素，这些可喜的变化在一定程度上将会修正和完善旧新闻模式的缺点与不足；但同时我们也看到，困扰哈萨克斯坦传媒业发展的许多因素——哈萨克斯坦作为苏联时期加盟共和国的历史继承者，总统集权制的政治制度以及多民族、多语言的社会文化现实使其大众传媒呈现国家干预过多、传媒制度落后、新闻从业者权利极为有限、媒体报道水平不高等诸多问题。

五 结语

1999年哈萨克斯坦第一部《哈萨克斯坦共和国大众传媒法》颁布，对大众传媒的性质与功能、组织与发行以及新闻工作者的权利、义务等都作出了明确的规定。但《宪法》和《大众传媒法》等新闻传播业的法律条文还不完善，存在一定的法律空白，对新闻业人才的培养也不符合当前哈国新闻传播业发展的需要，存在人才匮乏的状况。

现今哈萨克斯坦主流媒体中的国有媒体占比不高，主要负责播报政府新闻和公告，为哈萨克斯坦政府服务，也并不是最受民众欢迎的媒体。报刊、广播、电视这些主流媒体的发展也不够完善，报刊大多以刊登大篇幅的广告盈利，广播和电视的节目种类及数量较少，节目质量参差不齐。随着网络的普及和发展，哈国的纸媒及其他传统媒体有日渐式微的趋势。因此，为了迎合国际的发展步伐和民众的喜好，几乎所有传统媒体都开设了自己的门户网站。新兴媒体在哈萨克斯坦发展迅猛，Pinterest、YouTube、Facebook、Instagram等社交媒体和视频网站在哈的使用率也非常高，颇受民众欢迎。

外国媒体入驻哈萨克斯坦需要在哈外交部进行备案注册，现俄罗斯、德国、中国、美国等国家在哈的驻地媒体及驻地记者数量位居前列。中国在哈共有4家驻地媒体，分别是新华通讯社、《人民日报》、中央广播电视总台和中国新闻社，其主要工作是采访报道哈国的新闻和与当地媒体展开合作等，但目前仅与个别私营媒体有合作，与国有主流媒体的合作还未成功推进。

综观哈萨克斯坦成立30年，其新闻传播业的发展受到国家政治转型需要、社会文化需要和国际交流需要等几方面因素的推动，其发展呈现多元化、市场化、新媒体化、互联网化、受众导向化等趋势，并开始向国际舞台进军，不少主流媒体都开始尝试用英语等外语传播新闻和播送节目。但目前其新闻传播业的状况仍存在一些不足，例如哈国法律制度落后、国家干预新闻自由、从业人员规范有待完善、新闻报道水平不高等问题亟待解决。

B.14
乌兹别克斯坦新闻传播业发展报告*

孙 芳**

摘 要： 乌兹别克斯坦在中亚国家中占据重要位置，其新闻传播业具有极大的研究价值。独立后，该国媒体形式日趋多元，非国营媒体逐渐发展，法律法规不断完善。现今，乌兹别克斯坦传统媒体发展较为成熟，新兴媒体崭露头角，不同媒介相互融合。乌兹别克斯坦政府着力促进本国新闻传播业走向国际化，努力培养更多新闻传播业优秀人才。

关键词： 乌兹别克斯坦 新闻传播业 媒介融合

目前，乌兹别克斯坦国内新闻传播领域由独立的大众媒体主导。截至2017年1月1日，国内注册媒体机构的数量达到1514家，其中有691家报纸、309家杂志、15家简讯、4家通讯社、65家电视台、35个广播电台和395家网站，国有媒体占63.4%。在国际媒体服务公司（International Media Service）2020年年会上，IMS乌兹别克斯坦分部主任皮沃瓦洛娃（Елена Пивоварова）讲到，据预测，2021年乌兹别克斯坦的媒体市场营业额将达到6000亿苏姆，实现17%的正增长，其中电视广告市场将增长20%，达到4100亿苏姆。① 此

---

* 本文系教育部哲学社会科学研究重大课题攻关项目"'一带一路'沿线国家新闻传播业历史与现状研究"阶段性成果，项目编号为17JZD042。
** 孙芳，北京外国语大学俄语学院副教授，博士，哈萨克斯坦研究中心主任，主要研究方向为区域学、俄罗斯社会与文化。北京外国语大学俄语学院2021级硕士研究生闫博参与了课题研究，特此致谢。
① Медийный рынок Узбекистана 2020–2021，тренды и прогнозы. https：//yandex.ru/turbo adindex.ru/s/specprojects/asia/news/cases/287374.phtml.

外，据统计，在支持第三方音视频运营商的电子设备数量上，乌兹别克斯坦远远领先于同属中亚的哈萨克斯坦和塔吉克斯坦，而在电脑和平板电脑方面则较为落后。

一 乌兹别克斯坦新闻传播业的基本结构

与当代其他国家一样，乌兹别克斯坦新闻传播业所包括的媒体形式有传统的报纸、杂志、电视、广播和通讯社，同时也有互联网及新媒体等新兴形式。

（一）主流媒体的发展

1. 通讯社

通讯社作为专门搜集和提供新闻稿件、图片和资料的新闻发布机构充分得到了政府的重视。乌兹别克斯坦国内主要有4家通讯社：乌兹别克斯坦国家通讯社（UzA）、乌兹别克斯坦通讯社（UzTAG）、世界通讯社（Jahon）和突厥斯坦新闻外部世界通讯社（Turkistan Press Outside World Agency）。其中，乌兹别克斯坦国家通讯社和世界通讯社是国家直接管控的，乌兹别克斯坦通讯社和突厥斯坦新闻外部世界通讯社则独家经营由UzA和Jahon专门制作的内容。

乌兹别克斯坦国家通讯社（UzA），也译为乌兹别克斯坦民族新闻社，是官方的信息来源和主要的国家新闻机构。该社始建于1918年，前身为苏联"塔斯社"驻乌兹别克斯坦分社。几年后被改组为塔斯社系统（TASS）下的乌兹别克斯坦通讯社（UzTAG）。1992年2月5日起，根据乌兹别克斯坦总统令，该社改组成为乌兹别克斯坦国家通讯社。该社报道国家机构的活动以及重要的社会和政治事件。目前，该社的新闻信息以乌兹别克语、俄语、英语、法语、德语、汉语、阿拉伯语、哈萨克语和西班牙语对外发布，且不仅通过报纸、杂志、电视与广播电台传播，各国大使馆、各国家部委和公司也采用该社网站发布的信息。近来，该社的优先信息政策是对在全球信息网络中的乌兹别克斯坦进行更广泛、更全面的介绍。其主要目的是真实和客观地向国际社会提供乌兹别克斯坦的经济、地理、历史、民族、文化等方面的独特信息。此外，其网站也提供了与乌兹别克斯坦合作的其他国家的信息。目前，在 Google Play 应用商店已经可以下载该社开发的支持安卓设备的应用程序。

乌兹别克斯坦通讯社（UzTAG）于 2014 年 1 月 27 日开始运行。其每日的新闻通信以俄语和乌兹别克语报道乌兹别克斯坦政治、经济、社会、文化、体育生活中最重要的事件。该社已实现网上发行，其官方网站还发布一些观点文章、专家评论和访谈。通讯社坚持可靠性、及时性和客观性原则，信息产品的主要用户包括各种媒体机构、政府机构、企业、公共和国际组织、外国外交使团和实体经济部门公司。此外，乌兹别克斯坦通讯社是中亚地区诸多国际通讯社的合作伙伴，如哈萨克斯坦的 KazTag 社、吉尔吉斯斯坦的 KirTag 社、塔吉克斯坦的 TajikTag 社、阿富汗的 AfTag 社、伊朗的 IrTag 社以及丝路新闻社，共同报道中国和"丝绸之路"沿线国家的相关事件。

世界通讯社（Jahon）是乌兹别克斯坦外交部的直属通讯社，成立于 1995 年 11 月，目的是传播有关乌兹别克斯坦社会经济和政治改革进程、社会民主复兴进程、外交活动和外交成就，同时也发展与其他国家和国际新闻机构的合作伙伴关系，提供乌兹别克斯坦融入全球新闻界的相关信息。同时，该社是乌兹别克斯坦唯一与本国驻外外交使团（英国、比利时、德国、埃及、印度、以色列、俄罗斯、美国、法国、土耳其和日本）设有沟通联络点的媒体。①

突厥斯坦新闻外部世界通讯社（Turkistan Press Outside World Agency）于 1998 年 9 月起在乌兹别克斯坦新闻领域开展工作，是乌兹别克斯坦第一家独立的非国营通讯社。在官方报道中，常可以看到它与乌兹别克斯坦国家通讯社和世界通讯社一起出现在乌兹别克斯坦新闻机构的名单中。其报道的

---

① https：//studopedia.ru/21_135395_informatsionnie-agentstva-uzbekistana.html.

主要内容是商品交易及供应、天然气价格等经济信息,不轻易触及其他严肃题材,在其网站(www.turkistonpress.uz)上基本上是文化题材的资料(展览、首映等)。该社以订阅的方式向所有媒体发布信息,不区分其所有权和政治倾向如何,同时也为外交使团和国际使团发布每周简报。自2013年1月起,通讯社对旗下网站进行了更新。同时,突厥斯坦新闻外部世界通讯社为许多乌兹别克斯坦主要媒体的出版物提供信息来源,例如《人民言论报》《乌兹别克斯坦之声》《塔什干真理报》等。

2. 报纸

乌兹别克斯坦新闻传播体系内,纸质媒体发展较早且形式较丰富,作为传统的纸质媒体仍有一定的影响力。截至2017年1月1日,乌兹别克斯坦已有691种报纸和309种杂志。

乌兹别克斯坦的报纸业发展较有代表性。按类型可将其分为国家报纸、政党报纸、行业报纸、独立报纸和娱乐报纸;按出版语言可分为以俄语出版的——如《乌兹别克斯坦教师报》(«Учитель Узбекистана»)、《新世纪报》(«Новый Век»),以乌兹别克语出版的——如《教育报》、《体育报》,以乌兹别克语和俄语同时出版的——如《人民言论报》(«Народное Слово»)、《乌兹别克斯坦之声》(Uzbekistan Ovozi),以塔吉克语出版的《塔吉克之声》(«Овози тожик»),还有许多用卡拉卡尔帕克语出版的报纸。2006年9月1日,英文报纸《今日乌兹别克斯坦》(Uzbekistan Today)开始发行。乌兹别克斯坦各地区及城市出版报纸所使用的语言多样,包括乌兹别克语、俄语、卡拉卡尔帕克语、塔吉克语、哈萨克语、朝鲜语等。

乌兹别克斯坦的每个国家机构及其分支都有自己的报纸。例如,《农村生活》(«Кишлок хаети»)是农业和水利部的报纸,《业主报》(«Мулкдор»)是国家商业委员会的报纸,《教育报》和《乌兹别克斯坦教师报》(«Учитель Узбекистана»)属于国家教育部,《爱国者》(«Ватан-парвар»)属于武装力量部。各区、市、县也都有报纸出版,每个州都有教育、监察、内务、商业、医药等方面的报纸。必须指出的是,报纸和杂志作为政党通过其政治和社会文章来向公众传达观点的政治和意识形态工具,具有同等重要意义,在乌兹别克斯坦几乎每个政党都有自己的相关刊物,包括报纸或杂志。

《人民言论报》(《Xalk Suzi/Народное Слово》)作为兼以乌兹别克语和俄语出版的全国性社会政治报纸,具有重要的代表性意义。该报属最高会议和内阁机关报,由议会和政府合办,是乌兹别克斯坦共和国的官方报纸,于1991年1月1日开始出版。该报每周出版5天,采用A2大幅版面,每份共4张(有时为6张或更多),主要用西里尔字母印刷。据统计,截至2013年1月10日,该报纸第一期发行量已达13万份,当年总共发行达3.2万多版①,而2019年1月发行版数则已达6万多版。根据乌兹别克斯坦共和国中央执行委员会2007年11月29日第674-Ⅰ号决议,该报的主要任务是对乌兹别克斯坦共和国议会、内阁、经济管理机构和其他机构的参议院进行公开公正的报道;出版乌兹别克斯坦共和国法律文本、法令,乌兹别克斯坦共和国总统及国家机构的决议和命令、会议和集会的材料;定期客观真实地报道本国和世界社会、政治、经济、文化和教育生活中发生的事件等。在国家图书馆官方资源网站国家期刊电子档案上可以在线阅读该报纸。该报的执行机构为编辑委员会,其成员包括:总编辑、政府机关代表、副总编辑、领导部门的执行秘书和编辑、记者以及公众人员。②编辑委员会的职责是:①确保文章和信息的专业性、客观性和准确性;②满足人民对历史、精神文化价值、民族传统的日益浓厚的兴趣,广泛涵盖国家改革的目标和方向;③以规定的方式出版文学和艺术作品、专辑,出版法人和个人的广告公告;④加强劳动和生产纪律;⑤鼓励员工在精神上和物质上取得创造性的成功,帮助提高他们的专业技能,关心改善生活条件等。

与二三十年前相比,当今乌兹别克斯坦纸质媒体无疑发生了积极的变

---

① Право и СМИ Цетральной Азии. https://medialaw.asia/posts/10-01-2013/68263.html.
② Устав государственного редакционного предприятия «Народное Слово». https://nrm.uz/contentf? doc = 139393_ halq_ so%E2%80%98zi_ va_ narodnoe_ slovo_ gazetalari_ tahririyati_ davlat_ korhonasining_ ustavi_ (o%E2%80%98zr_ omkpk_ 29_ 11_ 2007_ y_ 674-i-son_ o%E2%80%98zr_ omsk_ 402-i-son_ va_ o%E2%80%98zr_ vm_ 248-son_ qarori_ bilan_ tasdiqlangan) &products = 1_ vse_ zakonodatelstvo_ uzbekistana.

化，以前报纸的版面上都是思想政治方面的文章，现在则被短篇新闻取代，内容涵盖国内外经济、政治、体育、文化等，题材更加丰富。

3. 广播及电视

乌兹别克斯坦广播电台可分为国有电台和私人电台。乌兹别克斯坦国家广播电台频道包括"乌兹别克斯坦"频道（O'zbekiston）、"火"频道（Mash'al）、"青年"频道（Yoshlar）、"塔什干"频道（Toshkent），每日合计播出时长88小时。[1]

其中，"乌兹别克斯坦"频道播放总统令、决议、活动以及社会、政治、文化和教育节目；广播频道"火"则播放新闻、体育和娱乐节目；"青年"频道的受众主要是年轻人。这些广播频道用俄语、塔吉克语、吉尔吉斯语、巴什基尔语、塔塔尔语、克里米亚塔塔尔语和维吾尔语7种不同语言播放节目。

"塔什干"国际广播电台建于1921年，从1992年1月开始以俄语、英语、土耳其语、波斯语、乌尔都语等13种语言进行对外广播。电台的广播节目具有民族特色，在国际上也获得了良好评价。例如"最新消息"（Последние новости）、"夜晚波浪"（На волнах ночи）；电台杂志"微笑"（Улыбка）、"乡村生活"（Жизнь села）、"神圣的河流"（Священная река）等节目都颇受欢迎。

其他广播电台，如"首都广播电台"（Радио столицы）、第一个音乐调频广播电台"盛大"广播（Гранд）、"纳乌鲁孜"频道（Navro'z）、"最大值"（Maxima）、"乌兹别克音乐"（O'zbegim Taronasi）等也在国内广播。

独立前，除塔什干外，努库斯和乌尔根奇也有电视演播室，但每次只播几个小时。独立后，非国营电视频道和电台频道相继成立并开始活跃起来。现在，乌兹别克斯坦各地区都有自己的电视和广播公司，各城市或地区的中心都设有电视演播室。广播电台和电视频道的大部分收入来自广告。

---

[1] Журналистика независимого Узбекистана. https://articlekz.com/article/8683.

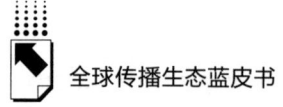

乌兹别克斯坦于2008年开始引进数字电视，如今国内数字电视覆盖率已达到100%。目前，乌兹别克斯坦电视台不断开发新节目，致力于为民众提供更多更丰富的免费高清国家频道。2020年受疫情影响，乌兹别克斯坦国内民众每日平均观看电视时间增加了9分钟，日间电视收视率上升了5%，黄金时段收视率下降了8%。

乌兹别克斯坦共有65家各类电视台，国内影响较大的广播电视公司是国家广播电视集团公司（HTPK Узбекистана），该公司最初为乌兹别克广播电视委员会于1956年11月5日在塔什干成立，1992年成立公司，1996年成为集团公司。2004年乌兹别克斯坦国家广播电视集团公司成为亚太国家广播电视联盟成员，并与中国国家广播电影电视总局（SARFT）、韩国KBS广播公司和日本NHK广播协会等开展密切合作。目前，该公司拥有的频道有："乌兹别克斯坦"频道（O'zbekiston）、"青年"频道（Yoshlar）、"塔什干"频道（Toshkent）、"体育"频道（Sport）、"乌兹别克历史"频道（O'zbekiston tarixi）。此外，该公司还经营着乌兹别克斯坦电影电视公司和国家广播电视中心。

乌兹别克斯坦国家电视台大部分节目是用乌兹别克语播出，为满足使用俄语的人群的需要，每天晚上播出半个小时的俄语新闻，而且，各级电视台经常播出俄罗斯的电视节目。

第一频道"乌兹别克斯坦"频道主要播出政府活动、领导人演讲、公共事件等（如独立日、纳乌鲁孜节、名人纪念日活动），审查最为严格。其观众不仅限于本国居民，其他国家的居民也可以观看。第二频道"青年"频道使用乌兹别克语和俄语两种语言播出，主要面向青年群体，播出内容既有娱乐节目，也有政治经济相关报道和讨论等节目。第三频道"塔什干"频道主要针对首都塔什干进行报道。第四频道"体育"频道于2004年1月开通，主要播放体育赛事。2019年9月1日，以国家历史为主题的电视频道"乌兹别克历史"频道开始在乌兹别克斯坦播出。此外，乌兹别克斯坦居民也可以自由观看俄罗斯、土耳其和哈萨克斯坦的电视节目。

2013年1月1日，新的电视频道Madaniyat va Ma'rifat（文化和教育）和

Dunyo Bo'ylab（环游世界）开播；6月1日，儿童电视频道Bolajon（儿童）开播。在随后的几年里，Navo（音乐）、Kinoteatr（电影）、Oilaviy（家庭）和Diyor（边疆）频道开播。随后，Mahalla（邻居）、PLAY TV（游戏TV）和Milliy TV（民族TV）等新的国营电视频道也陆续开播。

私营电视频道中，不得不提的是Zo'r TV频道。Zo'r TV是乌兹别克斯坦全国性的24小时私人音乐和娱乐电视频道，该频道于2016年6月1日获得乌兹别克斯坦共和国境内的广播许可证，2017年3月1日开始全面播出，主要播出语言为乌兹别克语，也有部分节目用俄语播出。

在乌兹别克语中，Zo'r一词译为"优秀"。该频道播放内容包括娱乐节目、国内外电影和连续剧及音乐等。最受欢迎的栏目有《脱口秀》《Indigo》《剪辑师》《真正的Xit》《在线360》《休息时间》《喜剧儿童》等。

2017年11月，根据对10234名乌兹别克斯坦民众为期三个月的电话调查结果，得出了乌兹别克斯坦最受欢迎的电视频道排名，在这份排名中，Zo'r TV获得了第1名，有28%的被调查者优先选择该电视频道。[①] 2019年IMS公司再一次对电视频道收视率进行了调查，Zo'r电视台列第2位，Rtg[②]值为2.78%。截至2021年4月初，该频道的官方Instagram账户拥有超过250万粉丝。Zo'r TV频道从早上6点连播两部电视剧，8点到8点30分播放新闻节目"今天"（Bu kun）。在新闻播报之后，还有半小时的音乐节目。工作日晚间黄金时间该频道播放两个独家节目，一个是新闻节目，另一个是警察巡逻视频报道"25小时"（25 Soat）。在"25小时"节目中，观众们可以了解到警方某次突击检查和抓捕情况。

在IMS媒体日2020年年会上，凯度（Kantar）公司经理Юлии Ли指出，受疫情影响，2020年乌兹别克斯坦国内民众平均观看电视时间增加了9

---

① Опубликован рейтинг телеканалов Узбекистана на 2017 год. http：//www. aloqada. com/News/2017/11/09/opublikovan－reyting－telekanalov－uzbekistana－na－nbsp－2017－god.

② Rtg收视率指针对某特定时段（或节目），平均每分钟的收视人数占推及人口总体的百分比。

分钟，日间电视收视率上升了5%，黄金时段收视率下降了8%。①领先的电视频道Sevimli、Zo'r TV、Milliy TV、My5介绍了2020年的一系列成功项目和2021年的计划，宣布了将创建新的儿童教育娱乐频道Aqlvoy。新的儿童频道将对俄罗斯、韩国和美国制作商（包括SONY、Disney、UNIVERSAL等）授权后的高质量内容进行改编并翻译成乌兹别克语，计划自2021年春季开始播出。②

（二）新兴媒体的发展

网络新闻是乌兹别克斯坦新闻传播领域发展的另一个载体。计算机技术的不断进步使通信渠道得以拓展，在扩大新闻的数量和流量的同时，其内容的呈现形式也日趋多样化，新闻网站、博客、社交网络等纷纷出现，时政、商业、人文信息经过计算机分析、预测、传播突破了越来越多的限制。例如，Uzbektelecom建立了新的Uz－IX点对点网络，为全球流行的互联网资源和门户网站的本地化提供了条件，并实施了一系列高质量内容开发和确保信息服务可用性的项目。

2001年，乌兹别克斯坦的互联网用户人数约为13.7万人。2003年初，该国约有27.5万名互联网用户。2004年1月1日，这一数字接近49.2万人，同年4月，以"uz"注册的网站数量达到2600个。新闻网站www.press－service.uz开始运作，为乌兹别克斯坦人民和世界上80多个国家的公民提供新闻服务。③但乌兹别克斯坦互联网发展仍有明显不足，例如除了公共网站和信息网站外，其他类型网站的内容质量有待提高，大多数组织网站数据库更新不及时，教育、科学和体育类网站不足，而且只有少数网站涉及

---

① Как изменился медийный рынок в пандемию. https://www.spot.uz/ru/2020/12/03/mediaadv/.
② Медийный рынок Узбекистана 2020－2021, тренды и прогнозы. https://yandex.ru/turbo/adindex.ru/s/specprojects/asia/news/cases/287374.phtml.
③ Развитие услуг сети интернет в Республике Узбекистан: проблемы и решения. http://infocom.uz/2004/03/15/razvitie－uslug－seti－internet－v－respublike－uzbekistan－problemyi－i－resheniya/.

儿童、文化艺术等信息。

自1995年乌兹别克斯坦注册域名后，网站数量逐年增加，2017年初其数量超过了3万。2014年1月1日，乌兹别克斯坦互联网媒体数量达到261家，其中255家（98.1%）为非国营媒体。截至2017年1月1日，据乌兹别克斯坦新闻和信息署统计，乌兹别克斯坦信息市场上登记为媒体的互联网网站超过330个，而且这个数字还在快速增长。2020年6月1日，在国家信息检索系统中登记的网站数量达10224个，国家和经济管理机构、地方自治机构的网站有602个。① 互联网媒体使用的语言包括乌兹别克语、俄语、英语、法语、德语和其他语言。

乌兹别克斯坦共和国通信、信息化和电信技术国家委员会（乌兹别克斯坦共和国信息技术和通讯发展部前身）曾在报告中指出，2007年乌兹别克斯坦的互联网用户数量约为100万；到2013年底，这一数字为1090万，在212个国家中排第40位。2016年底的数据显示，乌兹别克斯坦经常使用互联网的人口比例为46.4%，固定宽带接入人数约为190万人，2017年使用互联网的人口比例增至52.31%。截至2019年，乌兹别克斯坦拥有电脑的家庭比例为41.18%，接通互联网的家庭比例为79.9%，每百户居民固定（有线）宽带用户比例为13.94%。② 据乌兹别克斯坦国家统计委员会统计，截至2020年1月1日，国内每百人互联网注册用户比例达49.4%，连接互联网的总用户数为1638.62万，比2019年的286.75万户增加了数倍，与其他地区相比，首都塔什干连接到互联网的用户数量最多，为355.6万，最低的是锡尔河州，为44.14万。网吧、网络俱乐部在乌兹别克斯坦的覆盖率仍不是很高，主要集中在首都塔什干及其他地区的中心城市。网吧消费价格根据地区不同价格也有所不同，例如在塔什干Chironzor区上网一小时价格约为350~600苏姆，而在市中心则可达到600~1500苏姆。此外，截至2021

---

① Перечень зарегистрированных веб-сайтов в национально информационно-поисковой системе. Портал открытых данных Республики Узбекистан. https：//data. gov. uz/ru/datasets/10091? dp－1－page＝1.

② https：//www. itu. int/net4/itu－d/icteye#/economie.

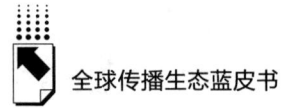

年4月7日,乌兹别克斯坦固定宽带网速世界排名第93位,移动网络排名第128位。[①]

如今,在乌兹别克斯坦,电子媒体、博客、社交网络、众筹平台和各类论坛快速发展,纸质出版物、电视频道和广播电台大多开通了自己的网站。

近年来,乌兹别克斯坦国内已创建了近290份私营和部门互联网出版物,它们以乌兹别克语、俄语和英语等传播重要官方资料和法律文件,与此同时,大约95%的互联网出版物是非政府组织的。网络报纸越来越受欢迎,如UzMetronom.com网站上文章主题包括政治、经济、科学、文化、法律、体育等,除了有关统计、美元汇率数据的官方信息外,还可以看到关于社会尖锐问题、犯罪新闻等不同观点的讨论。即使是传统的出版物,如《东方真理报》,也有自己的互联网版本、Telegram频道,以及Facebook、Twitter、Instagram甚至Одноклассники账号。

乌兹别克斯坦常见的新闻网站有:"Kun.uz"(乌兹别克斯坦及国际新闻)、"Gazeta.uz"(乌兹别克斯坦及国际新闻)、"World-news.uz"(世界新闻),以及"Publika.uz"(信息和娱乐网站)、"Axborot.uz"(乌兹别克斯坦各类新闻)、"Jahonnews.uz"(提供商业信息)等。

Uzreport.com是乌兹别克斯坦互联网领域最大的商业门户网站,网站有乌兹别克语、俄语、英语三种版本,内容涵盖乌兹别克斯坦政治、经济和文化生活不同领域的每日新闻:关于银行、股票交易、证券市场发展、招标拍卖、国际展览、劳动力市场的信息;关于工业、商品和服务生产的参考和分析材料;规范企业发展和外国投资流入的立法基础等。该网站在乌兹别克斯坦拥有较大的影响力。

社交网络方面,目前乌兹别克斯坦最受欢迎的社交网络是Одноклассники,其次是VK(ВКонтакте)、YouTube、Instagram、Facebook和Twitter等。新兴平台"Muloqot"也迅速发展,短时间内获得乌兹别克斯坦2.5万多名青年人注册的成就表明了其未来的发展潜力。在乌兹别克斯

---

① https://www.speedtest.net/global-index.

坦，Одноклассники 社交网络的每月受众为 208 万，日访问用户数量为 78 万。据统计，乌兹别克斯坦大部分 Одноклассники 用户是 25～35 岁的女性和男性，其中超过 64% 的人在移动设备上使用该平台软件，平均使用时间 41 分钟。34.38% 的用户使用 Одноклассники 给乌兹别克斯坦同胞发信息，27.15% 的用户同俄罗斯的联系人互动，4.53% 的用户用以联系在哈萨克斯坦的亲友。①

第二大流行的社交网络是 VK（ВКонтакте），平台用户数量不断增加，如今已经超过 4300 万人，在独联体国家广泛使用。此外，根据 DIGITAL 2019 报告，Instagram 在乌兹别克斯坦的活跃用户达 170 万，Facebook 活跃用户 85 万人，Twitter 活跃用户则为 3.76 万人。

2018 年根据 NIPS 的统计，在乌兹别克斯坦最受欢迎的 10 个网站名单中，www.uz 位列第一，截至 2018 年 1 月 15 日，www.uz 日访问量约为 33 万人次；第二名是新闻网站 www.kun.uz；第三名是体育新闻网站 www.stadion.uz。

在乌兹别克斯坦，最受欢迎的搜索引擎是谷歌，受到 76% 的乌兹别克斯坦用户的青睐，其次是 Yandex 搜索引擎，使用比例约为 19%。最常使用的互联网浏览器是 Chrome 浏览器，市场占有率为 55%，Safari 浏览器居第 2 位，市场占有率为 15%。

Telegram 是乌兹别克斯坦使用率最高的通信软件，在其订阅频道中，领先的是"Прикол"和"kun.uz"，每个频道都有超过 21.7 万订阅用户。②

数字环境下的新闻媒体传播正迎来新的机遇。日前，乌兹别克斯坦政府通过一系列法律政策与政治经济文化措施推动传统媒体与互联网等新的技术进一步融合，让新兴媒体为新闻传播业注入更强劲的动力。

---

① В Узбекистане более 2 млн пользователей «Одноклассников». https：//digital.report/v-uzbekistane-bolee-2-mln-polzovateley-odnoklassnikov/.

② Опубликованы самые популярные сервисы, приложения и телефоны интернет-пользователей Узбекистана. http：//infocom.uz/2018/01/22/opublikovany-samye-populyarnye-servisy-prilozheniya-i-telefony-internet-polzovatelej-uzbekistana/.

二 乌兹别克斯坦传播业的政策及从业人员现状

（一）新闻传播业的政策

根据乌兹别克斯坦共和国《宪法》第 29 条，每个人都有权寻找、接受和传播任何信息，但违反现行《宪法》及其他法律规定的信息除外。此外，《宪法》第 67 条规定，大众媒体是自由的，其活动应根据现行法律进行，绝对禁止对大众媒体进行审查。在上述基本法规范的基础上，乌兹别克斯坦还制定了其他一些法律以巩固大众传媒的权利和利益，并为其运作提供保障。1997 年，乌兹别克斯坦通过了《保障信息获取自由法》《保护记者职业活动法》《大众传媒法》《广告法》等重要法律，为大众媒体以后的活动奠定了法律基础。2011 年 12 月 30 日，根据乌兹别克斯坦共和国总统通过的"关于为大众媒体的进一步发展提供额外税收优惠"决议，税收优惠极大地促进了媒体发展，加强了其财政的可持续性。

除了为媒体提供特权和优惠外，乌兹别克斯坦政府也在不断努力转变国家与媒体的关系模式。在 2010 年 11 月举行的议会立法院和参议院联席会议上，时任总统卡里莫夫提出了"进一步深化民主改革和在国内建立公民社会的构想"，提议通过"关于媒体活动的经济基础"和"关于保障国家对媒体的支持"等法律以提高媒体活动效率，保护信息市场参与者的经济利益，确保公民在信息领域的自由和权利，确保国家信息空间的逐步发展。在随后实施的总统令中，从 2012 年 1 月 1 日起媒体和出版社获得了一定特权和优惠。其中，一个雇用 100 人以下的媒体机构只需缴纳 5%的单项税，并免除关税等费用。如此一来，媒体便拥有更多资金用于现代化建设，加强物质和技术基础，激励记者工作。与此同时，乌兹别克斯坦共和国议会下属支持非营利性、非政府组织和其他民间社会机构的公共基金会每年向这些机构提供一定资助和补贴,大力支持乌兹别克斯坦大众媒体的发展。①

近年来,政府机关和行政部门的信息公开力度和透明度受到了高度重视。撒马尔罕和布哈拉地区公共当局和行政部门于2014年5月通过了"关于公共当局和行政部门透明度"法律草案的社会实验。专家们认为,媒体、非政府组织和公民亲自参与到这一法律实验的过程中,表明了利用民间社会潜力检测法律合理性和可行性的新方法是行之有效的。

如今保护民众的公共利益愈发成为乌兹别克斯坦媒体活动的核心内容。分析表明,媒体在发现和报道当前居民关心的问题、对国家机关和行政管理部门的活动实施公众监督方面的作用明显增强。2013年乌民间社会发展监测独立研究所对全年393份不同区域类型的报纸进行了研究,结果显示大众媒体的信息和分析材料数量有所增加,其中包含对地方当局在解决各地区社会经济发展的紧迫问题方面的措施的客观批评。2013年乌国内报刊重要分析材料数量为2159篇,其中1256篇是批评材料,较2012年的659篇有了显著增加。② 由此可见,人们对媒体信息自由的关注度不断提升。

乌兹别克斯坦政府为互联网媒体的活动同样建立了法律和管理框架。如今,国家正致力于开展网络出版物和整个互联网领域的现代化建设工作。例如,《信息化法》、2012年3月21日"关于进一步实施和发展现代信息和通信技术的措施"总统令、内阁关于进一步改进乌兹别克斯坦共和国互联网政府门户网站的措施并从2012年12月30日起提供互动式公共服务的指令、《乌兹别克斯坦共和国国家信息和通信系统综合方案》等文件和指令措施皆已通过且正在执行。

根据乌兹别克斯坦《大众媒体法》,网站属于电子媒体,须经注册,同时必须满足定期发布群众信息、具有永久性名称并对网上发布的材料客观性负

---

① Доклад Президента Республики Узбекистан Ислама Каримова «Концепция дальнейшего углубления демократических реформ и формирования гражданского общества в стране» на совместном заседании Законодательной палаты и Сената Олий Мажлиса Республики Узбекистан 12 ноября 2010 г. www. press-service. uz.

② Основные тенденции развития СМИ в Узбекистане. https：//www. turkishnews. com/ru/content/2014/12/10/Основные – тенденции – развития – СМИ – в – Узб/.

责等要求。大众媒体的网站合法化使其能够充分利用法律规定的媒体和记者的权利和保障，网络媒体的记者有权参加公共政治活动、新闻发布会、情况通报会，要求国家机关提供资料和意见。这些措施旨在促进互联网新闻传播的积极发展，保障网络媒体在媒体市场上应有的需求和供给份额并保持快速增长。

2019年2月2日，乌兹别克斯坦总统沙夫卡特·米尔济约耶夫将乌兹别克斯坦新闻和信息局改为"信息和大众传播局"。2019年6月28日宣布了关于确保大众媒体独立性和发展国家机关及组织新闻服务部门活动的进一步措施，其中涉及了大众媒体、新闻机构等多方面的调整和规定。

乌兹别克斯坦自2002年起正式取消了审查制度，但当局仍对媒体进行持续监测。国家媒体监管部门不再区分互联网和传统平面媒体，立法要求网站必须注册成为媒体机构，这意味着注册网站可能在没有书面通知的情况下因为被指控违反现行法律法规而关闭。在乌兹别克斯坦，对"信息安全"的理解通常比对"计算机安全"或"网络安全"要宽泛，也就是说"信息安全"被视为国家安全的一个组成部分。因此，任何被视为威胁领土完整或国家机密，或是被《刑法》禁止的言论都会被视为对信息安全的威胁。

（二）从业人员现状

在媒体从业人员培养及就业现状方面，乌兹别克斯坦国内也发生了许多变化。中亚国立大学（现乌兹别克斯坦国立大学）是乌兹别克斯坦培养电视记者的主要高等院校，该校新闻系曾隶属于语言学系，1967年正式成立新闻系。1991年国家独立开启了乌兹别克斯坦电视新闻业发展史上的新篇章。1991~1994年，电视新闻领域的工作人员大多来自塔什干、努库斯、安集延和撒马尔罕的公立大学以及世界经济和外交大学。1994~1995年，纳曼甘州立大学和塔什干艺术学院也开设了新闻传播专业。随着时间的推移，为了将国家大众传媒提高到世界水平，对大众传媒领域人才的需求和要求越来越高。为此，根据乌政府1999年2月26日"关于改进记者培训和再培训制度"的第88号决议，在乌兹别克斯坦世界语言大学设立了国际新闻系。

2018年，乌兹别克斯坦新闻与大众传播大学成立，该校以培养国际新闻记者为主要任务。2019年6月27日,乌总统沙夫卡特·米尔济约耶夫在对媒体工作者的讲话中说:"今天,我们最重要的任务是培养具有积极公民意识的现代人才,使他们能够在全球媒体行业空间中经受住激烈的竞争。"① 对于新闻传播人才的培养,已成为国家转型期媒体社会文化宗旨的重要组成部分。

2020年6月27日,乌兹别克斯坦总统沙夫卡特·米尔济约耶夫在新闻和媒体工作者日的发言中提到,在建设民主法治国家的今天,无论是新闻记者还是网络博主,都必须遵循全球公认的、不可动摇的新闻工作要求和标准,同时必须特别注意确保未来的记者具有深厚的知识和专业技能,具有积极的公民立场,并在掌握母语的同时懂得外语和信息通信技术。同时总统提议为乌兹别克斯坦新闻和大众传播大学的学生设立"马赫穆德齐·贝布迪纪念奖学金"。

另外,UZSTAT统计报告表明,2020年1~12月,乌兹别克斯坦信息通信服务领域总营收达12.886万亿苏姆。2020年信息通信领域从业人员平均月薪为436.88万苏姆,是全国各领域从业人员平均月薪的163.8%,与2019年同期相比增长了10.1%。塔什干市的平均月工资水平较高,达到548.52万苏姆,比全国平均水平高25.6%。在全国其他地区,信息通信领域职工的平均月薪则明显低于全国平均水平。在塔什干州,这一比例仅为全国平均水平的49.7%,安集延州为52.1%,撒马尔罕州为55.0%,花拉子模州为55.1%。②

三 从多元文化看外国媒体的发展

(一)外国媒体在乌兹别克斯坦的落地情况

在乌兹别克斯坦,人们除了可以收看本国的电视频道,还可以收看许多

---

① Мирзиёев поздравил работников печати и средств массовой информации. https://kun.uz/ru/news/2019/06/27/mirziyoyev-pozdravil-rabotnikov-pechati-i-sredstv-massovoy-informatsii.
② Среднемесячная номинальная начисленная заработная плата работников предприятий и организаций, обладающих статусом юридических лиц. Государственный комитет Республики Узбекистан по статистике. https://stat.uz/ru/.

其他国家的电视频道，如俄罗斯的"第四频道""文化"频道、日本"NHK"频道、英国"BBC"频道、中国"CGTN"国际频道等。自2020年3月26日起，乌兹别克斯坦的电视又免费播放五个新的外国频道，分别是"电影之家""迪士尼""欧洲新闻""印度电影""探索"频道。

乌兹别克斯坦政府规定，外国媒体代表的核证和在乌兹别克斯坦开设信息通讯办事处需根据乌兹别克斯坦共和国内阁2006年2月24日"关于批准乌兹别克斯坦共和国外国媒体代表核证程序主要条例"的第33号法令进行。外国媒体记者须向驻乌外交领事机构或乌兹别克斯坦外交部提交申请，获得许可证书（有效期最长为2年）后方能在乌兹别克斯坦境内从事专业活动。①

英国、美国、德国、瑞典、俄罗斯、中国、塔吉克斯坦、哈萨克斯坦、吉尔吉斯斯坦、捷克共和国等世界多个国家均有媒体机构在乌兹别克斯坦活动，例如自由电台、英国广播公司、路透社、俄罗斯卫星通讯社、新华社、经济日报社等。

2017年11月，人权观察机构在乌兹别克斯坦针对其境内的外国媒体进行了一次实地调研。调研显示，乌兹别克斯坦外国媒体有的已进行正式登记，有的则以未登记身份运作，但同样受到包括乌兹别克新闻和信息局在内的各种国家机构的监督和严格的审查，一般情况下，外国媒体应避免触及敏感话题，截至2017年12月，只有41名外国记者拥有乌兹别克斯坦外交部的官方认证。②

（二）中国驻乌兹别克斯坦媒体概况

中国媒体在中亚记者站多落地于哈萨克斯坦，例如《人民日报》、中国新闻社、中央广播电视总台。乌兹别克斯坦国内目前只有新华社塔什干分

---

① Министерство иностранных дел Республики Узбекистан. https：//mfa. uz/ru/pages/accreditation.

② «Их не видно, но они всегда здесь» Цензура и свобода СМИ в Узбекистане. https：//www. hrw. org/ru/report/2018/03/28/315967#_ ftn24.

社,以及《经济日报》驻乌兹别克斯坦的记者站。

《人民日报》于1992年在哈萨克斯坦首都阿拉木图设立记者站,2008年在哈萨克斯坦司法部注册为"驻哈萨克斯坦分社",2019年迁社至努尔苏丹,负责中亚五国的新闻报道;中央广播电视总台驻阿拉木图分社每月发布60篇左右涉及哈萨克斯坦、中亚其他四国以及外高加索三国的相关报道;中国新闻社哈萨克斯坦分社位于努尔苏丹,负责中亚五国、白俄罗斯和乌克兰的新闻报道。各个分社彼此合作,除日常报道、写稿和采访外,还会参加当地新闻媒体活动等。

新华通讯社(简称新华社)于2009年在莫斯科成立亚欧总分社,在已有莫斯科分社、阿拉木图分社、基辅分社的基础上,新建比什凯克分社、第比利斯分社、塔什干分社和符拉迪沃斯托克分社,现今下属11个分社,分别负责欧亚大陆12个国家的媒体新闻工作。目前,新华社在中亚地区仅保留努尔苏丹分社、塔什干分社和比什凯克分社,人员构成为:中国籍内派记者1人,外籍雇员2人左右。新华社塔什干分社有首席记者1人,负责当地各类新闻报道,参与官方访问、政治、经济、文化、医疗卫生等多方面活动等。分社发布新闻报道的语种主要为中、英、俄三种;发布形式包括文字、图片、网络、视频等;发布途径除新华网文字信息稿件、新华社客户端、微信公众号、微博公众号等国内社交媒体官方账号、参考消息报纸稿件等途径外,还包括Facebook、YouTube、VK等海外社交媒体。该社现合作的乌国媒体有乌兹别克斯坦国家通讯社、《人民言论报》、《东方真理报》、《达拉奇报》、乌兹报道网、乌兹每日新闻网、乌中友好网等,合作方式主要为转发约稿。

《经济日报》驻乌兹别克斯坦记者站设于首都塔什干,外派记者1人。主要通过中国经济网、《经济日报》多媒体数字报纸、《经济日报》各平台官方公众号等发布报道。

两家驻乌兹别克斯坦媒体自设站以来一直对当地新闻进行实时报道,对驻乌兹别克斯坦大使、在乌企业家等进行采访,曾参与2015年驻乌兹别克斯坦大使馆与中国驻乌新闻媒体机构举行联谊活动,积极与乌兹别克斯坦媒体开展合作。

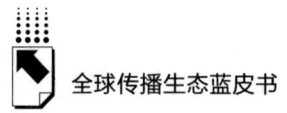

四 乌兹别克斯坦新闻传播业的成因分析与未来发展趋势

(一) 乌兹别克斯坦新闻传播业的成因分析

在苏联时期，媒体作为共产主义意识形态的武器处于国家的绝对控制之下。苏联解体后，中亚地区国家都在向新的经济秩序、市场关系、形式政策转变，其新闻传播业也走上了一条民主转型的道路。乌兹别克斯坦同样积极寻找自己的大众传播模式，在追求与世界媒体系统拥有共同特征的同时保留了其历史、文化、经济、社会政治现象等方面的民族特征。

《东方真理报》前主编哈萨诺夫（Хасанов Бахтияр Мадаминович）在《乌兹别克斯坦大众媒体与民间社会机构间相互作用的问题》（Актуальные вопросы взаимодействия средств массовой информации и институтов гражданского общества в Узбекистане）一文中指出，乌兹别克斯坦独立初期的"政府—社会—媒体"体系是相当复杂、矛盾和不对称的，并且以国家利益为优先。这种模式与国家渐进式经济改革和发展的原则密切相关。但与此同时，独立媒体的角色也是不可或缺的，因为在市场经济中，新闻传播业是其中的一个组成部分，是一种特殊的商品，满足受众的需求对于新闻事业的有效运作是至关重要的。

在改革期间，人们对媒体的态度发生了根本的变化。大众传媒除了向人民传播科学、法律、经济、文化和教育知识来源的基本概念外，人们还意识到在一个开放的社会中，新闻媒体将有助于提高所有政府机构和政治进程的透明度，有助于民众表达见解与态度。

1997年通过的《保障信息获取自由法》《大众传媒法》等法律以及政府对媒体行业的支持措施，旨在推动电视和广播公司在研究公众对客观和真实信息的需求方面的民主化改进，促进国内外公众对乌兹别克斯坦正在进行的民主改革形成认知。

2010年11月举行的国民议会两院联席会议期间,乌兹别克斯坦总统卡里莫夫曾提出"进一步深化民主改革和在国内建立公民社会的构想",规定了制定和通过新法律的诸项任务,其中一条为:"确保公民在信息领域的自由和权利,包括自由、接受和传播信息及自己思想的权利等内容,是建设民主社会的基石。"① 乌兹别克斯坦政府方面也深刻认识到,媒体应成为人们自由表达其意见、思想、立场和对事件态度的渠道;发展大众媒体,提高政府机构的信息透明度与公开性,符合国家政治、经济和社会生活转型的逻辑。

近年来,乌兹别克斯坦民众将媒体作为表达自己意见的有效手段以及监督政府机构解决紧迫问题的工具,对其信心有所增强。人们深刻地认识到,如果不确保信息自由,如果不把媒体转变为人们可以自由表达思想观点和立场态度的舞台,就无法谈及深化民主改革,也无法谈及民众对国家政治、公共生活的真正参与。

除了对于民主社会建设方面的意义之外,新闻传播还有更深层面的价值。许多研究者认为,媒体是民族价值观的载体,是创造性的产物,是民族文化的空间,换句话说,它不仅是文化意义的具体化,还是一种民族传统、民族认同。

总的来说,在世界新闻业总趋势的推动下,乌兹别克斯坦新闻业始终以提高传播效率、保护信息市场参与者的经济利益、实施多方面法律措施来确保国家信息空间逐步发展为目的向前迈进。

(二)乌兹别克斯坦新闻传播业的未来发展趋势

目前,乌兹别克斯坦新闻传播媒体种类较齐全,除了通讯社、报纸杂

---

① Концепция дальнейшего углубления демократических реформ и формирования гражданского общества в стране. https://nrm.uz/contentf? doc = 223966_ doklad_ prezidenta_ islama_ karimova_ na_ sovmestnom_ zasedanii_ zakonodatelnoy_ palaty_ i_ senata_ oliy_ majlisa_ (12_ noyabrya_ 2010_ goda) &products = 1_ zakonodatelstvo_ respubliki_ uzbekistan.

志、广播、电视等主流媒体，还有互联网、移动端等新兴媒体。这些媒体相互结合，组成了一个较完整的新闻传播体系，不断满足广大受众对各类信息的需求。乌兹别克斯坦新闻传播业未来发展趋势大致可以总结为以下几个方面。

1. 网络媒体作用增强，媒介融合贴近生活

近几年，随着网络技术的广泛普及，乌兹别克斯坦正在积极发展计算机技术和网络新兴媒体，利用新的传播渠道扩大新闻的数量和流量。目前，许多政府部门、新闻媒体、企业、社会团体和个人都创办了各种类型的网站，互联网媒体、博客、卫星电视、社交网络纷纷出现，信息呈现形式和媒体内容正在发生变化，为了更好适应新发展趋势、节省人员时间费用以及提高效率，印刷、广播、电视等传统媒体纷纷结合互联网的特殊性走上数字化转型之路。

例如，2000年初，电子报纸就加入了与新兴互联网结合的行列之中。看到网络版刊物传播快、成本低、拥有更为广阔的覆盖面等优势，各大报纸杂志社纷纷推出电子版。与此同时，为了防止纸质版刊物销量下降，很多报纸采取了在临近午饭的时间更新网站以避开早晨的报纸售卖时间，在内容上，电子版与纸质版也有所区别。例如代表性娱乐报纸《Darakchi》除了拥有自己的网站和电子版报纸外，在Instagram、Twitter、Facebook、Одноклассники等多个社交网络上都有账号且订阅人数十分可观。

但部分地方媒体对新媒体平台的运用、网络新闻的创作方法和技巧、传播的融合和技术化进程等一系列问题仍未解决，相对缺乏专门从事网络媒体创作活动的人才是目前网络媒体发展的一大难题。未来，乌兹别克斯坦将在网络媒体领域的这一发展路线中对媒体活动进行更加全面的研究与指导。

新闻传播方式的多样化与相互融合的趋势也反映了媒体发展中的创新进程。网络媒体中的视觉信息明显增多，包括图片、视频、幻灯片和信息图表等。例如，在www.darakchi.uz网站上，标题经常使用"图片报道""图说事实""……+照片/视频"等字眼，或者在标题旁边放置一个图标来表示文章包含照片。其优势在于：互联网上照片数量不受限制，分辨率高，可以

看到所有细节且方便保存。除此之外，许多新闻媒体网站也常会添加音频、视频等来丰富内容。

2. 不断完善法律框架，提高民主性与透明度

目前，乌兹别克斯坦国内已经建立了一个符合民主要求和标准的、保障媒体自由发展的法律框架，确保了新闻媒体在社会的政治和精神生活中的地位，加快了信息领域和新信息技术的发展，对记者活动予以法律保护，培训新闻传播领域人员，促进公平竞争的媒体市场环境的形成。

但从所有制性质来看，短时间内乌兹别克斯坦新闻传播领域还是国营媒体占主导地位。目前，乌兹别克斯坦政府在信息领域循序渐进地引入市场机制，为各种国营和非国营电视频道、广播频道及各类商业和公共媒体之间开展良性竞争创造了各种条件，努力提高媒体所提供信息的质量和及时性。

近年来，随着世界形势不断变化，大家都清楚地认识到，报刊、电视、广播应该加强对民间社会的关注，新兴网络媒体应在传播者和接收者之间提供更广泛且深层的双向互动交流，要使媒体成为国家民主化的有效工具还有许多工作要做。现阶段，政府正在有计划、有步骤和有目的地开展媒体自由化工作，全面发展民间新闻业，促进其协助民间机构在平衡社会利益、帮助发现地方上的紧迫问题、动员民众具体有效地解决问题等方面发挥作用。此外，为了提高信息民主性，媒体记者需要融入社区生活，贴近基层、贴近民众多元而广泛的需要，反映所报道地区的真实状况。

与此同时，面对虚假新闻对新闻传播造成的威胁，如何有效应对和遏制其横行也日益成为乌兹别克斯坦政府关注的重点。在虚假信息泛滥的时代，需要对新闻内容进行更为严格的把控和信息源的核查，增加编辑部的透明度，拓展与民众的沟通渠道，使民众更清晰地了解信息生产的过程，并帮助其有效辨别虚假新闻，进而增进媒体信息的可信度。

乌兹别克斯坦信息领域的进一步民主化和媒体的自由化，要求在社会信息领域更广泛地应用最新技术，加强媒体的物质和技术基础，为保护这一领域工作人员和机构的版权以及知识产权创造更多条件。

未来，媒体面临的任务是更加积极地报道国内外政策、活动及各类事

件，兼顾舆论的多元化，在人民群众中传达正面真实的立场，推动社会树立公正和道德原则，为打击腐败、官僚主义、漠视公民问题等不良现象做出积极贡献。

3.加大对外传播力度，积极培养媒体人才

在作为信息接收者的同时，乌兹别克斯坦致力于成为信息的发出者与传播者。未来，乌兹别克斯坦将继续保持多语种传播的特点以贴合民族多样的受众结构，通过在自己的广播电视领域增设英语、汉语、德语等多语种节目加大对外传播宣传的力度。

近年来，乌兹别克斯坦积极与世界各国进行新闻媒体领域的合作。以中国为例，2019年11月1日，中国国家广播电视总局副局长高建民率广电总局代表团访问乌兹别克斯坦，在中国国务院总理李克强和乌兹别克斯坦总理阿里波夫共同见证下，与乌兹别克斯坦国家电视广播公司总裁阿·哈热耶夫签署了广播电视合作协议。根据协议，双方将在新闻报道、节目互播与联合制作、人员交流与技术应用等方面开展务实合作。

在人才培训方面，2018年乌兹别克斯坦新闻与大众传播大学成立，乌兹别克斯坦大学开设了"信息系统中的信息和心理安全"这一主题的相关课程，未来，政府还计划在乌兹别克斯坦所有高等教育机构中开设如"信息时代专家的人道主义培训"以及与加强乌兹别克斯坦人民精神信仰，发展民族传统、习俗和仪式等有关的系列新闻课程。

总而言之，新闻传播对乌兹别克斯坦的影响日益增长。国内外报纸杂志、广播和电视、互联网出版物等带来的变化体现在每个居民日常生活的方方面面。乌兹别克斯坦将在把握好全球新闻传播发展主流趋势的基础上，结合国内社会的需求，推动传媒业更好地为社会发展总体战略目标的实现服务。

新闻媒体已成为现代乌兹别克斯坦社会的组成部分，既影响着国家的发展，也不断进行自身的完善。如何利用好新的传播技术，发展国家间的融合与合作，同时避免新媒体带来的问题和困扰，是乌兹别克斯坦新闻传播领域面临的新任务、新挑战。

五　结语

乌兹别克斯坦独立后，境内大众媒体的数量不断增加，质量逐步提高。2000年后，国家逐步放开媒体管理体制，建立大众传媒发展相关的非政府机构，非国有媒体迅速发展，新闻传播业由初期的国家垄断逐步形成开放的商业模式。

乌兹别克斯坦政府在出台相关法律措施保障大众传媒发展的同时，积极培养相关领域人才，该领域从业人员资质与待遇逐年完善。乌兹别克斯坦《宪法》第29条、第67条规定等都为大众媒体的自由活动奠定了法律基础，1997年通过的《保障信息获取自由法》《保护记者职业活动法》《大众传媒法》《广告法》等重要法律也为大众媒体的新闻传播活动提供了法律保障。1999年乌兹别克斯坦世界语言大学设立国际新闻系；2018年，乌兹别克斯坦新闻与大众传播大学成立，主要培养国际新闻记者毕业生。

现乌兹别克斯坦主流媒体中国有媒体占比依旧很高，报刊、广播、电视等主流媒体的发展有待完善，信息公开性、透明度仍是民众反映的重点问题之一。随着互联网及新媒体的出现及发展，乌兹别克斯坦传统媒体为适应国际发展新趋势和民众喜好倾向，纷纷与新兴媒体传播方式融合，出版电子刊物，设立新闻网站，在各社交平台开设自己的官方账号。

外国媒体方面，乌兹别克斯坦审核机制较为严格，总体发展情况信息缺乏，有待进一步调查研究。中国在乌兹别克斯坦共有2家媒体驻地，分别是新华通讯社与《经济日报》，主要对当地新闻事件进行报道、采访以及与当地媒体展开合作等。目前，中国媒体与当地媒体的合作状况仍需进一步推进改善，合作方式有待丰富。

乌兹别克斯坦新闻传播业总体发展平稳，呈现多样化、多语种的特点，纸质媒体与新兴媒体齐头并进，逐渐向市场化、国际化迈进。但目前其新闻传播业仍存在不足，法律制度、新闻自由、从业人员规范等问题都亟待解决。

B.15
阿富汗新闻传播业发展报告*

金强 倪雅琦 阿夫萨·沙迪克·辛瓦里**

摘　要： 阿富汗的国情决定了其媒体行业发展有自身的特殊性。塔利班执政时期，呈现出一些不同以往的媒介景观。在阿富汗新政府成立后，各类媒体数量呈井喷式增长，媒体形态也有了细致的划分。阿富汗媒体行业的综合化和专业化不断提升，且随着重建进程的不断深入，3G网络基本覆盖了大中型城市，手机成为人们获取信息的重要媒介工具。社交媒体在高端群体和青年人中较为流行，政要越来越倾向通过社交媒体发声，并将其视为政治影响力的一部分。虽西式媒体技术已经对阿富汗实现了媒体全覆盖，但对外发声渠道方面，西方的话语权已逐渐丧失。塔利班政府重新掌权后，阿富汗的媒介景观随之发生了重大改变，目前来看，其绝对不是20年前的简单重复。

关键词： 阿富汗　新闻　传媒

阿富汗全称为阿富汗伊斯兰共和国，是亚洲中部的内陆国家，位于西亚、南亚和中亚交汇处。阿富汗约有3000万人口，主体民族为普什图族

---

* 本文系教育部哲学社会科学研究重大课题攻关项目"'一带一路'沿线国家新闻传播业历史与现状研究"阶段性成果，项目编号为17JZD042。
** 金强，河北大学新闻传播学院编辑出版学系副主任，副教授，硕士研究生导师；倪雅琦，河北大学新闻传播学院2020级出版专业硕士研究生；阿夫萨·沙迪克·辛瓦里，阿富汗楠格哈尔大学新闻与传播学院助理教授。

(38%)和塔吉克族(25%),其他少数民族包括艾玛克族、俾路支族、布拉惠族、哈扎拉族、努里斯坦族、土库曼族和乌孜别克族。阿富汗公民大多数为穆斯林(逊尼派占84%,什叶派占15%)。阿富汗大约有30种方言,宗教领袖的官方语言是阿拉伯语。

阿富汗新闻传播业的整体规模偏小,并严格受到国家管控及宗教审查。规模偏小的读者群和低发行量是阿富汗新闻业的一大特点。阿富汗被认为是亚洲识字率最低的国家之一(根据联合国教科文组织的估计,大约为31%),潜在的报纸读者也很少。尽管7~13岁的儿童接受强制性教育,高等教育机构的录取率却偏低。

阿富汗大多数媒体掌握在政府或种族部落派系手中,他们利用媒体来宣传自己的观点、维护自己的利益。经济发展水平也影响到了本国人民的媒介使用,自2001年以来,阿富汗的经济虽有所改善,但该国仍然是联合国开发计划署人类发展指数垫底的国家之一。

近几年①,阿富汗的出版物又重现活力,一个竞争激烈、动荡多变的媒介市场正在形成。"自2002年以来阿富汗独立媒体的迅速发展是最大的成功。如今,几乎有1000家媒体在运营,而2000年只有15家。大多数电视台和广播电台都是私营的,现在有近12000人在私营媒体部门工作。"②阿富汗的24个省,可以采用当地的语言出版,以更加准确地报道当地状况,在大多数情况下,这些出版物都是在各省的省会等主要城市发行。喀布尔是阿富汗全国最大的出版中心,而楠格哈尔、赫拉特、坎大哈、巴尔赫和霍斯特等城市,也是能够出版特色内容的区域性信息中心。因为阿富汗的通信和交通等基础设施仍普遍薄弱,多设置一些区域性批销中心有助于更加快速地将出版物分送到阿富汗更广阔的范围。而在此之前,除喀布尔外,其他地区获取出版物的可能性非常小。③

---

① 塔利班重新夺取政权之前。
② Khalvatgar, A. M., "Freedom of Expression Under Threat in Afghanistan?", Stability: International Journal of Security & Development 3 (1), 2014: 38.
③ 王以俊:《阿富汗出版及印刷媒体近况》,《印刷世界》2011年第12期。

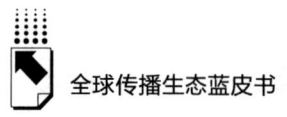

一 阿富汗新闻传播业的基本结构

（一）主流媒体的发展

1. 通讯社

阿富汗现有超过 12 家通讯社，其中大多数设在喀布尔。包括国家通讯社、巴赫塔尔通讯社（BNA）以及一些私人通讯社，如阿富汗帕杰瓦克通讯社（PAN）、罗兹、兴都库什、瓦赫特、马哈尔、博斯特、阿富汗伊斯兰新闻社、国际新闻社、塔格拉信息通讯社和哈玛通讯社。[1]

（1）巴赫塔尔通讯社（Bakhtar News Agency）是阿富汗的国家通讯社，隶属于阿富汗信息和文化部，主要负责搜集国内和国际新闻，是阿富汗所有媒体的主要新闻来源之一。其网站使用普什图语、达里语、英语三种语言向全球发布新闻信息。

（2）哈玛通讯社（Khaama Press）是阿富汗最大的新闻和信息来源之一，其网站使用普什图语、达里语、英语三种语言发布各类信息，月均访问量达 150 多万人次。[2]

（3）阿富汗帕杰瓦克通讯社（Pajhwok Afghan News Agency）成立于 2004 年，目前为阿富汗国内最大的私营通讯社，其派驻记者的范围较广。自成立初始，其便因公正而平衡的报道备受赞誉。该通讯社总部设于喀布尔，并在全国八个地区设立办公室，还拥有遍布全国的记者网络。该社以英语、普什图语及达里语平均每天发布 30 多条新闻，并向世界各地的广播电视网络提供图片、视频及音频素材。[3]

---

[1] Afsar Sadiq Shinwari, "Media after Interim Administration (December/2001) in Afghanistan", *Journal of Mass Communication & Journalism*, 2019, 9 (1).

[2] 何杰:《阿富汗媒体生态及其特征》,《对外传播》2018 年第 10 期。

[3] 帕尔维兹、李丛:《阿富汗媒体发展历程》,《中国投资》2017 年第 17 期。

2. 报纸

(1)《每日展望》(Daily Outlook) 创办于 2005 年,该报每天印行 4200 份,每份售价 0.20 美元。

(2)《阿富汗日报》(Daily Afghanistan) 创办于 2006 年,每天印行 5000 份,每份售价 0.20 美元。该报通过 22 个供货商渠道分销至阿富汗各省,以及迪拜和巴基斯坦东部。

(3)《喀布尔周报》(Kabul Weekly) 由法希姆·达斯蒂创立于 1993 年,并于 1996 年因塔利班攻占喀布尔及 2006 年的经济原因而二次中断。目前该报每期印行 1 万至 1.5 万份,每份售价 0.12 美元。该周报可分销至阿富汗的 22 个省,报纸内容根据发行的城市不同而略有差异。该报主要采用达里语和普什图语出版,也部分使用英语。

(4)《哈什特-伊索日报》(Hasht-e Subh Daily) 创办于 2006 年,现可分销至喀布尔及其他 6 个省。该报每期印数为 1.5 万份,其中 5000 份至 7000 份以 1 美元的价格售出,其余为免费派发。该报采用 75% 的达里语和 25% 的普什图语出版。①

根据 Nai② 的调查,"虽然政府登记了约 800 份印刷出版物,但只有 215 份私营出版物和 90 份政府出版物定期出版"。③

3. 广播及电视

(1) 广播

阿富汗的电视广播已有 40 年历史。现在阿富汗有 302 家国家资助的私营电台,提供调频和短波广播,主要以普什图语和达里语提供节目。尽管如此,BBC 世界广播公司、美国之音、自由阿富汗电台、德国之声、土耳其之音和其他一些机构还是普什图语和达里语的新闻来源。每个省都有国家和

---

① 王以俊:《阿富汗出版及印刷媒体近况》,《印刷世界》2011 年第 12 期。
② 一个网络广告倡议网站,为非政府组织,网站地址为 https://www.networkadvertising.org/。
③ Afsar Sadiq Shinwari, "Media after Interim Administration (December/2001) in Afghanistan", *Journal of Mass Communication & Journalism*, 2019, 9 (1)。

私人广播电台,并可以实现广播信息传达。①

(2) 电视

阿富汗拥有大量观众的电视台,包括 1TV、阿富汗电视台、阿富汗国家电视台 ANTV、ARZU 电视台、BTN、Hewad 电视台、Lemar 电视台、Negaah 电视台、Noor 电视台阿富汗、Noorin 电视台、Rah-i-Farda(Farda 电视台)、RTA 阿富汗广播电视台、RTA Nangarhar、Saba 电视台、Saba World、Sada-i-Afganistan、Sepher 电视台、Shamshad 电视台、Tamadon 电视台、Watan 电视台、Zhwandon 电视台、Tolo 电视台、Ariana 电视台、Lemar 电视台等。此外,许多国际新闻频道在喀布尔设有当地办事处,包括 CNN、天空新闻、BBC、DD 新闻和半岛电视台。在阿富汗的大中型城市中,电视已经替代广播成为人们使用最多的媒介工具之一。但由于电力缺乏等诸多原因,电视仍然不能覆盖全部人群。阿富汗国家广播电视台是阿富汗规模最大的官方传媒机构,同时提供广播和电视服务,其在每个省份都设有分支机构,以制作播出具有本省特色的广播电视节目,同时也使用占当地人口相对多数的少数民族语言来制作节目。Tolo 电视台是阿富汗第一家民营电视台,也是阿富汗收视率最高的电视台。黎明电视台免费向阿富汗 14 个城市提供电视信号,2005 年首播的大型选秀节目"阿富汗之星"已成为阿富汗最受欢迎的电视节目之一。阿里亚纳电视台(Ariana Television)是阿富汗影响力较大的全国性商业电视台,其信号覆盖阿富汗所有省份,节目《晚八点》在新闻时段曾创下了 25% 的收视率。太阳电视台(Lemar TV)是阿富汗最大的私营电视机构,也是阿富汗最受欢迎的普什图语频道,现已发展成为阿富汗娱乐电视高品质的象征。沙姆沙德电视台(Shamshad TV)是世界第一大普什图语媒体,其强调报道的真实性和独立性,尤为重视涉华报道。②

---

① Afsar Sadiq Shinwari, "Media after Interim Administration (December/2001) in Afghanistan", *Journal of Mass Communication & Journalism*, 2019, 9 (1).
② 何杰:《阿富汗媒体生态及其特征》,《对外传播》2018 年第 10 期。

（二）新兴媒体的发展

"在阿富汗新临时政府成立之前，该国没有电信服务，阿富汗人无法相互通信。因此，阿富汗无线通信公司（AWCC）是2002年4月成立的阿富汗第一家私营电信公司。它被授权提供移动（GSM）服务（Hamdard）。最初，它只在喀布尔运行，且费用昂贵。在所有省份建立分支机构的基础设施后，通话成本才有所下降。"① 目前有6家活跃的主要电信服务提供商公司，包括国有固定线路运营商阿富汗电信、本地固定服务提供商（LFSP）Wasel Telecom 以及4家移动（GSM）运营商 AWCC、Roshan、MTN 和 Etisalat。

据一位在阿富汗开发网络的巴基斯坦企业家说，"喀布尔是阿富汗唯一能够进行完全网络开发的地方。但由于成本、技术限制、低识字率等原因，普及的速度也非常缓慢"。随着价格的下降和移动互联网接入人数的增加（通过 Wi-Max 和 GPRS），阿富汗的互联网使用范围正在扩大。越来越多的人可以接入互联网，在线博客也得到了迅速发展。②

自2012年推出3G互联网服务以来，阿富汗的互联网用户数量大幅增加。如今，超过10%的人可以上网并使用社交媒体，比2004年的0.1%有大幅上升。

阿富汗是一个多山的国家，由于种族、语言和部落文化的多样性，部落内部之间的联系往往更加紧密，社交媒体可以团结不同的文化群体，并克服地理和文化障碍，尤其是可以将居住在偏远地区的人们联系起来，互通信息。

随着3G互联网服务的迅速发展，Facebook成为阿富汗最受欢迎的社交媒体平台。2016年阿富汗 Facebook 用户数量达到260万，其中86%为男性，14%为女性。社交媒体对阿富汗年轻人具有很大的吸引力，他们会根据不同

---

① Peter Cary, "An Explosion of News: the State of Media in Afghanistan", https://reliefweb.int/report/afghanistan/explosion-news-state-media-afghanistan.
② http://www.pressreference.com/A-Be/Afghanistan.html.

应用程序的特征，制定个性化使用策略。例如，阿富汗人用 Facebook 来与整个世界相连，而用 WhatsApp、Viber 和 Snapchat 进行点对点的带有隐私性质的沟通。"据一项全国性调查，4/5（81.1%）的成年人可以使用手机。大约六成（62.2%）的人拥有个人手机，另外 18% 的人通过自己的亲朋好友使用手机。这是在 2002 年仅有 60000 条活跃电话线基础上的显著进步。根据交通部 2017 年底的数据，阿富汗有 2500 万 GSM 活跃用户"。[1]

首先，社交媒体已经成为许多阿富汗人的第一信息来源，不论是关于恐怖袭击的报道还是时尚趋势的呈现，他们都会首先访问社交媒体。不断刷新的社交媒体信息可以让阿富汗人更加了解社会的变化和外部的世界。由于持续不断的冲突和战争，阿富汗人民几十年来几乎与世界隔绝，信息接收的数量和质量总体都有偏差。互联网的接入，让阿富汗人可以同世界联通。

其次，社交媒体为阿富汗人提供了一些私人讨论空间，让他们可以交流在现实公共场合中无法交流的话题。由于现实社会存在的男女交往的限制，女性在现实交往中面临更多的限制，没有充分的个性表达空间。除了少数知名女性活动人士外，大多数阿富汗女性几乎不会在社交媒体上展示她们的个人照片。她们常常使用印度或伊朗流行歌手的照片来隐藏自己的真实容貌与身份。即使在网络上，阿富汗女性也被要求必须保持谨慎的姿态，避免呈现不符合伊斯兰教律法的形象和举止。社交媒体似乎为年轻人提供了信息避风港，让他们相对自由地交流。

最后，社交媒体在动员、授权、塑造舆论和影响阿富汗的社会生活方面发挥了关键作用。在某种程度上，阿富汗已经慢慢地变成了一个更加多元化的社会，这种变化不以政权更迭的意志为转移，而是一个整体趋势。浏览阿富汗的社交媒体可以发现，它在更多地传达参与共同决策和言论自由等价值观，促进民主辩论，试图进一步影响社会政治生活。[2]

---

[1] Akseer, Tabasum et al., "A Survey of the Afghan People: Afghanistan in 2019", The Asia Foundation, http://hdl.handle.net/11540/11341.

[2] https://www.boell.de/en/2018/02/07/you-are-what-you-share-how-social-media-changing-afghan-society.

二 阿富汗新闻传播业的政策及从业人员现状

1964年的《阿富汗宪法》和1965年的《新闻法》都有关于言论自由的规定，但自由不得超出法律的限定。《新闻法》规定，新闻是自由的，但必须在维护国家利益、君主立宪制、伊斯兰教和公共秩序的基础上才可以享有。①

2009年，阿富汗政府改革了《大众传媒法》，新改革包含八项限制性的条款，包括禁止发布任何被认为反对伊斯兰价值观或损害国家安全利益的内容；禁止播出被认为与阿富汗宗教或文化价值观相悖的电视节目；媒体专业人士必须定期评估他们的工作是否符合伊斯兰价值观，否则就会被指责为反穆斯林或非伊斯兰。这部法律不仅包含了前一版本的所有限制性条款，还增加了新的规定，包括限制阿富汗媒体在社会中作为独立的发声机构。修改条款更偏向于保护政府而不是媒体，但也都将受益方指向大众。

阿富汗法律也规定要保证记者的安全，但警察和司法部门要实现彻底的保护存在困难。"记者无国界"指出，2009年，努林电视台记者纳斯托·纳德利遭到国家安全局（NDS）人员的袭击和殴打。英国《卫报》记者阿卜杜勒·阿哈德与两名当地记者被绑架并被关押了数小时，其间也遭到了殴打。"记者无国界"评论说，"尽管电视台和两名记者提出了投诉，但当局没有对袭击者采取任何措施"。媒体工会呼吁阿富汗政府做出更大的努力，起诉对专业媒体人士进行的骚扰、恐吓和暴力，并要求政府和国家安全局停止对专业媒体人士的骚扰。当然，因为利益冲突和不信任，这样的事情很难被禁绝。

据保护记者委员会（CPJ）的数据，阿富汗是2018年世界上记者死亡人数最多的国家，有13人死亡。在阿富汗整体安全局势不稳定的情况下，强调记者的安全和来去自由的报道，也是不现实的。

---

① http：//www.pressreference.com/A-Be/Afghanistan.html.

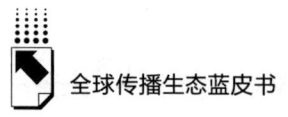

三 外国媒体在阿富汗的传播

（一）美国媒体在阿富汗的传播

美国媒体以广播为主，同时采用三种语言和四种方言对阿富汗进行精确传播。1980年，"美国之音"（VOA）开始用达里语播音，主要针对阿富汗境内的塔吉克人、哈扎拉人等。1982年，其又创办了普什图语广播，用阿富汗标准普什图语口音播出，主要针对阿富汗的第一大民族——普什图人。VOA开办有普什图语和达里语网站，并在Facebook、Twitter、YouTube和Instagram上开设有账户。VOA旗下的灯塔之声（Deewa Radio）采用巴基斯坦口音的普什图语播出，主要受众是阿富汗和巴基斯坦边境地区的普什图人，内容以巴基斯坦开博尔—普什图省以及阿巴边境普什图部落地区的局势和阿巴双边关系的相关报道为主。自由之声电台（Azadi Radio）隶属于由美国国会出资运营的自由欧洲/自由之声电台（Radio Free Europe/Radio Liberty RFE/RL），是在阿富汗收听率最高的电台之一。该广播每日播出时间为当地时间7点到19点，在阿富汗的喀布尔、贾拉拉巴德、马扎里沙里夫、坎大哈、赫拉特等五个城市设有分台。该台同时使用普什图语和达里语进行播音，节目以时政类为主，还有部分阿富汗本土音乐或文化类节目，在阿富汗具有较强的舆论引导力。"自由之声"电台还创办了"犍陀罗之声"（Gandhara），使用英语进行播音，内容主要涉及阿、巴地区的新闻报道和评论分析。

美国对于阿富汗的媒体渗透是长时间的，"美国之音和自由之声的节目内容一直紧密围绕'美塔和谈'、军事冲突及政府治理等阿富汗本土热点话题，旗下遍布阿富汗全国的记者、报道员和线人在新闻事件发生的第一时间能够赶到现场进行报道。很多情况下，美国媒体的信息获取和传播速度比当地政府还要迅速，成为阿富汗政要和专家学者的重要信息来源，自然先入为主地影响舆论的关注点和立场。"① 因此阿富汗国内出现较多的亲美声音也正是这些媒体发挥作用的结果。但塔利班新政府上台后，这种情况已经发生改变。

（二）英国媒体在阿富汗的传播

英国广播公司（BBC）在1982年8月就开办了普什图语广播。目前，BBC的普什图语、达里语和英语节目通过短波和中波播出，并覆盖了阿富汗全境，其在超过20个大中城市又分别开设了调频广播，可以说BBC已经实现了对阿富汗的全方位覆盖。BBC的广播节目兼顾时政和科教文化两个方面，既有阿富汗本地新闻和国际新闻，又有儿童节目、科普类节目以及情景剧。同时，BBC普什图语部每天黄金时段在沙姆沙德电视台播放5分钟的视频新闻节目。② 英国广播公司的全球报道体系是健全的，其节目采制经常把隐含的政治意图涵括其中，一般受众不易发现，比如使用诸多的"滤镜"，或者用报道技巧来含蓄地展示立场。塔利班新政府上台后，BBC的地位和作用也在发生变化。

（三）邻国媒体在阿富汗的传播

伊朗对阿富汗新闻传播业的影响较大，包括从资金上支持阿富汗媒体、向阿富汗开放文化中心、播出亲伊朗的素材和视频、向居住在伊朗和阿富汗边境地区的阿富汗人推送伊朗广播和印刷品等。同样，巴基斯坦对阿富汗的影响也较大，在巴基斯坦边境的阿富汗人可以方便地收听到来自巴基斯坦的广播。

（四）中国媒体在阿富汗的传播

中国作为友好邻邦和负责任国家，积极参与阿富汗和解与重建进程，并

---

① 席猛：《试析美国在阿富汗的媒体外交及启示》，《国际传播》2020年第3期。
② 何杰：《阿富汗媒体生态及其特征》，《对外传播》2018年第10期。

保持了与塔利班的正常合理沟通。"一带一路"倡议提出后，中国政府在基础设施、民生、教育、卫生等领域为阿富汗政府提供了诸多无偿援助。这些对于改善阿富汗民生发挥了积极作用，也为中国在阿富汗民众中赢得了较好的口碑。

"一带一路"倡议提出后，作为双边交流的重要组成部分，中阿两国媒体在影视播出以及合作拍摄方面取得了积极进展。2015年7月，中国首部普什图语百集纪录片《你好·中国》登陆了喀布尔新闻电视台（Kabul News），并获得了广泛赞誉。2015年7月30日，阿富汗新闻文化部副部长沙姆斯在《你好·中国》开播仪式上表示："中国国际广播电台与阿富汗媒体长期以来开展了卓有成效的合作，希望未来两国媒体能够有更加深入和广泛的合作。阿富汗新闻文化部有责任和义务为双边媒体合作提供进一步全方位的支持和帮助。"2016年和2017年，阿富汗喀布尔新闻电视台与中国国际广播电台普什图语部开展了合作，成功拍摄并播出了《阿富汗商人在中国》《中国与阿富汗"一带一路"故事》等多部纪录片，讲述中阿经贸和人文交流故事。"目前，中央广播电视总台普什图语部在Facebook的粉丝已超过200万，占阿富汗社交媒体用户的半数以上，抢占了社交媒体手段对阿传播的先机。"①

值得注意的是，阿富汗每年的赴华留学生中，有一部分是学习传媒的，他们获得学位后，有的在阿富汗的高校教授传媒课程，有的继续去媒体任职，也在以实际行动努力构架中阿媒体交流的新桥梁。

四　阿富汗新闻传播业的成因分析与发展趋势

（一）阿富汗新闻传播业的成因分析

兴都库什山脉将阿富汗分为东北和西南两部分，这种划分阻碍了一些地

---

① 席猛：《试析美国在阿富汗的媒体外交及启示》，《国际传播》2020年第3期。

区间的商业和政治联系。大国博弈和军事冲突在阿富汗政局都有及时反映。作为一个处于现代化发展初级阶段的国家，阿富汗在媒体发展方面存在着不小的障碍。这些障碍包括不适宜居住的地形、历史冲突影响的种族混合、语言差异、低识字率和收入水平、不发达的教育和其他社会福利机构以及宗教不宽容政策主导的政府结构。① 经济和民生问题，是困扰阿富汗发展的两个主要难题。"以农村地区为例，其媒体数量过多、发行不及时、新闻重复、时效性强的新闻报道不多、转载其他新闻机构和一些著名电台的消息，是导致印刷媒体读者下降的主要因素。"②

塔利班在1996～2002年统治了阿富汗大约80%的地区，2020年塔利班重新执政后有可能在诸多方面施行有别于前任亲美阿富汗政府的内外政策，包括媒体政策。

（二）阿富汗新闻传播业的未来发展趋势

尽管目前阿富汗是世界上互联网普及率最低的国家之一，但是在世界信息化步伐日益加快的进程中，阿富汗的互联网发展迅速。"现在，302家调频广播电台和100家电视台、大约800家印刷媒体、十几家新闻和信息机构、6家移动和电信公司以及40多家获得许可的互联网服务提供商正在阿富汗定期开展工作，向人们提供信息，并将他们彼此联系起来。"③

首先，大量的国际援助可在一定程度上帮助阿富汗摆脱资金和技术困扰，有助于阿富汗互联网的发展，塔利班新政府非常重视互联网发展，通过改善公共互联网服务、实现电子政务以及推出一系列优惠措施，吸引地区和国际伙伴投资，促进通信、信息技术和新闻传播业发展。

---

① http://www.pressreference.com/A-Be/Afghanistan.html#ixzz6lEWyf0rc/
② Afsar Sadiq Shinwari, "Media after Interim Administration (December/2001) in Afghanistan", *Journal of Mass Communication & Journalism*, 2019, 9 (1).
③ Afsar Sadiq Shinwari, "Media after Interim Administration (December/2001) in Afghanistan", *Journal of Mass Communication & Journalism*, 2019, 9 (1).

其次，阿富汗电信业是目前阿竞争最激烈的行业之一。在激烈的竞争环境下，各互联网供应商会通过牺牲利润、降低资费来保持和争夺市场份额。一些互联网服务供应商计划升级阿富汗各省市的全球微波互联接入设施，在阿富汗各地建立分支机构，以合理的价格使互联网服务覆盖阿富汗全境。部分互联网服务供应商与O3b（other 3 billion，即"另外的30亿"）互联网接入服务公司签约，购买其提供的廉价卫星互联网服务，再以较低的价格提供给阿富汗民众，有助于提升互联网普及率。

最后，阿富汗受过良好教育的年轻人越来越多，是其互联网事业蓬勃发展的主力军。这一群体对互联网有浓厚的兴趣，互联网已成为他们生活中不可或缺的部分，他们将对互联网在阿富汗的发展与普及发挥重要作用。[1]

五 结语

阿富汗新闻传播业由于政治因素的复杂多变而不断受到挑战。目前，阿富汗的识字率还相对较低，绝对贫困线以下的人群比例仍然较高，这些问题都限制了阿富汗新闻传播业的发展。恐怖袭击事件在塔利班重新执政以后还时有发生，媒体在国内和国际关系的处理中仍然发挥着重要作用。新塔利班政权更加重视利用友好国家的媒体发声。阿富汗和一些邻国的关系依然紧张，但随着安全局势得到改善，大规模的基础设施建设势在必行。阿富汗媒体将继续发挥教育民众、表达民众愿望及平衡利益的重要作用。

---

[1] 何杰：《阿富汗互联网发展现状、问题与前景》，《国际研究参考》2016年第8期。

社会科学文献出版社

皮 书
智库成果出版与传播平台

❖ 皮书定义 ❖

皮书是对中国与世界发展状况和热点问题进行年度监测，以专业的角度、专家的视野和实证研究方法，针对某一领域或区域现状与发展态势展开分析和预测，具备前沿性、原创性、实证性、连续性、时效性等特点的公开出版物，由一系列权威研究报告组成。

❖ 皮书作者 ❖

皮书系列报告作者以国内外一流研究机构、知名高校等重点智库的研究人员为主，多为相关领域一流专家学者，他们的观点代表了当下学界对中国与世界的现实和未来最高水平的解读与分析。截至2021年底，皮书研创机构逾千家，报告作者累计超过10万人。

❖ 皮书荣誉 ❖

皮书作为中国社会科学院基础理论研究与应用对策研究融合发展的代表性成果，不仅是哲学社会科学工作者服务中国特色社会主义现代化建设的重要成果，更是助力中国特色新型智库建设、构建中国特色哲学社会科学"三大体系"的重要平台。皮书系列先后被列入"十二五""十三五""十四五"国家重点出版规划项目；2013~2022年，重点皮书列入中国社会科学院国家哲学社会科学创新工程项目。

皮书网

（网址：www.pishu.cn）

发布皮书研创资讯，传播皮书精彩内容
引领皮书出版潮流，打造皮书服务平台

栏目设置

◆ 关于皮书
何谓皮书、皮书分类、皮书大事记、
皮书荣誉、皮书出版第一人、皮书编辑部

◆ 最新资讯
通知公告、新闻动态、媒体聚焦、
网站专题、视频直播、下载专区

◆ 皮书研创
皮书规范、皮书选题、皮书出版、
皮书研究、研创团队

◆ 皮书评奖评价
指标体系、皮书评价、皮书评奖

◆ 皮书研究院理事会
理事会章程、理事单位、个人理事、高级
研究员、理事会秘书处、入会指南

所获荣誉

◆ 2008年、2011年、2014年，皮书网均在全国新闻出版业网站荣誉评选中获得"最具商业价值网站"称号；

◆ 2012年，获得"出版业网站百强"称号。

网库合一

2014年，皮书网与皮书数据库端口合一，实现资源共享，搭建智库成果融合创新平台。

皮书网

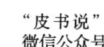
"皮书说"
微信公众号

皮书微博

权威报告・连续出版・独家资源

皮书数据库
ANNUAL REPORT(YEARBOOK) DATABASE

分析解读当下中国发展变迁的高端智库平台

所获荣誉

- 2020年，入选全国新闻出版深度融合发展创新案例
- 2019年，入选国家新闻出版署数字出版精品遴选推荐计划
- 2016年，入选"十三五"国家重点电子出版物出版规划骨干工程
- 2013年，荣获"中国出版政府奖・网络出版物奖"提名奖
- 连续多年荣获中国数字出版博览会"数字出版・优秀品牌"奖

皮书数据库　　"社科数托邦"微信公众号

成为会员

登录网址www.pishu.com.cn访问皮书数据库网站或下载皮书数据库APP，通过手机号码验证或邮箱验证即可成为皮书数据库会员。

会员福利

- 已注册用户购书后可免费获赠100元皮书数据库充值卡。刮开充值卡涂层获取充值密码，登录并进入"会员中心"—"在线充值"—"充值卡充值"，充值成功即可购买和查看数据库内容。
- 会员福利最终解释权归社会科学文献出版社所有。

数据库服务热线：400-008-6695
数据库服务QQ：2475522410
数据库服务邮箱：database@ssap.cn
图书销售热线：010-59367070/7028
图书服务QQ：1265056568
图书服务邮箱：duzhe@ssap.cn

卡号：568132367545
密码：

基本子库
SUB DATABASE

中国社会发展数据库（下设 12 个专题子库）

紧扣人口、政治、外交、法律、教育、医疗卫生、资源环境等 12 个社会发展领域的前沿和热点，全面整合专业著作、智库报告、学术资讯、调研数据等类型资源，帮助用户追踪中国社会发展动态、研究社会发展战略与政策、了解社会热点问题、分析社会发展趋势。

中国经济发展数据库（下设 12 专题子库）

内容涵盖宏观经济、产业经济、工业经济、农业经济、财政金融、房地产经济、城市经济、商业贸易等 12 个重点经济领域，为把握经济运行态势、洞察经济发展规律、研判经济发展趋势、进行经济调控决策提供参考和依据。

中国行业发展数据库（下设 17 个专题子库）

以中国国民经济行业分类为依据，覆盖金融业、旅游业、交通运输业、能源矿产业、制造业等 100 多个行业，跟踪分析国民经济相关行业市场运行状况和政策导向，汇集行业发展前沿资讯，为投资、从业及各种经济决策提供理论支撑和实践指导。

中国区域发展数据库（下设 4 个专题子库）

对中国特定区域内的经济、社会、文化等领域现状与发展情况进行深度分析和预测，涉及省级行政区、城市群、城市、农村等不同维度，研究层级至县及县以下行政区，为学者研究地方经济社会宏观态势、经验模式、发展案例提供支撑，为地方政府决策提供参考。

中国文化传媒数据库（下设 18 个专题子库）

内容覆盖文化产业、新闻传播、电影娱乐、文学艺术、群众文化、图书情报等 18 个重点研究领域，聚焦文化传媒领域发展前沿、热点话题、行业实践，服务用户的教学科研、文化投资、企业规划等需要。

世界经济与国际关系数据库（下设 6 个专题子库）

整合世界经济、国际政治、世界文化与科技、全球性问题、国际组织与国际法、区域研究 6 大领域研究成果，对世界经济形势、国际形势进行连续性深度分析，对年度热点问题进行专题解读，为研判全球发展趋势提供事实和数据支持。

法律声明

"皮书系列"（含蓝皮书、绿皮书、黄皮书）之品牌由社会科学文献出版社最早使用并持续至今，现已被中国图书行业所熟知。"皮书系列"的相关商标已在国家商标管理部门商标局注册，包括但不限于LOGO（ ）、皮书、Pishu、经济蓝皮书、社会蓝皮书等。"皮书系列"图书的注册商标专用权及封面设计、版式设计的著作权均为社会科学文献出版社所有。未经社会科学文献出版社书面授权许可，任何使用与"皮书系列"图书注册商标、封面设计、版式设计相同或者近似的文字、图形或其组合的行为均系侵权行为。

经作者授权，本书的专有出版权及信息网络传播权等为社会科学文献出版社享有。未经社会科学文献出版社书面授权许可，任何就本书内容的复制、发行或以数字形式进行网络传播的行为均系侵权行为。

社会科学文献出版社将通过法律途径追究上述侵权行为的法律责任，维护自身合法权益。

欢迎社会各界人士对侵犯社会科学文献出版社上述权利的侵权行为进行举报。电话：010-59367121，电子邮箱：fawubu@ssap.cn。

社会科学文献出版社